Knaur
MensSana

Vom Dalai Lama sind außerdem erschienen:

Der Weg zur Freiheit
Mein Leben und mein Volk
Den Geist zu erwecken, das Herz zu erleuchten

Über den Autor:
Der Dalai Lama ist das geistige und spirituelle Oberhaupt der Tibeter. Nach der Invasion der Chinesen im Jahre 1950 mußte er fliehen. Von seinem Exilwohnsitz in Nordindien aus ist er unermüdlich tätig für den Frieden, für Völkerverständigung und für eine bessere Welt. Für sein Engagement wurde Seine Heiligkeit der Vierzehnte Dalai Lama im Herbst 1989 mit dem Friedensnobelpreis geehrt.

Dalai Lama

Die Freude, friedvoll zu leben und zu sterben

Zentrale tibetisch-buddhistische Lehren
Bibliothek Tibets

Aus dem Amerikanischen
von Peter Kobbe

Knaur
MensSana

Die amerikanische Originalausgabe erschien unter dem Titel
»The Joy of Living and Dying in Peace« bei Harper SanFrancisco

Besuchen Sie uns im Internet:
www.droemer-weltbild.de

Deutsche Erstausgabe 2000
Dieser Titel ist bereits unter der Bandnummer 86122 erschienen.

Umschlaggestaltung: Werbeagentur ZERO, München
Umschlagabbildung: Mauritius, Mittenwald
DTP-Satz und Herstellung Barbara Rabus
Druck und Bindung: Nørhaven A/S
Printed in Denmark
ISBN 3-426-87082-7

2 4 5 3 1

Inhalt

Vorwort des Herausgebers 6
Einleitung 7

1. Der Erleuchtungsgeist 25
2. In Frieden sterben 55
3. Zielgerichtet leben 81
4. Achtsam leben 107
5. Geduld 133
6. Selbstvertrauen gewinnen 154
7. Die Meditationspraxis 183
8. Weisheit 219

ANHANG
Zur Transkription und Aussprache
der Sanskrit-Ausdrücke 239
Anmerkungen 240
Literaturhinweise 255

Vorwort des Herausgebers

Dieser Band der *Bibliothek Tibets* wurde von folgendem Team ins Englische übersetzt und herausgegeben: von Ehrwürden Geshe[1] Lobsang Jordhen, einem Absolventen des Instituts für buddhistische Dialektik, Dharamsala, der seit 1989 für Seine Heiligkeit den Dalai Lama[2] als ordensgeistlicher Assistent und persönlicher Übersetzer tätig ist; von Lobsang Chophel Gangchenpa, der ebenfalls am Institut für buddhistische Dialektik studiert hat und seit über zehn Jahren als buddhistischer Übersetzer arbeitet – zunächst an der Bibliothek tibetischer Werke und Archive in Dharamsala und später in Australien; und von Jeremy Russell, dem Chefredakteur der Zeitschrift *Chö-Yang, die Stimme tibetischer Religion und Kultur*, die vom Ministerium für religiöse und kulturelle Angelegenheiten der tibetischen Exilregierung publiziert wird.

Einleitung

Ich biete diese Unterweisungen für jene an, die nicht viel Zeit oder Gelegenheit zu umfassendem Studium haben. Ich habe nichts zu sagen, was nicht schon zuvor gesagt wurde. Lesen Sie also dieses Buch nicht einfach, um neue Erkenntnisse zu gewinnen, sondern versuchen Sie meine Erläuterungen zur Umwandlung Ihres Geistes zu nutzen. Es reicht einfach nicht aus, etwas schon zuvor gehört oder gelesen zu haben; Sie sollten sich wiederholt bemühen, es in Ihrer spirituellen Praxis anzuwenden, denn nur dann werden Ihnen diese Unterweisungen wirklich nützen.

Der Buddha selbst sagte: »Begeht keinerlei Missetaten; sammelt alle vorzüglichen Eigenschaften an; wandelt euren Geist vollständig um – das ist die Lehre des Buddha.« Wir sollten seinen Rat befolgen, weil dem innersten Empfinden nach keiner von uns Leid will; wir alle wollen Glück. Leid ist das Ergebnis irriger und negativer, Glück hingegen ist das Ergebnis positiver Handlungen. Negativität können wir jedoch nicht durch positives Handeln ersetzen, indem wir bloß unser körperliches oder verbales Verhalten ändern. Dies erfordert eine Umwandlung des Geistes.

Wir gehen im Leben auf intelligente Art an die Dinge heran, indem wir uns Ziele setzen und dann ausfindig machen, ob diese auch realisierbar sind. In der buddhistischen Praxis besteht unser Ziel darin, Nirvana und den Zustand von Buddhaschaft zu erlangen. Als Menschen besitzen wir glücklicherweise die Fähigkeit, diese Ziele zu erreichen. Der Erleuchtungszustand, nach dem wir streben, ist die Befreiung von der Last störender Emotionen. Die eigentliche Natur des Geistes ist rein; die störenden Emotionen, die ihn plagen, sind nur vorübergehende Mängel. Wir können jedoch negative Emotionen nicht beseitigen, indem wir bestimmte Gehirnzellen entfernen. Selbst die fortgeschrittenste Operationstechnik kann diese Aufgabe nicht leisten. Das läßt sich nur durch eine Umwandlung des Geistes erreichen.

Der Buddhismus lehrt, der Geist sei die Hauptursache für unsere Wiedergeburt im Existenzkreislauf. Aber der Geist ist auch der Hauptfaktor, der uns die Befreiung aus diesem Geburts- und Todeskreislauf ermöglicht – indem wir die negativen Gedanken und Emotionen eindämmen und die positiven fördern und entwickeln. Es ist wichtig, sich klarzumachen, daß diese Aufgabe Jahre der Ausdauer und harten Arbeit erfordert. Wir können keine sofortigen Ergebnisse erwarten. Denken Sie an all die großen Meister der Vergangenheit. Auf ihrer Suche nach spiritueller Verwirklichung nahmen sie bereitwillig ungeheure Entbehrungen auf sich. Die Geschichte von Buddha Shakyamuni[3] ist dafür eines der besten Beispiele.

Motiviert durch das Mitgefühl mit allen empfindenden Wesen, wurde Buddha Shakyamuni vor mehr als 2500 Jahren in Indien geboren. Er kam als Prinz zur Welt. Schon als Kind war er hinsichtlich seines Wissens wie auch seines Mitgefühls innerlich reif. Er erkannte, daß wir alle von Natur aus Glück wollen und nicht leiden möchten. Leid kommt nicht immer nur von außen. Es ist nicht nur mit Problemen wie Hungersnot und Dürre verbunden. Wäre dies der Fall, dann könnten wir uns vor Leid schützen, indem wir beispielsweise Nahrungsvorräte anlegen. Aber Leiden wie Krankheit, Altern und Tod sind Probleme, die mit dem eigentlichen Wesen unserer Existenz verknüpft sind, und wir können sie nicht durch äußere Bedingungen bewältigen.

Und was noch wichtiger ist: Wir haben diesen ungezähmten Geist in uns, der für alle möglichen Probleme anfällig ist. Er wird von negativen Gedanken wie etwa Zweifel und Wut geplagt. Solange unser Geist von dieser Vielzahl negativer Gedanken heimgesucht wird, wird er unsere Probleme nicht lösen, auch wenn wir weiche, bequeme Kleidung besitzen und köstliche Nahrung zu essen haben.

Buddha Shakyamuni sah all diese Probleme, und er sann über das Wesen seiner eigenen Existenz nach. Er stellte fest, daß alle Menschen Leid erdulden, und er erkannte, daß wir dieses Elend aufgrund unseres undisziplinierten Geisteszustands erfahren. Er erkannte, daß unser Geist so ungestüm ist, daß wir oft nachts nicht einmal schlafen können. Angesichts dieser Vielzahl von Leiden und Problemen war er weise genug, nach einer Methode zur Bewältigung dieser Probleme zu fragen.

Er kam zu dem Schluß, ein Leben als Prinz in einem Palast biete keinerlei Möglichkeit, Leid zu beseitigen. Es war allenfalls ein Hindernis. Darum gab er alle Annehmlichkeiten des Palastes auf, einschließlich der Gesellschaft seiner Frau und seines Sohnes, und begann das hauslose Leben.[4] Im Verlauf seiner Suche fragte er viele Lehrer um Rat und hörte ihre Unterweisungen. Er fand, daß ihre Lehren von einigem Nutzen waren, aber sie verhalfen nicht zu einer endgültigen Lösung des Problems – Leid zu beseitigen. Sechs Jahre lang unterzog er sich strenger Askese. Indem er sämtliche Annehmlichkeiten aufgab, die er als Prinz genossen hatte, und sich strenger asketischer Übung widmete, konnte er sein meditatives Verständnis stärken. Unter dem Bodhi-Baum[5] sitzend, überwand er die hinderlichen Kräfte und erlangte Erleuchtung. Später gab er Unterweisungen, auf der Grundlage eigener Erfahrung und Verwirklichung begann er das Rad der Lehre zu drehen.[6]

Wenn wir über den Buddha reden, reden wir nicht über jemanden, der von Anfang an ein Buddha war. Er begann genauso wie wir. Er war ein gewöhnliches empfindendes Wesen, mußte die gleichen Leiden mit ansehen wie wir: Geburt, Alter, Krankheit und Tod. Er hatte allerlei Gedanken und Gefühle, Empfindungen von Glück und von Schmerz, geradeso wie wir. Aber infolge seiner starken und ausgeglichenen spirituellen Praxis erreichte er die verschiedenen Stufen des spirituellen Weges zur Erleuchtung.

Wir sollten uns sein Beispiel vor Augen halten. Wir haben dieses Leben als freie und von Glück begünstigte Menschen begonnen, und wir sind zwar vielfältigen Leiden unterworfen, aber wir besitzen menschliche Intelligenz. Wir verfügen über Unterscheidungsfähigkeit. Wir sind auf die unermeßlich tiefgründige Lehre des Buddha gestoßen, und – was noch wichtiger ist – wir haben die Fähigkeit, sie zu begreifen. Seit Buddha Shakyamunis Zeit bis heute haben buddhistische Praktizierende sich von ihm und späteren erhabenen Lehrern inspirieren lassen.

Wir sind zwar als gewöhnliche Menschen geboren. Dennoch müssen wir, bevor wir sterben, diese kostbare Gelegenheit zur unerschütterlichen Verwirklichung des Dharma, der Lehren des Buddha, zu nutzen versuchen. Können wir dies tun, dann werden wir uns vor dem Tod nicht fürchten müssen. Ein guter Dharma-Schüler kann ohne Bedauern friedvoll sterben, weil sein oder ihr menschliches Potential voll verwirklicht ist. Wenn wir hingegen als Menschen unfähig sind, eine positive Prägung in unserem Geist zu hinterlassen, und nur negative Handlungen ansammeln, wird unser menschliches Potential am Ende wirkungslos vertan sein. Wer für den Schmerz und die Vernichtung von Menschen und anderen empfindenden Wesen verantwortlich ist, gleicht mehr einer bösen Macht als einem menschlichen Wesen. Machen Sie daher aus diesem menschlichen Leben etwas Lohnendes und nicht etwas Zerstörerisches.

In dieser Welt führt man bisweilen Kriege im Namen der Religion. Das geschieht, wenn wir die Religion letztlich als bloßes Etikett auffassen, also ihre Bedeutung nicht wirklich in die Tat umsetzen. Mit Hilfe der spirituellen Praxis sollen wir unseren ungebärdigen Geist disziplinieren. Wenn wir uns von negativen Gedanken leiten lassen, ohne uns jemals zu bemühen, sie umzuwandeln, und den Dharma dazu benutzen, unseren Stolz zu verstärken, kann er zum Grund für einen Krieg werden. Nutzen wir hingegen die spirituelle Praxis zur Umwandlung unseres Geistes, dann besteht keinerlei Möglichkeit, daß er zu einer Konfliktursache wird.

Bei zu vielen Menschen beschränkt sich der Dharma nur auf ein Lippenbekenntnis. Anstatt den Dharma zu nutzen, um bei sich selbst negative Gedanken zu beseitigen, betrachten sie den Dharma als einen Besitz und sich als den Eigentümer. Sie benutzen den Dharma, um den Krieg zu führen und andere destruktive Handlungen zu begehen. Ob wir uns nun zum buddhistischen, hinduistischen, christlichen, jüdischen oder moslemischen Glauben bekennen – wir sollten uns nicht bloß mit dem Etikett der jeweiligen Konfession zufriedengeben. Vielmehr geht es darum, die in diesen verschiedenen religiösen Überlieferungen enthaltene Botschaft herauszuholen und sie dazu zu verwenden, unseren undisziplinierten Geist umzuwandeln. Kurzum, als Buddhisten sollten wir dem Beispiel von Buddha Shakyamuni folgen.

Denke ich über Buddha Shakyamunis Leben nach, habe ich bisweilen ein unbehagliches Gefühl. Obwohl Buddha Shakyamunis Lehre auf mehreren Ebenen interpretiert werden kann, ist aus dem historischen Bericht klar ersichtlich, daß Buddha Shakyamuni sich sechs Jahre lang harter Übung unterzog. Dies zeigt, daß man den Geist nicht umwandeln kann, indem man bloß schläft und sich entspannt und sämtliche Annehmlichkeiten des Lebens genießt. Es zeigt uns: Nur dadurch, daß wir hart arbeiten und über lange Zeit Entbehrungen auf uns nehmen, können wir erleuchtet werden. Es ist nicht leicht, innerhalb kurzer Zeit und ohne Mühe all die spirituellen Stufen und Verwirklichungen zu erreichen. Selbst der Buddha, der Begründer dieser Lehre, mußte solche Entbehrungen auf sich nehmen. Wie können also wir erwarten, spirituelle Höhen zu erreichen und erleuchtet zu werden, indem wir lediglich bestimmte Übungen durchführen und eine erholsame Zeit verbringen? Wenn wir die Geschichten von den großen spirituellen Lehrern der Vergangenheit lesen, stellen wir fest, daß sie spirituelle Verwirklichung durch sehr viel Meditation, Einsamkeit und Übung erlangt haben. Sie versuchten nicht, den Weg irgendwie abzukürzen.

Wenn wir wirklich aus tiefstem Herzen Zuflucht zum Buddha nehmen, müssen wir uns sein Beispiel vor Augen halten. Kommt die Zeit, sich ernsthaft zu bemühen und Entbehrungen auf sich zu nehmen, so ist es ganz entscheidend zu wissen, wie man dabei vorgeht. Erleuchtung können wir nämlich nicht einfach durch Bemühung und Entbehrungen erlangen. In der buddhistischen Überlieferung brauchen wir Vertrauen und Hingabe, doch diese müssen mit Intelligenz und Weisheit verknüpft sein. Selbstverständlich werden wir durch Hingabe und Vertrauen eine bestimmte spirituelle Entwicklung erreichen können, aber um Nirvana und Erleuchtung zu erlangen, werden wir auch Weisheit benötigen.

Um jene positiven Eigenschaften zu entwickeln, die wir gegenwärtig nicht haben, und die bereits vorhandenen zu stärken und zu entfalten, sollten wir die verschiedenen Ebenen der Weisheit verstehen. Es ist wichtig, daß wir unsere

Intelligenz und Weisheit auf den richtigen Gegenstand konzentrieren können. Wenn ein hochintelligenter Mensch keine entsprechende Gelegenheit erhält, wird er oder sie diese Intelligenz nicht auf das richtige Thema richten können. Um Weisheit zu entwickeln, müssen wir die Gelegenheit finden, unsere Intelligenz auf einen geeigneten Aspekt der Lehre anzuwenden. Daher bat uns Buddha Shakyamuni, ihm nicht einfach nur zu vertrauen. Er löste nicht alle unsere Probleme, indem er sagte: »Habt Vertrauen zu mir.« Er begann mit der Darlegung der Vier Edlen Wahrheiten[7]; und auf dieser Basis gab er verschiedene, mehrere Ebenen umfassende Unterweisungen und legte so die Stufen des Weges dar, denen man folgen kann.

Schon die Sammlung der Worte des Buddha, die ins Tibetische übersetzt wurden, füllt mehr als 108 Bände; das veranschaulicht, in welchem Umfang er lehrte. Außer diesen gab es viele Unterweisungstexte des Buddha, die nicht ins Tibetische übersetzt wurden. Echtes Vertrauen und echte Weisheit sind die Frucht angemessenen Studiums. Wir sollten versuchen, diese Unterweisungen zu verstehen und in die Tat umzusetzen. Das wird uns helfen, Weisheit zu entwickeln – um so mehr, wenn wir uns in Mitgefühl üben. Nach und nach werden wir unseren Geist disziplinieren können. In der buddhistischen Philosophie glauben wir nicht, daß die Dinge durch irgendeinen äußeren Faktor hervorgerufen oder angeregt werden. Auch glauben wir nicht, daß die Dinge aus dauerhaften Ursachen entstehen. Wir bringen die Erfahrung von Glück und Leid sowie deren Ursachen mit unseren eigenen Handlungen in Zusammenhang. Und die Qualität unseres Handelns hängt vom Zustand unseres Geistes ab – davon, ob er diszipliniert oder undiszipliniert ist.

Probleme und Leiden entstehen aufgrund eines undisziplinierten Geisteszustands. Daher liegt unser persönliches Glück genaugenommen in unseren eigenen Händen. Die Verantwortung ruht auf unseren eigenen Schultern; wir können nicht erwarten, daß uns jemand einfach Glück verschafft. Der Weg, Glück zu erleben, besteht darin, dessen Ursachen zu erkennen und sie zu entwickeln sowie die Ursachen des Leids zu erkennen und sie zu beseitigen. Wissen wir, was in die Tat umgesetzt werden und was aufgegeben werden muß, dann werden wir ganz natürlich Freude erfahren.

Die Wurzel des Leids ist Unwissenheit, was hier gleichbedeutend ist mit der irrigen Auffassung von einem Selbst.[8] All die abertausend Leiden, die uns widerfahren, entstehen aufgrund dieser irrigen Auffassung, dieses falschen Verständnisses. Wenn es daher heißt, der Buddha habe aus Mitgefühl alle falschen Ansichten aufgegeben, dann bedeutet dies, daß er von dem Mitgefühl durchdrungen war, zum Nutzen aller empfindenden Wesen zu wirken. Um empfindenden Wesen zu nützen, gab er verschiedene, mehrere Ebenen umfassende Unterweisungen, die frei von falschen Ansichten und negativen Gedanken sind. Daher werden jene, die diese Unterweisungen befolgen, indem sie die richtige Anschauung begreifen und sie in die Tat umsetzen, das Leid beseitigen. Wir erweisen Buddha Shakyamuni unsere Ehrerbietung, weil er solch großartige Unterweisungen gegeben hat.

Der Buddha ist eine verläßliche Zuflucht, weil er zu Beginn Mitgefühl entwickelt und dann sein ganzes Leben damit verbracht hat, Mitgefühl wachzurufen, zu entfalten und zu hegen. Ob ein bestimmter Mensch vertrauenswürdig ist oder nicht, hängt auch im alltäglichen Leben davon ab, ob er oder sie Mitgefühl besitzt. Hat jemand kein Mitgefühl, werden wir uns auf die betreffende Person wahrscheinlich nicht verlassen, selbst wenn sie intelligent und hoch gebildet ist. Bildung allein reicht nicht aus; die grundlegende Eigenschaft, die bewirkt, daß Menschen für andere empfindende Wesen hilfreich sind, ist Mitgefühl. Wenn jemand Mitgefühl besitzt oder eine Gesinnung an den Tag legt, die von dem Wunsch getragen ist, empfindenden Wesen zu nützen, können wir uns ihm oder ihr zuversichtlich anvertrauen. Die bedeutendste Eigenschaft des Buddha ist die Gesinnung, die von dem Wunsch getragen ist, empfindenden Wesen zu nützen – das Mitgefühl. Weil er jene positiven Eigenschaften in sich entwickelt hat, vermag er deren Bedeutsamkeit zu erläutern. Solch einem Lehrer können wir uns anvertrauen, weil er in diesen Qualitäten Erfahrung hat.

Buddha Shakyamuni, auf den der Buddhismus zurückgeht, ist ein zutiefst glaubwürdiger, ein unfehlbarer Mensch, auf den wir uns sicher verlassen können. Und doch reicht es nicht, daß er unfehlbar ist; wir sollten wissen, wie wir seinem Beispiel folgen können. Wir müssen wissen, wie wir den falschen Weg aufgeben und wie wir uns auf positive Wege begeben und ihnen folgen können. Auch ohne direkte Erfahrung mit diesen Unterweisungen gilt: Mit einem gewissen Verständnis dieser Dinge können wir uns besser mit Leiden und Problemen auseinandersetzen, wenn wir damit konfrontiert sind.

Wir können uns gut vorstellen, daß sich zwei Individuen, wenn sie mit dem gleichen Problem konfrontiert sind, in ihrer Einstellung und der Art, mit der Situation fertig zu werden, grundlegend voneinander unterscheiden werden, je nachdem, ob sie über ein Verständnis des spirituellen Weges verfügen oder nicht. Statt Leiden und Probleme zu mildern, wird die Person, der spirituelles Verständnis fehlt, sie wahrscheinlich durch Wut, Eifersucht und so fort verschlimmern. Die Person, die über eine gewisse spirituelle Einsicht, ein gewisses spirituelles Verständnis verfügt, wird aufgrund ihrer mentalen Einstellung offener und unvoreingenommener auf die Situation reagieren können. Mit einem gewissen Verständnis hinsichtlich der Unterweisungen des Buddha sowie einer gewissen Erfahrung hinsichtlich dieser Unterweisungen werden wir zwar möglicherweise das Leid nicht beenden können, aber in einer besseren Lage sein, mit unseren Problemen zurechtzukommen. Daher werden wir in unserem täglichen Leben aus den Unterweisungen wirklichen Nutzen ziehen.

Die Bereiche des Existenzkreislaufs[9] sind vergänglich wie Herbstwolken. Das Kommen und Gehen empfindender Wesen kann man als Szenen in einem Drama auffassen. Die Art, wie empfindende Wesen geboren werden und sterben, hat Ähnlichkeit mit der Art, wie Charaktere eines Theaterstücks auf die Bühne kommen und von ihr abtreten. Aufgrund dieser Vergänglichkeit haben wir keine bleibende Sicherheit. Heute haben wir das Glück, als Menschen zu leben. Verglichen mit dem Dasein der Tiere und jener Wesen, die in der Hölle leben, ist das menschliche Leben sehr kostbar. Aber selbst wenn wir es als kostbar betrachten – das Leben endet schließlich mit dem Tod. Führen wir uns den gesamten Verlauf der menschlichen Existenz vom Anfang bis zum Ende vor Augen, so stellen wir fest, daß es kein dauerhaftes Glück und keine Sicherheit gibt.

Schon unsere Geburt ist mit Leid verbunden. Danach stehen wir Problemen gegenüber: Krankheiten befallen uns, wir altern, wir bekommen nicht, was wir wollen, und geraten in Situationen, die wir nicht wollen. Einige der Probleme, mit denen wir konfrontiert werden, sind womöglich durch Menschen verursacht, etwa der Krieg. Aber solange wir im Existenzkreislauf geboren werden und solange störende Emotionen unseren Geist vergiften, werden wir keinen dauerhaften Frieden, kein dauerhaftes Glück finden.

Alle Teile eines Giftbaums – seine Früchte, Blüten, Wurzeln, Blätter und Zweige – werden natürlicherweise vom Gift durchtränkt sein. Da unsere ganze Existenz dem Einfluß störender Emotionen ausgesetzt ist, ergibt es sich zwangsläufig, daß uns früher oder später Leid widerfährt und wir mit Problemen zu kämpfen haben. Weil die Leiden der Krankheit und des Todes dem Wesen des Existenzkreislaufs entsprechen, brauchen wir uns nicht zu wundern, wenn wir krank werden und sterben. Mögen wir also Krankheit und Tod nicht, dann sollten wir dem Existenzkreislauf ein Ende setzen. Wir sollten dem ein Ende machen, hier abermals geboren zu werden. Solange die drei wichtigsten störenden Emotionen – Begierde, Haß und Unwissenheit – in uns wohnen, werden wir ständig einer Flut unbefriedigender Erfahrungen ausgesetzt sein. Wenn störende Emotionen in unserem Geist aufkommen, geht uns der innere Frieden verloren. Darum lautet die entscheidende Frage: Wie können wir sie beseitigen?

Störende Emotionen sind dem Geist nicht wesensgleich. Andernfalls müßten, sobald der Geist vorhanden ist, immer auch die störenden Emotionen vorhanden sein. Aber das ist nicht der Fall. Beispielsweise kann jemand generell ein sehr hitziges Temperament haben – aber bleibt der oder die Betreffende den ganzen Tag lang hitzig und wütend? Selbst übellaunige Menschen lächeln hin und wieder und entspannen sich. Daher sind selbst starke störende Emotionen vom Geist nicht untrennbar. Im Grunde sind beide voneinander getrennt.

Störende Emotionen sind durch Unwissenheit bedingt. Genauso wie der Tastsinn unseren ganzen physischen Körper durchdringt, durchdringt die Unwissenheit sämtliche störenden Emotionen. Es gibt keine störende Emotion, die nicht mit Unwissenheit verknüpft ist. Daher müssen wir untersuchen, was diese Unwissenheit ist. Sie ist der sehr wirkungsvolle negative Geisteszustand, der alle störenden Emotionen herbeiführt. Sie wirft uns in den Existenzkreislauf. Zwar ist die Unwissenheit oder die irrige Auffassung von einem Selbst sehr stark. Dennoch ist sie nur falsches oder im Irrtum befindliches Bewußtsein. Andere Geistesverfassungen oder Bewußtseinslagen können als positive Gegenkraft zu dieser Unwissenheit dienen. Verlassen wir uns auf die positiven Aspekte des Bewußtseins, dann können wir die Unwissenheit beseitigen. Die Natur des Geistes ist Klarheit und Gewahrsein. In unserer Grundnatur gibt es keine störenden Emotionen. Sie sind nur zeitweilige Behinderungen des Geistes. Daher können die störenden Emotionen aus der Grundnatur des Geistes entfernt werden. Eines Tages wird der Geist erleuchtet sein, weil seine Natur Klarheit und Gewahrsein ist.

Gegenwärtig verfügen Sie möglicherweise in diesem Punkt über keine persönliche Erfahrungsgewißheit. Aber wenn Sie lernen und von Logik und Analyse Gebrauch machen, werden Sie nach und nach die innere Gewißheit gewinnen, daß es möglich ist, die Behinderungen des Geistes auszuräumen. Generell gilt: Es gibt einen Zustand – Nirvana – der von störenden Emotionen frei ist, und wir können diesen Zustand in unserem Geist erreichen. Da wir kein Leid wollen und es möglich ist, ihm ein Ende zu setzen und Nirvana zu erreichen, ist es durchaus zweckmäßig, über Leid zu meditieren. Wenn wir begreifen, daß der gesamte Existenzkreislauf von der Natur des Leids geprägt ist, werden wir uns auf das Üben der drei Schulungen einlassen – Sittlichkeit, Meditation und Weisheit. Dann werden wir, ganz gleich, wie schön manche Dinge zu sein scheinen, begreifen, daß auch sie von der Natur des Leids geprägt sind.

Im Streben nach Nirvana sollten wir danach trachten, in

Zukunft einen besseren Daseinszustand zu erlangen. Bevor wir dies tun, müssen wir die Bedeutsamkeit dieses gegenwärtigen Lebens voll und ganz erkennen. Wenn uns die Nützlichkeit dieses gegenwärtigen Lebens nicht einsichtig ist und wir auch nicht verstehen, wie man mit Hilfe von Mitgefühl und Herzensgüte ein gutes Leben führt, mag es zwecklos sein zu erörtern, wie man in künftigen Leben höhere Qualitäten erlangt. Da es möglich ist, Befreiung aus dem Existenzkreislauf zu erreichen, ist es unbedingt erforderlich, den Geist im Streben nach Buddhaschaft zu schulen. Solch eine Motivation können wir entwickeln, indem wir uns darauf besinnen, daß alle empfindenden Wesen uns insofern gleichen, als sie Glück wollen und kein Leid. Daher können wir uns innerlich verpflichten, eine gewaltige Anzahl empfindender Wesen dahin zu bringen, den unübertrefflichen höchsten Zustand von Buddhaschaft zu erreichen. Zu diesem Zweck müssen wir mit dem Weg vertraut werden, der zu Buddhaschaft führt; und dies erfordert Übung in den beiden zusammengehörigen Qualitäten Methode und Weisheit.[10]

In den Schriften heißt es: Der Buddha, der Dharma und die spirituelle Gemeinschaft sind die Zuflucht für jene, die Befreiung ersehnen. Ganz allgemein gibt es viele Arten, wie wir Zuflucht suchen. Wenn wir von der Hitze der Sonne versengt werden, nehmen wir im Schatten eines Baumes Zuflucht. Wenn wir Hunger haben, nehmen wir zu Nahrung Zuflucht. Auf ähnliche Weise nehmen wir in der Hoffnung auf zeitweiligen Nutzen oder Lohn bei ortsgebundenen Göttern und Geistern Zuflucht. In all den verschiedenen religiösen Traditionen stehen uns verschiedene Möglichkeiten der Zufluchtnahme offen. Für Buddhisten ist Nirvana oder der wirkliche Zustand der Leidensbeendigung die eigentliche Zuflucht.

Was ist dieses Nirvana, dieser Zustand des Friedens? Obwohl wir nicht leiden wollen, widerfährt uns Leid, weil unser Geist von störenden Emotionen überwältigt ist und wir aufgrund dieses undisziplinierten Geisteszustands negative Handlungen ansammeln. Daher ist der undisziplinierte Zustand unseres Geistes die Ursache des Leids. Wenn wir die Ursachen beseitigen können, die zu störenden Emotionen führen, werden wir den Zustand der Leidensbeendigung erreichen, den man Nirvana oder Befreiung nennt, einen Zustand wahren oder dauerhaften Glücks. Deshalb ist der Dharma unsere eigentliche Zuflucht.

Um den Zustand der wahren Beendigung des Leids zu erreichen, müssen wir dem wahren Weg folgen. Dies macht erforderlich, daß wir positive Eigenschaften in uns entwikkeln. Wir beginnen mit der Erkenntnis, daß unser Geist zu Unwissenheit, Verwirrung und irrigen Auffassungen neigt. Mit zunehmender Einsicht in die wahre Natur der Phänomene werden wir zunächst zu zweifeln beginnen, ob die Dinge eine inhärente Existenz haben. Wir werden zu der Einsicht gelangen, daß Objekte, an denen wir hängen, die wir vorher für absolut vortrefflich hielten, keinerlei inhärente oder substantielle Existenz haben. In ähnlicher Weise haben Dinge, die uns in Wut versetzen, keine inhärente oder unabhängige Existenz. Indem wir uns mit diesem Verständnis vertraut machen, werden wir unsere Erkenntnis vertiefen. Schließlich werden wir direkt jene Weisheit entwickeln können, die die Leerheit, die wahre Natur der Phänomene, erkennt. Das ist so, wie wenn man in der Dunkelheit ein Licht anzündet. Das bedeutet jedoch nicht, daß wir unseren Geist schlagartig erleuchten können und dabei die Finsternis der Unwissenheit zerstreuen – ungefähr so, wie wir eine elektrische Lichtquelle einschalten. Innere Qualitäten muß man Schritt für Schritt entwickeln.

Andere Religionen besitzen viele vortreffliche Anweisungen, wie man Liebe und Mitgefühl entwickelt, aber keine andere religiöse Überlieferung erklärt und begründet, daß die Dinge keine inhärente Existenz haben und daß alles jeweils von etwas anderem abhängt. Nur die buddhistische Überlieferung erklärt und begründet einen Zustand der Befreiung, den man durch wirkliche Einsicht in Leerheit, die wahre Natur aller Phänomene, erreicht. Daher sind nur der Buddha, der Dharma und die spirituelle Gemeinschaft oder die Drei Juwelen die unfehlbare Zuflucht für jene, die Befreiung oder Nirvana ersehnen. Dies hat der mitfühlende Buddha Shakyamuni gelehrt.

Wir sollten zu den Drei Juwelen so Zuflucht nehmen wie jemand, der sich in einer verzweifelten Lage nirgendwo sonst hinwenden kann. Es gibt verschiedene Arten von Vertrauen. Eine davon ist das reine oder klare Vertrauen, mit dem man die Qualitäten von Buddha, Dharma und spiritueller Gemeinschaft hochschätzt und anerkennt. Dann gibt es das Vertrauen, das eine Form von zuversichtlicher Erwartung ist. Als nächstes folgt das strebende Vertrauen. Dieses ist bedeutsamer, denn mit dieser Art von Vertrauen begnügen wir uns nicht damit, die Qualitäten des Buddha, des Dharma und der spirituellen Gemeinschaft zu würdigen und anzuerkennen, sondern bemühen uns selbst, Buddhaschaft zu erreichen und die Qualitäten des Dharma zu erlangen und ein Mitglied der spirituellen Gemeinschaft zu werden. Wenn Sie fähig sind, sich so zu bemühen, können Sie sicher sein, daß Sie in Ihrem künftigen Leben unter günstigen Voraussetzungen wiedergeboren werden. Sofern Sie in Ihrem täglichen Leben ernsthaft praktizieren, brauchen Sie nichts zu bereuen, wenn Sie schließlich sterben. Zum Zeitpunkt Ihres Todes kommt es darauf an, daß Sie imstande sind, eine rechtschaffene Einstellung und eine reine und positive Motivation aufrechtzuerhalten. Sie werden dazu imstande sein, weil Sie in Ihrem Leben praktiziert haben. Sollten Sie hingegen in Ihrem Leben nicht viel Zeit gehabt haben, sich auf spirituelle Aktivitäten einzulassen: Wenn Sie zum Zeitpunkt Ihres Todes wachsam bleiben und versuchen, Ihren Geist heilsamen Qualitäten zuzuwenden, wird Ihnen das bestimmt helfen, eine Wiedergeburt unter günstigen Voraussetzungen zu erlangen.

Die Stufen des Weges zur Erleuchtung und die in ihnen enthaltenen Lehren zu studieren ist für unseren Geist sehr nützlich. Beim Studieren gewinnen wir den Eindruck, daß wir uns im Sinne der Unterweisungen ernsthaft bemühen sollten. Wir haben das Gefühl, durch solches Bemühen spirituell bestimmt Fortschritte machen zu können. Möglicherweise können wir sogar Erleuchtung erlangen. Daher sollten Sie nicht denken, Sie seien nicht intelligent genug, um solche Lehren studieren zu können. Wenn Sie sich selbst entmutigen, werden Sie nie mehr Gelegenheit haben, solche Anweisungen zu studieren. Es heißt, daß alle empfindenden Wesen, auch die winzigsten Insekten, Buddhanatur besitzen. Da wir als Menschen geboren sind, haben wir die Gelegenheit und Befähigung, die Lehre des Buddha zu verstehen.

Versuchen Sie die vorliegenden Unterweisungen beim Anhören bzw. Lesen auf Ihren Geist zu beziehen. Versuchen Sie, die schadhaften Zustände Ihres Geistes aufzuspüren und den Entschluß zu fassen, sie durch das Entwickeln positiver Eigenschaften zu verbessern. Wenn Sie Ihre Fehler nicht klar zu erkennen vermögen, werden Sie keine Verbesserung erzielen können. Generell können Menschen eigene Fehler nur durch besondere Aufmerksamkeit einsehen. Deshalb behaupten wir normalerweise, nichts Unrechtes getan zu haben. Also ist es äußerst wichtig, sich zu prüfen. Wir sind gewohnt, unser tägliches Leben zu führen, ohne sonderlich darauf achtzugeben, was wir gerade tun. Daher sollten Sie sich mit dieser Unterweisung so befassen, daß sie zur Klärung Ihres Geistes beiträgt. Viel Erfahrung habe ich nicht. Aber gestützt auf die wenige, die ich habe, kann ich Ihnen mit Gewißheit versichern, daß Sie solche Fortschritte machen können, wenn Sie es versuchen.

Wir haben dieses kostbare Dasein als freier und von Glück begünstigter Mensch erlangt, aber es wird nicht für immer andauern. Früher oder später müssen wir dem Tod ins Auge sehen. Wenn wir dann in einen ungünstigen Existenzzustand fallen, wird es sehr schwierig sein, eine Gelegenheit zu finden, den Dharma zu üben. Wir werden fortwährend von vielfältigem Leid geplagt werden. Darum ist es äußerst wichtig, sofort mit der spirituellen Praxis zu beginnen, um den Impuls aufrechtzuerhalten, jetzt und in Zukunft heilsame Eigenschaften zu entwickeln und die negativen zu beseitigen. Indem wir dies tun, werden wir auch eine gewisse Verwirklichung und ein gewisses Verständnis des wahren Weges und der wahren Leidensbeendigung erlangen. Haben wir diese beiden erst einmal gründlich begriffen, dann werden wir voll und ganz erkennen, inwiefern der Buddha ein einwandfreier und verläßlicher Lehrer ist. Wir werden auch seine Lehren besser verstehen.

Es reicht nicht aus, als Mensch oder Gott in günstigen Existenzzuständen geboren zu sein. Solange wir die störenden Emotionen in unserem Geist nicht zähmen und beseitigen, werden wir keine Gelegenheit finden, Freude und dauerhaften Frieden zu genießen. Haben wir erst einmal ein gewisses Verständnis gewonnen, was mit dem wahren Weg und der wahren Beendigung des Leids gemeint ist, werden wir begreifen können, daß es mächtige Gegenkräfte zu den störenden Emotionen gibt und daß man diesen ein Ende bereiten kann. Zu diesem Zeitpunkt entwickeln wir vielleicht ein starkes Streben, Nirvana zu erlangen, die Beendigung unseres persönlichen Leids. Aber auch das reicht nicht aus. Wir müssen weiter voranschreiten, um eine Gesinnung zu entwickeln, in der wir den Wunsch haben, Buddhaschaft zu erlangen – zum Wohle aller empfindenden Wesen, um alle Wesen aus dem Leid zu befreien.

Ich habe versucht, diese Lehren anhand meiner Erfahrungen zu erläutern, was meinem Gefühl nach für Ihren Geist wohl am wirksamsten ist. Als spirituelle Übende sollten wir weitblickend sein. Von einer festen Grundlage ausgehend, sollten wir etwas von spirituellem Wert aufbauen. Selbstverständlich wird das einige Zeit beanspruchen, aber wenn wir zunächst einmal weitblickend sind und in unserem stetigen Bemühen nicht nachlassen, werden wir nach und nach etwas Lohnendes errichten können. Das Ziel, die Buddhaschaft, scheint womöglich weit entfernt zu sein, doch wenn es um unsere tägliche Praxis geht, sollten wir mit den Grundlagen beginnen und auf diesem Fundament aufbauen. Schließlich werden wir Erleuchtung erreichen. Und um zu praktizieren, müssen wir wissen, was wir tun sollen und wie wir es tun sollen. Deshalb lesen wir Unterweisungen wie diese oder hören sie uns an.

1. KAPITEL

Der Erleuchtungsgeist

Der Buddhismus legt großes Gewicht auf innere Erforschung, auf Schulung, die der Entwicklung des Geistes dient. Aus buddhistischer Sicht ist das Lehren und Studieren des Dharma nicht bloß eine theoretische Beschäftigung. Wir studieren und lehren den Dharma, um unseren ungebärdigen Geist zu disziplinieren. Auf diese Weise können wir unsere Buddhanatur erwecken. Wir haben das Potential, jene Faktoren auszuräumen, die unseren Geist behindern, und die außerordentlichen Kräfte zu erlangen, die daraus erwachsen.

Es freut mich, daß Menschen sich für die Lehren des Buddha interessieren, ohne notwendigerweise selbst Buddhisten zu sein. Die unterschiedlichen philosophischen Darstellungen unserer vielfältigen religiösen Überlieferungen sind dazu bestimmt, den verschiedenen geistigen Veranlagungen und Bedürfnissen gerecht zu werden, die wir bei den Menschen vorfinden. All diesen unterschiedlichen Methoden und Praxisformen ist *ein* Ziel gemeinsam: den Individuen zu helfen, gute Menschen zu werden und ein besseres Leben zu führen. Daher ist Eintracht zwischen den verschiedenen religiösen Überlieferungen von höchster Bedeutung. Und um diese Eintracht zu erreichen, brauchen wir mehr Verständnis für die Situation unserer Mitmenschen.

Weil dies eine buddhistische Unterweisung ist, rezitieren wir am Anfang eine Strophe, deren erstes Verspaar die Zufluchtnahme zum Buddha, Dharma und der spirituellen Gemeinschaft betrifft:

Bis ich erleuchtet bin, nehme ich Zuflucht
zum Buddha, dem Dharma und der spirituellen
Gemeinschaft.

Weil es sich um eine Unterweisung des Großen Fahrzeugs, des Mahayana[11], zur Befreiung aller Wesen von Leid handelt, beziehen sich die letzten beiden Zeilen dieses Verses auf das Entwickeln des Erleuchtungsgeistes[12]:

Möge ich durch das Lesen oder Anhören dieser
Unterweisung
um aller umherirrenden Wesen[13] willen den Zustand
eines Buddha erreichen.

Der Erleuchtungsgeist besteht in dem Vorsatz, Buddhaschaft zu erreichen, um alle Wesen im Universum von Leid zu befreien. Um den Erleuchtungsgeist zu entwickeln, müssen wir meditieren; er läßt sich nicht durch bloßes Wunschdenken und Beten entfalten. Er läßt sich nicht dadurch entfalten, daß man lediglich ein intellektuelles Verständnis seiner Bedeutung gewinnt. Er läßt sich auch nicht dadurch entfalten, daß man einfach Segnungen empfängt. Wir müssen ihn durch Meditation entwickeln und ihn uns auf lange Sicht immer wieder zur Gewohnheit machen. Damit wir immer weiter über den Erleuchtungsgeist meditieren können, müssen wir zuerst voll und ganz erkennen, welcher Nutzen darin liegt, ihn zu entwickeln. Wir müssen ein starkes Verlangen danach haben und eine dringende Notwendigkeit darin sehen, den Erleuchtungsgeist zu entwickeln.

Wenn wir Freude daran haben, wird unsere Meditation um so eher erfolgreich sein. Die edle Gesinnung, anderen nützen zu wollen, ist äußerst wirkungsvoll. Sie ist die wichtigste Quelle von Glück, Mut und Erfolg im Leben. Wenn unser Geist voller Argwohn und Groll ist, haben wir automatisch den Eindruck, daß andere schlecht von uns denken. Diese negativen Gefühle färben auf all unsere Beziehungen zu unseren Mitmenschen ab. Meistens bereiten sie uns Kummer. Das ist ganz natürlich. Daher gilt schon für dieses Leben: Je uneigennütziger wir sind, desto glücklicher werden wir sein. Je mehr wir von Groll und Haß beeinflußt sind, desto unglücklicher, elender werden wir sein.

Ob wir nun Glück für uns oder für andere erstreben und ob wir vorübergehendes oder langfristiges Glück erstreben – wir brauchen diese edle Gesinnung des Mitgefühls schon in diesem Leben. Ebenso müssen wir Herzensgüte entwikkeln, wenn wir in Zukunft für mehrere Lebensspannen eine günstige Wiedergeburt als Mensch oder Himmelswesen[14] erreichen wollen. Eine höhere Wiedergeburt ist das Ergebnis bestimmter Handlungen – etwa anderen Wesen nicht das Leben zu nehmen. Eine höhere Wiedergeburt beruht darauf, daß man im vorherigen Leben alle Handlungen unterläßt, die dem Körper, dem Leben, den Besitztümern, Freunden und Beziehungen anderer schaden, und die zehn heilsamen Handlungen ausübt (Lebenserhaltung, Mildtätigkeit, Wahrung eines ethisch verantwortbaren Sexualverhaltens, wahrheitsgemäßes Sprechen, auf Harmonie bedachtes Sprechen, liebenswürdiges Sprechen, besonnenes Sprechen, Freigebigkeit, Hilfsbereitschaft und rechte Ansichten). Wir sammeln die zu einer solchen Wiedergeburt führenden positiven Ursachen an, indem wir aufhören, anderen Schaden zuzufügen. Solches Handeln wurzelt in einer gütigen Einstellung gegenüber anderen.

Wenn wir einen Arzt zu Rate ziehen, verordnet dieser den meisten von uns Ruhe. Aber was bedeutet es, sich auszuruhen? Es bedeutet mehr, als bloß im Bett zu liegen. Ruhe bedeutet, geistig entspannt zu bleiben. Ob der Arzt uns dies nun ausdrücklich klarmachen kann oder nicht – wenn er uns Ruhe verordnet, meint er, daß wir nicht nur körperliche Betätigung vermeiden, sondern auch geistig entspannt und unbesorgt sein sollten. Dann werden wir wirklich zur Ruhe kommen. Geistige Entspannung ist das Ergebnis einer positiven geistigen Einstellung und positiver Gefühle. Wenn unser Geist von negativen Einstellungen beeinträchtigt wird und wir Groll in uns hegen, ist geistige Entspannung unmöglich. Wenn wir uns also ausruhen sollen, um körperlich gesund zu werden, lautet der Rat: »Sei ein warmherziger Mensch« – denn das ist die beste Methode, Besorgnis zu vermeiden.

Aus ebensolchen Gründen fragte der große indische Heilige und Gelehrte Atisha jedesmal, wenn er jemandem begegnete: »Ist dein Geist gut gestimmt?« Ganz so, wie wir heutzutage sagen: »Wie geht es dir?« Er fragte nicht wirklich, ob der Mensch, mit dem er redete, warmherzig sei, sondern wie es ihm oder ihr gehe, wie es ihm oder ihr an dem betreffenden Tag ergangen sei. Aber die Frage so zu stellen wie er hat eine tiefere Bedeutung. Ich glaube nicht, daß Atisha die Menschen bloß von einem religiösen Standpunkt aus so ansprach. Er fragte mit seiner Anrede: »Bist du gut ausgeruht?« So wie wir fragen könnten: »Hast du gut geschlafen?« Denn Ruhe ist die Frucht eines positiven Geistes.

Offenkundig lohnt es sich also, Herzensgüte zu entwickeln. Die Frage ist nur, wie man das bewerkstelligt. Bei der Geistesschulung ist mit Herzensgüte der Erleuchtungsgeist gemeint – die beste, höchste und endgültige Erscheinungsform von Herzensgüte. Er ist eine grenzenlos gütige Gesinnung, die durch Weisheit ergänzt wird. Die Schriften legen dar, daß es im Erleuchtungsgeist zwei Bestrebungen gibt. Er ist eine Geistesverfassung, die erstens durch das Bestreben, die Ziele anderer zu verwirklichen, herbeigeführt wird, und die zweitens durch das Bestreben, Buddhaschaft zu erreichen, unterstützt wird.

Nun, was meinen wir, wenn wir »durch Weisheit ergänzt« sagen? Nehmen wir die Zufluchtnahme zum Buddha als Beispiel. Ein solcher Geisteszustand könnte beinhalten, daß man den Buddha als höchste Zuflucht akzeptiert, die von allen Mängeln frei und mit allen Qualitäten ausgestattet ist. Er könnte darin bestehen, einfach zu akzeptieren, daß der Buddha ein kostbares und heiliges Wesen ist. Er könnte ganz von gläubigem Vertrauen getragen sein. Man kann jedoch bei der Zufluchtnahme auch ganz anders vorgehen, indem man die Natur eines solchen Buddha und die Möglichkeit seiner bzw. ihrer Existenz analysiert und erforscht. Aufgrund einer solchen Untersuchung können wir verstehen lernen, daß ein solcher Buddha möglich ist. Wir lernen die Natur des Buddha verstehen: daß er oder sie einen Geist mit einzigartigen Qualitäten besitzt, der frei von allen Behinderungen ist. Und nachdem wir die Bedeutung eines solchen erhabenen Buddha erfaßt haben, können wir ein tiefes, auf Überzeugung beruhendes Gefühl der Zufluchtnahme zum Buddha entwickeln. Dieses ist viel stärker und gefestigter als bloßer Glauben.

Den Erleuchtungsgeist entwickelt man auf ähnliche Weise. Es kann also durchaus einen Bodhisattva[15] geben, der die Leerheit nicht verstanden hat, aber zugleich von ganzem Herzen bestrebt ist, die Zielsetzungen und Wünsche empfindender Wesen zu verwirklichen. Gestützt auf dieses Streben, könnte die betreffende Person eine Gesinnung entwickeln, in der sie um aller empfindenden Wesen willen nach Buddhaschaft strebt. Aber wenn wir im üblichen Wortsinn von Erleuchtungsgeist reden, beruht dieser darauf, daß man gründlich nachforscht, ob die Leiden der zahllosen empfindenden Wesen beseitigt werden können, und, sofern dies zutrifft, die dazu erforderlichen Mittel bestimmt. Auf solche Überlegungen und Gedanken gestützt, untersuchen wir die Bedeutung von Erleuchtung, wie sie in den folgenden Verszeilen dargelegt wird:

> Mitgefühl, das sich auf empfindende Wesen richtet,
> und Weisheit, die sich auf Erleuchtung richtet.

Wenn wir den edlen Erleuchtungsgeist entwickeln, der von dem Wunsch getragen ist, um der empfindenden Wesen willen Erleuchtung zu erlangen, und durch das Wissen gesteigert ist, daß Erleuchtung möglich ist, wird er zu einer wundervollen und mutigen Gesinnung.

Es macht auch viel aus, wenn das Mitgefühl von Weisheit gestärkt wird – der Einsicht in Leerheit, das Nichtvorhandensein von inhärenter Existenz. Im allgemeinen entwickeln wir durch Konzentration auf *ein* hilfloses empfindendes Wesen den heftigen Wunsch, daß er oder sie von Leid frei sein möge, weil uns sein oder ihr Leid unerträglich ist. Aber bei tiefgreifenderer Analyse werden wir erkennen können, woher dieses Leid kommt. Wir werden einsehen, daß man seine Ursachen beseitigen und in der betreffenden Person Gegenmittel mobilisieren kann. Wir werden in dem oder der Betreffenden all diese Möglichkeiten erkennen können. Aber wir werden auch sehen, daß er oder sie wirklich verworrene Vorstellungen davon hat, auf welche Weise die Dinge existieren, und nicht weiß, wie man solche positiven Gegenmittel entwickelt. Wir können nicht nur erkennen, daß dieser Person zur Zeit Leid widerfährt, sondern wir erkennen überdies, daß sie sich auf viele negative Handlungen einläßt. Der oder die Betreffende wird von Mängeln beherrscht, die in der Zukunft zur Erfahrung unaufhörlichen Leids führen werden.

Da wir die Möglichkeit, das Leid zu beseitigen, klar erkennen, aber auch wissen, daß die empfindenden Wesen sich aus Unwissenheit dennoch nicht mit Hilfe geeigneter Maßnahmen vom Leid befreien können, entwickeln wir eine sehr starke Empfindung von Anteilnahme und Mitgefühl. Es geht uns dabei so, als sähen wir eine Person, die ein Problem hat, das sie längst mit Leichtigkeit hätte lösen können, dies aber nicht tut, entweder weil sie die entsprechenden Mittel und Wege nicht kennt oder weil es ihr an Initiative mangelt. Wenn wir ein von Leid geplagtes empfindsames Wesen betrachten, sollten wir wissen, daß er oder sie ebensowenig wie wir leiden will. Wir entwickeln den Wunschgedanken: »Wie gut wäre es, wenn dieses Leid beseitigt werden könnte; möge dieses Leid ein Ende finden.« Wenn wir uns auch über die Wege und Mittel im klaren sind, die zum Zustand der Leidensfreiheit führen, und das Leid anderer im Licht dieses Wissens sehen, ist unser Mitgefühl viel intensiver.

Wenn wir uns im Erleuchtungsgeist schulen, sollten wir uns in diesen zwei Bestrebungen schulen: dem Streben nach Buddhaschaft und dem Streben, anderen nützen zu wollen. Die Quelle des Strebens, anderen zu nützen, und des Erleuchtungsgeists, der um andere mehr besorgt ist als um sich selbst, ist das Mitgefühl. Indem wir echtes Mitgefühl entwickeln, üben wir uns in einer Geisteshaltung starker Anteilnahme den empfindenden Wesen gegenüber, die von Leid geplagt werden; und in einer Geisteshaltung, für die empfindende Wesen in all ihrem Leid sich als angenehm und liebenswert erweisen. Aber gleichzeitig sollten wir den Grundcharakter jenes Leids erkennen können, von dem diese empfindenden Wesen geplagt werden. In beiden Haltungen sollten wir uns jeweils gesondert schulen.

Um genau erkennen zu können, worin Leid besteht, sollten wir erst einmal über das Leid nachdenken, das wir selbst durchmachen. Es fällt auf diese Weise viel leichter, Leid zu erkennen. Daher sagen wir oft, daß eine mitfühlende Geisteshaltung und die Entschlossenheit, aus den Leiden des Existenzkreislaufs freizukommen, wie die zwei Seiten *einer* Münze sind. Das Nachdenken über unser eigenes Leid und die Schulung unseres Geistes in der Beseitigung des Leids entspricht der Entschlossenheit, frei zu sein. Wenn wir denselben Wunsch, Leid zu überwinden, auf andere empfindenden Wesen beziehen, entwickeln wir Mitgefühl.

Die Grundlage, um über unser eigenes Leid nachzudenken und den Entschluß zu fassen, von ihm freizukommen, ist die Lehre von den Vier Edlen Wahrheiten. Unter all den Lehren des Buddha ist diese die bedeutsamste. Die Vier Edlen Wahrheiten können in zwei Kategorien eingeteilt werden. Die ersten beiden Wahrheiten, wahres Leid und die wahren Ursprünge des Leids, beinhalten die quälenden Ursachen und Wirkungen, die man mit den störenden Emotionen und mit den Leiden, die wir überwinden wollen, in Verbindung bringt. Die anderen beiden Wahrheiten, die wahre Beendigung und der wahre Weg, beinhalten Ursachen und Wirkungen von reiner Art.

Nachdem wir über das Leid nachgedacht haben, fragen wir uns möglicherweise, was man dagegen unternehmen kann. Die letzten beiden edlen Wahrheiten weisen uns einen vollkommenen Weg für unser künftiges Handeln. Wäre dieser Weg nicht gelehrt worden oder könnte man einem solchen Weg nicht folgen, dann würden wir uns durch das Nachdenken über die ersten beiden edlen Wahrheiten – vom Leid und seiner Ursache – nur das Leben unnötig schwermachen. Es wäre dann besser, wir würden uns einfach entspannen und gut unterhalten. Was hätte es für einen Sinn, über das Leid nachzudenken? Aber man rät uns deshalb, über das Leid nachzusinnen, weil es ein Mittel zur Befreiung davon gibt. Es ist richtig, über das Leid zu reflektieren, weil dies unsere Entschlossenheit, davon freizukommen, anspornt. Deshalb ist die Lehre von den Vier Edlen Wahrheiten von solch entscheidender Wichtigkeit.

Für unsere Meditation ist es hilfreich, vor allem in dreifacher Weise über das Leid nachzudenken: über das Leid des Schmerzes, das Leid des Wandels und das alles durchdringende Leid, das eine Daseinsbedingung ist. Mit dem Leid des Schmerzes ist der alltägliche Kummer und Ärger gemeint, den wir üblicherweise als Leid bezeichnen. Mit dem Leid des Wandels ist das unzulängliche Glück gemeint, nach dem wir normalerweise streben. Unzulänglich ist solch ein Glück, weil es nicht andauert, weil es schließlich ein Ende nimmt. Da solche Glückserfahrungen sich letztlich in Leid verwandeln, nennt man sie das Leid des Wandels. Die Basis all dieser Erfahrungen ist der materielle Körper, der dem Karma und störenden Emotionen unterworfen ist. Karma und störende Emotionen liefern die Bedingungen für diese unfreiwillige und unaufhörliche Abfolge körperlicher Wiedergeburten. Wir erfahren Leid ohne Ende, weil das eine Daseinsbedingung ist, und daher nennt man es das alles durchdringende Leid des bedingten Daseins.

Bei jeder der Vier Edlen Wahrheiten lassen sich vier Merkmale aufzeigen. Die vier Merkmale wahren Leids sind Vergänglichkeit, Leid, Leerheit und Selbst-losigkeit. Mit der Vergänglichkeit wahren Leids ist seine subtile Vergänglich keit[16] gemeint. Alles, was durch Ursache und Wirkung hervorgebracht wird, ist fortwährendem Wandel und Zerfall unterworfen. Sein Zerfall ist auf genau die Ursachen zurückzuführen, durch die es hervorgebracht wurde. Er hängt nicht von irgendeiner später hinzukommenden Ursache ab. Ursachen und Bedingungen erzeugen wahres Leid in der Weise, daß dieses seinem ureigenen Wesen nach von Augenblick zu Augenblick dem Wandel und Zerfall unterliegt. Daher ist wahres Leid eindeutig von seinen Ursachen abhängig.

Wenn wir diese Ansammlung physischer und mentaler Komponenten[17] untersuchen, die wir als unseren Körper und Geist auffassen, können wir begreifen, daß diese körperlich-geistige Ganzheit ihrem Wesen nach vergänglich ist. Sie wandelt sich von Augenblick zu Augenblick. Das ist deswegen der Fall, weil sie von Ursachen abhängt, deren wichtigste die Unwissenheit ist. Da diese Ansammlung physischer und mentaler Komponenten ein Produkt der Unwissenheit ist, können wir begreifen, daß ihr ureigenes Wesen Leid ist.

Indem wir über diese Beschreibung der subtilen Vergänglichkeit nachdenken, werden wir verstehen lernen, daß Unwissenheit die grundlegende Ursache unserer Ansammlung physischer und mentaler Komponenten ist. Solange wir von Unwissenheit abhängig sind, solange wir das Produkt von Unwissenheit sind, sind wir letzten Endes dem Zerfall unterworfen, ganz gleich, wo wir uns aufhalten oder auf welcher Stufe wir geboren werden. Ob unsere physische Gestalt nun anziehend oder häßlich, groß oder klein ist, sie ist dem Wandel unterworfen. Wenn wir dies zutiefst begreifen können, werden wir nicht durch kleinere momentane Unannehmlichkeiten entmutigt werden. Wir werden begreifen, daß es unmöglich ist, wirkliches und sicheres Glück zu erlangen, ehe wir nicht aus der Knechtschaft der störenden Emotionen befreit sind. In dieser Weise schulen wir unseren Geist.

Wenn wir unseren Geist so schulen, werden wir die störenden Emotionen als unseren wirklichen Feind erkennen können. Seit anfangsloser Zeit weilen sie ungehindert mitten in unserem Herzen und haben uns nur Leid und Schaden bereitet. Sobald wir diese störenden Emotionen als den wirklichen Feind erkannt haben, können wir anfangen, sie nach besten Kräften zu bekämpfen. Wie die Kadampa-Meister[18], die großen tibetischen Dharma-Schüler des 12. und 13. Jahrhunderts, zu sagen pflegten: »Selbst wenn wir von unserem Feind, dieser schweren Last störender Emotionen, vollständig übermannt und niedergedrückt werden, müssen wir nur eines tun: die Zähne zusammenbeißen. Gebt euch nicht geschlagen!«

Einerseits sollten wir eine Gesinnung entwickeln, die störende Emotionen rückhaltlos verabscheut. Andererseits sollten wir einsehen, daß es unmöglich sein wird, echtes Glück zu finden, solange wir von Unwissenheit erdrückt werden. Die Frage ist, ob man Unwissenheit beseitigen kann oder nicht. Dies wird durch die dritte edle Wahrheit, die wahre Beendigung des Leids, geklärt. Der Buddha erläuterte diese dritte Wahrheit sehr ausführlich. Aus der Tatsache, daß alle Wesen die Buddhanatur besitzen, folgt zweierlei: Erstens sind die Mängel oder Befleckungen des Geistes keine wesensmäßigen Eigenschaften; und zweitens können wir die Eigenschaften eines Buddha erlangen. Wenn wir diese beiden Punkte untersuchen und über sie nachdenken, können wir schließen, daß es möglich ist, dem Leid wahrhaft ein Ende zu setzen. Auf diese Weise entwickeln wir einen echten Wunsch nach Nirvana oder Befreiung.

Wenn wir nun derartige Mängel an diesem Existenzkreislauf entdecken, sind dann andere Daseinsweisen für uns möglich? Sobald wir gewahr werden, daß es Nirvana gibt, entsteht in uns der Wunsch, es zu erlangen. Störende Emotionen sind das Haupthindernis auf unserem Weg zur Freiheit. Daher lernen wir, störenden Emotionen als unseren Feind anzusehen, und es entsteht der Wunsch, diesen Feind zu bekämpfen und zu besiegen. Wenn es dann darum geht, dies tatsächlich in die Tat umzusetzen, fällt es uns zuerst schwer, gegen diesen Feind anzukämpfen und ihm Einhalt zu gebieten. Weil die Hauptursache störender Emotionen Unwissenheit ist, bedeutet unser Vorsatz, den störenden Emotionen Einhalt zu gebieten, daß wir der Unwissenheit Einhalt gebieten müssen. Dies ist nur durch Weisheit möglich, die die Selbst-losigkeit begreift. Um die Weisheit zu entwickeln, die zu wirklicher Einsicht in Selbst-losigkeit befähigt, reicht es nicht aus, bloß zu verstehen, was diese bedeutet. Es reicht nicht aus, hin und wieder über die Bedeutung von Selbst-losigkeit nachzudenken. Wir müssen über die Bedeutung von Selbst-losigkeit oder Leerheit einsgerichtet[19] meditieren. Nur wenn wir wirkliche Einsicht gewinnen, werden wir die verschiedenen Ebenen störender Emotionen beseitigen können. Kurzum, es ist erforderlich, daß wir lange Zeit über die Anschauung von der Selbst-losigkeit meditieren und uns mit ihr vertraut machen.

Um diese besondere Einsicht in die Selbst-losigkeit zu entwickeln, brauchen wir die Unterstützung der Praxis meditativer Stabilisierung. Die Grundlage einer solchen Praxis ist die Unterlassung negativen Verhaltens. Bis wir in der Lage sind, gegen unsere störenden Emotionen tatsächlich in die Offensive zu gehen, sollten wir zunächst in defensiver Einstellung unser negatives Verhalten unter Kontrolle bringen. Wahllos und unbesonnen sammeln wir unrechte Taten an, weil wir von störenden Emotionen beherrscht werden.

Die besonders häufig unter dem Einfluß störender Emotionen begangenen unrechten Taten werden als die zehn unheilvollen Handlungen bezeichnet. Auf physischer Ebene sind dies Töten, Stehlen und sexuelles Fehlverhalten. Auf verbaler Ebene umfassen sie Lügen, Zwietracht stiftende Rede, grobe Worte und seichtes Geschwätz. Und auf geistiger Ebene gehören dazu Habsucht, Übelwollen und verkehrte Ansicht. Wenn wir in Gefahr sind, uns auf eine dieser zehn Handlungen einzulassen, dann sollten wir Gegenmittel anwenden und uns von solchem Tun abhalten. Indem man die zehn unheilvollen Handlungen bewußt unterläßt, übt man sich in den zehn heilsamen Aktivitäten. Dazu müssen wir von der Gültigkeit des Prinzips von Ursache und Wirkung, des karmischen Gesetzes, überzeugt sein. Sammeln wir Ursachen an, die ihrem Wesen nach schädlich sind, dann werden wir Leid durchmachen, wenn diese Ursachen Früchte tragen. Lassen wir uns auf Handlungen ein, die ihrem Wesen nach förderlich sind, dann werden wir als Folge davon Frieden und Glück erleben. Je fester unsere Überzeugung ist, daß aus guten Ursachen gute Wirkungen und aus schlechten Ursachen schlechte Wirkungen entstehen, desto leichter werden wir uns gute Handlungsweisen zu eigen machen und eine negative Lebensführung aufgeben.

Die Geburt, die wir in diesem Leben erlangt haben, hat ein einzigartiges Potential. Ganz so wie andere empfindende Wesen auch besitzt der Mensch Leben. Doch in seiner Erfindungsgabe und Intelligenz übertrifft er andere Wesen bei weitem. Erkennen wir die Gelegenheit, die das menschliche Leben uns bietet, als etwas Kostbares und Lohnendes an, dann werden wir unsere menschliche Intelligenz richtig nutzen können. Wenn wir ihre negativen Konsequenzen begreifen, werden wir beispielsweise erkennen können, warum die zehn unheilvollen Handlungen falsch sind. Dadurch, daß wir uns auf diese zehn unheilvollen Handlungen eingelassen haben, werden wir in elende Existenzzustände versetzt werden, beispielsweise in ein Dasein als Tier. Um die Leiden solcher Existenzzustände richtig einzuschätzen, können wir das Leben der für uns sichtbaren Tiere[20] beobachten. Da wir solche Leiden nicht erleben wollen, können wir ihnen entgehen, indem wir uns klarmachen, daß sie die Auswirkungen negativer Taten sind. Wenn wir unseren Geist auf diese

Weise Schritt für Schritt schulen, werden wir fähig sein, das Leid zu erkennen und den Entschluß zu fassen, davon freizukommen.

Sobald wir ein klares Verständnis der Leiden haben, von denen wir geplagt werden, sollten wir den Gegenstand unserer Reflexion wechseln und auf ähnliche Weise über die Leiden anderer empfindender Wesen nachsinnen. Dann sollten wir unseren Geist in dem Streben schulen, anderen empfindenden Wesen zu nützen. Das Leid der empfindenden Wesen betrifft auch uns. Unser künftiges Glück und Leid hängen in hohem Maß von ihnen ab. Die edle Gesinnung zu entwickeln, die von dem Wunsch getragen ist, anderen zu nützen, ist etwas Wunderbares. Schon bei dem Versuch, unsere eigenen Interessen zu verfolgen, zeigt sich: Je mehr wir anderen von Nutzen sein wollen, desto schneller lassen sich unsere eigenen Zielsetzungen verwirklichen. Folglich ist es von großem Nutzen, eine derartige Gesinnung zu entwickeln. Als erstes gilt es zu begreifen, daß das Dasein anderer Wesen nicht von uns getrennt ist und zu uns in Bezug steht.

Wir sollten unseren Geist systematisch schulen, alle empfindenden Wesen als angenehm und uns nahestehend anzusehen. Zu Beginn dieser Schulung sollten wir über Gleichmut meditieren. Normalerweise fühlen wir uns jenen nahe, die uns nützen, und sehen in ihnen unsere Freunde oder Verwandten. Mit wem wir gegenwärtig nicht gut zurechtkommen, den stufen wir als unseren Feind ein, und wir empfinden ihm gegenüber eine innerliche Distanz. Wenn beispielsweise wir Tibeter von Leiden und tragischen Begebenheiten erfahren, von denen Tibet betroffen ist, versammeln wir uns im Tempel, um Gebete zu sprechen. Aber wenn wir von einer Überschwemmung in China erfahren, beten wir möglicherweise nicht für die Opfer, sondern sind hocherfreut. Dies ist ein deutliches Zeichen für die Parteilichkeit unserer spirituellen Praxis. Durch Übung von Gleichmut soll diese unausgeglichene Einstellung korrigiert werden. Menschen, die gegenwärtig unsere Freunde sind, sind in all unseren vergangenen Leben nicht unbedingt immer unsere verläßlichen Freunde gewesen. Sie sind zeitweise unsere Feinde gewesen. Menschen, die wir gegenwärtig für Feinde halten, sind dies nicht in jeder Phase unserer vielen vergangenen Leben gewesen. Sie sind auch unsere Freunde gewesen. Es gibt keinen vernünftigen Grund, parteilich zu bleiben. Wie der große Meister Gungthang gesagt hat, wird schon in diesem Leben unser sogenannter bester Freund wegen *eines* falschen Wortes zu unserem Todfeind. Jene, die in unserem Leben einmal unsere Freunde waren, werden später möglicherweise zu Feinden und umgekehrt. Das ist für uns alle offensichtlich.

Solch einer Parteilichkeit muß man ein Ende bereiten. Denn sie beruht auf Anhaftung und Wut. Dies wird daran deutlich, daß sich durch ein verändertes Verhalten der anderen Person auch unser Verhalten ändert. Würden wir uns hingegen mit anderen empfindenden Wesen wirklich verbunden fühlen und deren Situation gebührend berücksichtigen, bliebe unsere Einstellung gleich, auch wenn andere Menschen sich änderten. Wenn wir über jemanden reden, der ein Freund oder Verwandter ist, sagen wir immer »*mein* Freund, *mein* Verwandter«. Aufgrund von Anhaftung unterstreichen wir unsere persönliche Beziehung. Vor solcher Parteilichkeit müssen wir uns hüten. Denn solange wir parteiisch empfinden, werden wir die Gleichheit aller anderen empfindenden Wesen nicht erkennen können. Daher sollten wir darüber reflektieren, daß selbst unser bester Freund in einem vergangenen Leben möglicherweise unser Gegner gewesen ist. Sind wir erst einmal fähig, ein Gefühl für die

Gleichwertigkeit aller empfindenden Wesen zu entwickeln, dann werden wir deren Güte würdigen können.

Unseren tatsächlichen Feind sollten wir daher in den störenden Emotionen sehen und nicht in unseren Mitmenschen und anderen Lebewesen, die gleichfalls von störenden Emotionen überwältigt und geplagt werden. Um Mitgefühl zu entwickeln, kommt es zunächst darauf an, vollkommen zu begreifen, was wir unter den verschiedenen Ebenen von Leid verstehen. Wenn wir Menschen sehen, die von körperlichem Leid geplagt, die benachteiligt oder behindert sind, empfinden wir gewöhnlich spontanes Mitgefühl für sie. Aber wenn wir Menschen sehen, die wohlhabend oder hoch gebildet sind, werden wir neidisch und möchten mit ihnen konkurrieren. Das zeigt deutlich, daß unser Mitgefühl parteiisch und einseitig ist, denn wir sind uns nicht über das Leid im klaren, das den Geist aller empfindenden Wesen durchdringt. Es ist daher äußerst wichtig, die störenden Emotionen klar zu erkennen, den wahren Feind in uns. Dann werden wir auch die Probleme begreifen, die durch die störenden Emotionen im Geist anderer empfindender Wesen entstehen. Allen empfindenden Wesen gegenüber sollten wir Mitgefühl entwickeln. Eine spezielle Gruppe empfindender Wesen als Freunde oder Verwandte anzusehen und sich ihnen besonders verbunden zu fühlen ist in Wahrheit Anhaftung und kein echtes Mitgefühl. Und die Folge zwanghaften Anhaftens ist Leid. Daher sollten wir gegenüber anderen ein Gefühl des Gleichmuts entwickeln, frei von Empfindungen der Parteilichkeit, der Anhaftung und des Hasses.

Der nächste Schritt besteht darin, alle empfindenden Wesen als unsere Verwandten anzusehen. Es gibt kaum eines unter ihnen, das in der Vergangenheit nicht unser Verwandter, unsere Mutter etwa, gewesen ist. Und auch in der Zukunft werden sie zweifellos wieder unsere Freunde und Verwandten werden. Unter diesem Gesichtspunkt sollten wir uns an ihre Güte zu erinnern versuchen, als sie beispielsweise unsere Mütter waren. Dann sollten wir darüber nachdenken, wie wir ihnen ihre Güte vergelten können. Danach sollten wir wiederum Gleichmut entwickeln und uns dabei diesmal auf das konzentrieren, worin wir und andere gleich sind. Alle empfindenden Wesen, ungeachtet ihrer Lebensumstände und ihres Werdegangs, sind uns darin gleich, daß sie Glück wollen und nicht leiden möchten. Daher schulen wir unseren Geist darin zu denken: Da andere empfindende Wesen wie wir selbst sind, ist es nicht angemessen, zwischen ihnen einen Unterschied zu machen und den einen gegenüber Haß, den anderen gegenüber aber Anhaftung zu entwickeln.

Insbesondere können wir uns an die Güte anderer durch das Nachdenken darüber erinnern, daß empfindende Wesen nicht nur als unsere Verwandten, sondern auch auf vielerlei andere Weise, direkt und indirekt, sich uns gegenüber gütig verhielten und nützlich für uns waren. Denken wir über die gegenwärtigen Daseinsbedingungen der Menschheit nach. Wir sind alle eng miteinander verbunden. Wir erfreuen uns an Dingen, die durch die Arbeit anderer Menschen hervorgebracht wurden. Fertige Produkte werden von Menschen hergestellt, die in Fabriken arbeiten. Die dabei verwendeten Rohstoffe holen andere Menschen aus der Erde empor. All die Vergünstigungen und Annehmlichkeiten, die wir genießen, während wir diese Unterweisung anhören oder lesen, sind das Werk zahlloser freundlicher empfindender Wesen. Dank ihrer Mühsal können wir es uns gutgehen lassen. Ebenso sind wir nur deswegen in der Lage, den kostbaren Erleuchtungsgeist zu entwickeln, weil es zahllose empfindende Wesen ohne Führung oder innere Orientierung gibt. Aufgrund der Güte freundlicher empfindender Wesen sind wir fähig, den Erleuchtungsgeist zu entwickeln. Selbst das endgültige Erreichen der Buddhaschaft ist nur aufgrund der Güte empfindender Wesen möglich. Nicht nur sind wir so wie alle anderen empfindenden Wesen – die empfindenden Wesen sind auch sehr gütig zu uns. Indem wir uns ihre Güte in Erinnerung rufen, können wir daher empfindende Wesen als anziehend und uns nahestehend ansehen. Wir können begreifen, wie gütig empfindende Wesen seit jeher gewesen sind.

Nachdem wir die Güte anderer Wesen erwogen haben, müssen wir auch über die Mängel unserer eigenen ichbezogenen Einstellung und die Vorteile einer mehr um das Wohl anderer besorgten Haltung nachdenken. Wenn wir die Vor- und Nachteile dieser beiden gegensätzlichen Haltungen voll und ganz erkennen, werden wir eine Gesinnung entwickeln können, in der wir den Wunsch haben, uns an die Stelle der anderen zu setzen. Bis jetzt haben wir uns für sehr kostbar gehalten. Nun übertragen wir dieses Interesse auf andere empfindende Wesen und halten *sie* für sehr wertvoll. Bis jetzt haben wir empfindende Wesen bloß mißachtet. Nun erkennen wir klar, daß unsere persönlichen Bedürfnisse im Vergleich zu dem wichtigeren Anliegen – die Wünsche aller anderen empfindenden Wesen zu erfüllen – nebensächlich sind. Dies bezeichnet man als die Übung, in der man sich an die Stelle der anderen setzt.

Wenn wir unseren Geist auf diese Weise schulen, werden wir eine Gesinnung entwickeln können, in der wir alle empfindenden Wesen als angenehm und anziehend ansehen können, ungeachtet ihrer jeweiligen Lebens- und Verhaltensweise. Auf dieser Basis werden die Übungen des Gebens und Nehmens gelehrt. Das Geben richtet sich vor allem auf Liebe, weil Geben hier bedeutet, die eigenen positiven Eigenschaften und das eigene Glück insgesamt an andere wegzugeben. Das Nehmen richtet sich vor allem auf Mitgefühl, weil Nehmen hier bedeutet, sich vorzustellen, daß man das Leid und die negativen Eigenschaften anderer samt und sonders auf sich nimmt. Indem wir solche Übungen durchführen, werden wir ein besonders starkes Verantwortungsgefühl entwickeln können. Auf diese Weise schulen wir den Geist, zum Nutzen anderer zu wirken.

Wie schon erläutert: Wenn wir zu der Überzeugung gelangen, daß uns die Möglichkeit innewohnt, Nirvana zu erreichen, werden wir voll und ganz einsehen, daß anderen empfindenden Wesen ebenfalls diese Möglichkeit offensteht. Aufgrund dieses Verständnisses entwickeln wir das Bestreben oder den Wunsch, allen empfindenden Wesen das Eintreten in Nirvana zu ermöglichen. Dann wird uns klar, daß wir dazu erst einmal selbst erleuchtet werden müssen – es gibt keine andere Wahl. Wir trachten also danach, Erleuchtung zu erlangen, um dadurch anderen helfen und ihre Zielsetzungen verwirklichen zu können. Dazu sind unerschütterliche Entschlossenheit, Mut und Engagement erforderlich. Eine solche Gesinnung bezeichnet man als Erleuchtungsgeist.

Je mehr wir eine Gesinnung entwickeln, in der wir den Wunsch haben, anderen empfindenden Wesen zu nützen, um so mehr Frieden und Glück wird in uns herrschen. Wenn wir selbst von innerem Frieden erfüllt sind, werden wir besser imstande sein, einen Betrag zum Frieden und Glück der anderen zu leisten. Unseren Geist umwandeln und eine positive Einstellung entwickeln – das ist die wahre Quelle des Glücks für viele künftige Leben. Das Beibehalten einer positiven Einstellung gibt uns die Möglichkeit, innerlich ausgeglichen zu bleiben, mutiger zu werden und uns unseren Schwung nicht nehmen zu lassen. Ich für meinen Teil habe versucht, einige positive Prägungen in meinem Geist zu hinterlassen, indem ich regelmäßig die Stufen des Weges studiere und mich mit ihnen vertraut mache. Infolgedessen komme ich, wenn ich mich Problemen gegenübersehe, mit diesen leichter zurecht, weil ich über die Leiden der Existenzbereiche Bescheid weiß. Wenn ich mich an die Weisung erinnere, daß alles der Zerstörung unterworfen ist und wir unweigerlich Leid erfahren, verliere ich nicht den Mut. Und natürlich habe ich niemals daran gedacht, Selbstmord zu begehen. Das macht deutlich, daß die Lehre uns in unserem Leben wirklich helfen kann.

Ich bin jetzt über sechzig Jahre alt, und ich habe genügend Erfahrung angesammelt, um mit fester Überzeugung sagen zu können, daß die Lehren und Weisungen des Buddha bedeutsam und nützlich sind. Wenn Sie das Wesentliche dieser Unterweisungen ernsthaft in die Tat umsetzen, steht es außer Frage, daß sie in Ihrem jetzigen Leben und während vieler künftiger Leben von Nutzen sind. Solche Übungen oder praktischen Anwendungen sind für Sie selbst und für alle empfindenden Wesen von Nutzen. Sie geben uns auch Richtlinien, um die Umwelt schützen und in Harmonie mit ihr leben zu können. Es ist nicht so, daß diese Unterweisungen nur in der Vergangenheit einmal von Nutzen waren und nun bedeutungslos sind. Sie sind für unsere Zeit äußerst bedeutsam und angemessen.

Wenn man uns rät, uns auf solche Übungen einzulassen, geschieht das nicht bloß, damit die Überlieferung bewahrt wird. Freilich leisten wir durch die Zeit, die wir damit verbringen, diese Unterweisung zu lesen und über sie nachzudenken, einen großen Beitrag zur Überlieferung. Diese kontemplative Muße ermöglicht es uns, etwas spirituell Wertvolles in unserem Geist zu schaffen. Wenn jemand einen Tempel oder Stupa[21] erbaut, bekundet ihm jeder seine Anerkennung und hält das für Dharmapraxis. Die Unterweisungen zu beachten und zu studieren ist jedoch noch wichtiger, denn das daraus hervorgehende spirituelle Bauwerk wird uns in vielen künftigen Leben eine Hilfe sein. Äußere Bauten werden zerbröckeln und zerfallen, wie stabil man sie auch errichtet. Was wir in unserem Geist schaffen, wird viel länger halten.

Am Anfang kommt es vor allen Dingen darauf an, uns selbst innerlich darauf auszurichten, dieses Leben erfolgreich zu nutzen und sicherzustellen, daß wir die Möglichkeit und Befähigung haben, in künftigen Leben zu praktizieren. Ferner sollten wir begreifen, daß alle durch Verstörung oder Betrübnis gekennzeichneten Geisteszustände von dem inneren Feind, den störenden Emotionen, verursacht werden. Solange die störenden Emotionen unserem Geist innewohnen und solange wir ihnen verfallen sind, werden wir weder Frieden noch Glück finden. Möglicherweise verfügen wir über vielerlei Annehmlichkeiten, aber sie sind ihrem Wesen nach vergänglich und können kein dauerhaftes Glück garantieren. Folglich sollten wir unser Augenmerk nicht bloß auf unsere künftigen Leben lenken, sondern uns unbedingt darum kümmern, daß wir die störenden Emotionen ganz und gar loswerden. Mit dieser Einstellung streben wir Nirvana an, den Zustand der Befreiung aus dem Existenzkreislauf. Wir können uns eine noch umfassendere Gesinnung zu eigen machen und eine Anstrengung unternehmen, die Größeres erstrebt als eine bessere Wiedergeburt oder unsere eigene Befreiung von Leid. Wir denken nicht nur an uns selbst, sondern auch an das Wohl aller anderen empfindenden Wesen. Dieses Geistestraining ist wie der Fortschritt, den ein Kind durch die Schule macht. Mit dem Kindergarten beginnend, eignet sich das Kind nach und nach mehr Bildung an und erweitert seine Perspektive. So können wir in unserem Geist etwas Lohnendes hervorbringen. Indem wir diese Gesinnung entwickeln, ersetzen wir unsere derzeitige, nur auf unser eigenes Wohl bedachte Geisteshaltung durch eine andere, die mehr auf das Glück aller empfindenden Wesen bedacht ist.

Das Leben als freier und von Glück begünstigter Mensch ist kostbar, weil es uns Gelegenheit gibt, den Erleuchtungsgeist zu entwickeln. Es verschafft uns die Möglichkeit, Großes zu erreichen. Wenn wir daher einmal eine solche Gelegenheit gefunden haben, dann jedoch nicht in der Lage sind, guten Gebrauch davon zu machen, ist das eine große Tragödie. Kein anderes Geschöpf kann sich mit dem menschlichen Potential und der menschlichen Befähigung, anderen Nutzen zu bringen, ernstlich messen. Aber nicht jeder, der ein menschliches Leben erlangt hat, ist frei und von Glück begünstigt. Frei und von Glück begünstigt sein bedeutet aus buddhistischer Sicht die Freiheit, den Dharma zu praktizieren und Zugang zu den dafür erforderlichen Bedingungen zu haben. Insekten und andere Tiere haben zum Beispiel auch ein Leben, jedoch keine solche Freiheit und kein solches Glück. Menschen, die in einer Gegend geboren sind, wo man den Dharma praktiziert, und die gegenüber anderen empfindenden Wesen zumindest ein gewisses Gefühl der Anteilnahme und des Besorgtseins um ihr Wohl verspüren, gelten als freie und von Glück begünstigte Menschen.

Es gibt jetzt mehr als fünf Milliarden Menschen auf der Welt. Aber wie viele von ihnen sind entweder von der Lehre des Buddha beeinflußt oder tatsächlich um ihre Mitmenschen besorgt? Im Vergleich zur Anzahl anderer Geschöpfe auf der Welt ist die Zahl der Menschen sehr klein. Unter den Menschen ist die Zahl derer, die einem religiösen Glauben folgen, noch kleiner, und unter diesen ist die Zahl derer, deren Beweggründe echtes Mitgefühl und echte Herzensgüte sind, sogar noch kleiner. Solch ein Leben ist sehr schwer zu erlangen, weil die Ursachen und Bedingungen für seine Entstehung sich nur schwer herbeiführen lassen.

Wir sollten niemals denken, daß wir nicht befähigt sind, ernsthaft zu praktizieren oder neue Qualitäten zu entwikkeln. Ungeachtet unseres Alters oder unserer Intelligenz haben wir alle im Vergleich zu den Tieren große Fähigkeiten, den Dharma zu praktizieren. Selbst wenn wir alt und gebrechlich sind, verfügen wir noch immer über menschliche Intelligenz. Wir sollten uns niemals entmutigen lassen, weil wir uns in irgendeiner Hinsicht behindert oder benachteiligt fühlen. Insbesondere junge Menschen sollten nicht verzagt sein. Wir sollten uns von den vielen Menschen in der Vergangenheit inspirieren lassen, die mit vollem, rückhaltlosem Einsatz studiert, praktiziert, meditiert und eine hohe Verwirklichung erreicht haben. Diese Heiligen und Gelehrten brachten sich und anderen großen Nutzen. Wir sollten ihrem Beispiel folgen.

Wir haben eine derart kostbare Gelegenheit wie dieses Leben als freier und von Glück begünstigter Mensch gefunden: Wenn wir uns jetzt als unfähig erweisen, etwas Nützliches damit anzufangen, wird es uns schwerfallen, künftig solch ein menschliches Leben zu erlangen. Wir haben in Tibet ein Sprichwort, das besagt, sich auf heilsame Praxis einzulassen sei so schwer, wie einen müden Esel einen Hügel hinaufzuziehen; aber sich auf negative, destruktive Handlungen einzulassen sei so leicht, wie einen Pflasterstein einen steilen Hang hinunterzurollen. Wir neigen dazu, uns auf negative Handlungen einzulassen – sogar während wir denken, daß wir das nicht tun sollten. Ob wir uns nun als voll ordinierten Mönch oder als großen Schüler des Tantra[22] oder einfach als Dharma-Schüler einschätzen – es ist bei spiritueller Praxis so häufig der Fall, daß entweder am Anfang unsere Motivation unzulänglich ist oder daß in der Mitte unsere eigentliche Visualisierungs- und Meditationspraxis unzulänglich ist oder daß das Resultat daraus unzulänglich ist. All unsere verdienstvollen Übungen werden von negativen Gedanken unterbrochen, daher bleiben sie schwach und oberflächlich. Ein Blitzstrahl in finsterer, wolkenverhangener Nacht läßt uns nur einen Moment lang unsere Umgebung sehen. Ebenso ist diese Gelegenheit, die Unterweisungen des Buddha kennenzulernen und sie in die Tat umzusetzen, selten und von kurzer Dauer. Unsere verdienstvollen Eigenschaften sind schwach, weil unsere Motivation, die eigentliche Praxis und deren Resultat schwach sind, während unsere negativen Handlungen mächtig sind und kein Ende nehmen. Daher sollte man sich besonders bemühen, weitere positive Eigenschaften zu entwickeln.

Nur der Erleuchtungsgeist, die zu Erleuchtung führende Gesinnung, hat die Kraft, mächtige negative Handlungen zu entkräften. Nachdem er zahllose Weltzeitalter lang geprüft hatte, was den empfindenden Wesen von größten Nutzen sein würde, kam Buddha Shakyamuni zu dem Schluß, daß es der Erleuchtungsgeist sei. Die Buddhas der Vergangenheit entwickelten den Erleuchtungsgeist mit dem Wunsch, alle empfindenden Wesen von ihrem Leid zu befreien. Zahllose Weltzeitalter lang sammelten sie Verdienst an und wurden schließlich erleuchtet. Jeder von ihnen fand durch eigene Erfahrung heraus, daß der Erleuchtungsgeist allen von Nutzen ist. Denn dem Erleuchtungsgeist, der allen anderen empfindenden Wesen von Nutzen sein will, verdanken wir das Zustandekommen aller positiven und verdienstvollen Eigenschaften. Diese Gesinnung, die allen anderen empfindenden Wesen von Nutzen sein will, ist allein dafür verantwortlich, daß diese Wesen rasch Frieden und Glück erlangen. Gleichgültig, ob wir uns im Anfangsstadium der Praxis befinden, ob wir neue spirituelle Qualitäten entwickeln oder ob es um das Erreichen der Buddhaschaft geht – dies alles hängt davon ab, daß wir den Erleuchtungsgeist entwickeln. Schon im gewöhnlichen Leben ist die Gesinnung, anderen empfindenden Wesen nützen zu wollen, von unschätzbarem Wert. Solch eine positive Einstellung beschert uns und anderen Glück. Sie befähigt uns, den Glückskeim für alle empfindenden Wesen zu pflanzen und die Harmonie mit unserer Umgebung sicherzustellen.

Wer, eingeschlossen im Existenzkreislauf, ein Hundeleben geführt hat, wird als Bodhisattva[23] bezeichnet, sobald er oder sie den Erleuchtungsgeist entwickelt. Von diesem Moment an verdient es die betreffende Person, von Menschen und Göttern respektiert zu werden. Der Erleuchtungsgeist ist wie ein Elixier, das Eisen von geringem Wert in Gold umwandeln kann. Denn durch den Erleuchtungsgeist kann sich sogar unser äußeres Verhalten, die Art, wie wir reden, und die Art, wie wir uns anderen Menschen gegenüber betragen, wandeln. Unsere sonstigen verdienstvollen Qualitäten sind wie der Bananenbaum, der einen einzigen Fruchtstand hervorbringt und dann abstirbt, aber der Erleuchtungsgeist ist wie ein wunscherfüllender Himmelsbaum, der es uns ermöglicht, in endloser Folge Früchte zu ernten. Indem wir auf den Erleuchtungsgeist bauen, werden wir bald befreit werden und ganz von Leid und Angst loskommen.

Der Erleuchtungsgeist will allen empfindenden Wesen das Eintreten in den Erleuchtungszustand ermöglichen. Er ist eine Gesinnung, in der wir den Wunsch haben, selbst erleuchtet zu werden, damit wir den empfindenden Wesen aus ihrem Leid helfen können. Um ihn zu entwickeln, müssen wir einsehen, daß die unzähligen empfindenden Wesen von gleicher Natur sind wie wir selbst. Sie wollen Glück und möchten nicht leiden. Wie unser Geist ist auch der ihre seiner Natur nach klares Licht.[24] Die Beeinträchtigungen ihres

Geistes sind vorübergehender und nicht wesensmäßiger Art. Das heißt nicht, daß diese Beeinträchtigungen nicht existieren. Sie sind schon seit anfangsloser Zeit da. Aber die inhärente Qualität des Geistes, sein Potential, die Kräfte und Eigenschaften des Buddha zu erlangen, ist ebenfalls von Anbeginn an vorhanden. Auf einer gewöhnlichen Ebene sind wir aufgrund bestimmter Beeinträchtigungen und Behinderungen außerstande, allwissend oder erleuchtet zu werden. Sobald wir diese Behinderungen und Beeinträchtigungen ausräumen, wird unser Geist alle Phänomene gewahren.

Glück zu erlangen und Leid zu überwinden ist das natürliche Anrecht aller empfindenden Wesen. Wir alle sind darin gleich, daß wir die Gelegenheit haben, Glück zu erlangen und Leid zu beseitigen. Der Unterschied besteht darin, daß persönliches Glück oder Leid sich nur auf ein einziges Individuum, das Leid und Glück anderer empfindender Wesen sich hingegen auf zahllose empfindende Wesen bezieht. Vergleicht man beides, ist das Glück zahlloser empfindender Wesen weitaus wichtiger als persönliches Interesse. Mit diesem Verständnis werden wir die Ursachen für das Glück der anderen empfindenden Wesen ausfindig machen.

Der Wunsch, anderen empfindenden Wesen den Eintritt in Nirvana zu ermöglichen, läßt sich nicht verwirklichen, indem man seinen Besitz und Wohlstand verteilt, ja nicht einmal durch persönliche Wunderkräfte. Die einzige Möglichkeit besteht darin, ihnen den richtigen Weg zu zeigen, auf dem sie diesen Zustand erreichen können. Zu diesem Zweck sollten wir erst einmal selbst die verschiedenen Stufen des zu Nirvana führenden Weges kennen. Wenn wir nicht fähig sind, den zu Nirvana führenden Weg aus eigener Erfahrung zu zeigen, wird unsere Hilfe begrenzt sein. Daher entwickeln wir ein Bestreben, um aller empfindenden Wesen willen Erleuchtung zu erlangen. Der erstaunliche, wundervolle Erleuchtungsgeist wird als juwelengleicher Geist, die kostbarste aller Gesinnungen, bezeichnet. Das bloße Entwickeln des Erleuchtungsgeistes ist eine Quelle großen Verdienstes. Schon innerhalb des Existenzkreislaufs wird es bedeutende Resultate zeitigen, wie etwa inneren Frieden und die Chance, in einer harmonischen Umwelt zu leben. Dennoch: Erst wenn der Erleuchtungsgeist zur Motivation unserer Handlungen wird, entspringt daraus beständig und unaufhörlich Verdienst. Sobald wir geloben, als Bodhisattva zu handeln, entspringt daraus ein Verdienst, so beständig und unaufhörlich wie die grenzenlose Weite des Raumes.

Wenn der bloße Wunsch, anderen empfindenden Wesen zu nützen, wirkungsvoller ist, als den Buddhas Opfer darzubringen, dann ist der Versuch, unzähligen empfindenden Wesen tatsächlich zu nützen, noch besser. Wenn nun alle empfindenden Wesen Glück wollen und nicht leiden möchten, fragen wir uns vielleicht, weshalb wir sie nicht für ihr Glück und die Beseitigung ihres Leids hart arbeiten lassen können. Die Antwort lautet, daß die empfindenden Wesen zwar ihr Leid beseitigen wollen, jedoch ständig darauf zulaufen. Und obwohl sie Glück wollen, zerstören sie aufgrund ihrer Unwissenheit und Verwirrung ständig den eigenen Frieden und das eigene Glück. Der Erleuchtungsgeist bringt Frieden und Glück für jene, die beides entbehren müssen. Nichts anderes hat solche Vorzüge wie der Erleuchtungsgeist.

Wenn wir jemanden loben, der einer anderen Person ihre Güte vergilt, was muß man dann erst über Bodhisattvas sagen, die für das Wohl anderer empfindender Wesen wirken, ohne daß man sie darum bittet? Spendet jemand eine einzige Mahlzeit, die ausreicht, den Hunger eines Menschen einen halben Tag lang zu stillen, so wird dies normalerweise bewundert. Was muß man dann erst über einen Bodhisattva sagen, der auf unbegrenzte Zeit darauf hinarbeitet, zahllose empfindende Wesen in den unübertroffenen Frieden der Buddhaschaft zu versetzen, und dadurch all ihre Wünsche erfüllt? Sind wir imstande, solch eine Gesinnung zum Nutzen anderer Wesen zu entwickeln, werden wir automatisch großes Verdienst, die Quelle von Frieden und Glück, ansammeln. Wenn wir uns erst einmal dazu verpflichten, die Zielsetzungen anderer empfindender Wesen zu verwirklichen, werden auf diesem Wege auch unsere eigenen Zielsetzungen verwirklicht werden. Daher sage ich den Leuten oft, daß sie, wenn sie das Beste für sich wollen, darauf hinarbeiten sollten, anderen Menschen zu nützen. Jene Menschen, die das Wohl anderer empfindender Wesen ignorieren und nur an sich selbst denken, versuchen ihre Wünsche auf sehr törichte Weise zu verwirklichen.

Wenn wir von Demokratie oder demokratischen Rechten reden, reden wir davon, sich um das Wohl der Mehrheit zu kümmern. Je intensiver wir uns um das Wohl der Mehrheit kümmern, desto intensiver wirken wir für das Gemeinwohl, desto größer werden unser eigener Frieden und unser eigenes Glück sein. Entscheiden wir uns hingegen für diktatorische Methoden und versuchen, uns durchs Leben zu boxen, indem wir andere Menschen schikanieren und ihnen unsere Ansichten aufzwingen, werden wir deren Sehnsüchte und Wünsche ebensowenig wie unsere eigenen verwirklichen können. Es ist daher ein Naturgesetz, daß es um so mehr Elend geben wird, je mehr die Menschen schikaniert und unterdrückt werden. Und ebenso gilt: Je mehr wir darauf hinarbeiten, anderen Menschen zu nützen, desto größer wird der Nutzen für alle sein. Genauso wie die Bürger eines einzelnen Landes neben bestimmten Vorteilen, die sie genießen, bestimmte Verpflichtungen haben, obliegt es uns, die wir Anhänger der Buddhas und Bodhisattvas sind, allen empfindenden Wesen zu nützen. Dazu verpflichten wir uns.

Um dies zu bekräftigen, läutern wir all unsere Vergehen, indem wir sie offen eingestehen, und wir fassen den Vorsatz, in Zukunft nicht abermals so zu handeln. Wir verpflichten uns, von nun an zu tun, was für andere empfindende Wesen von Nutzen ist, und uns dessen zu enthalten, was ihnen schadet.

So sollten die meisten von uns verfahren. Einige außergewöhnliche Menschen erlangen aufgrund ihres vergangenen karmischen Potentials möglicherweise rasch Befreiung. Aber die Mehrheit von uns kann nicht darauf hoffen, Erleuchtung oder Nirvana auf solch erstaunliche Weise zu erreichen. Wenn wir einen Samen oder einen Schößling einpflanzen, erwarten wir nicht, sofort Früchte und Blüten zu bekommen. Ich erinnere mich, daß ich als Kind einige Samen eingepflanzt habe. Ohne ihnen Zeit zum Keimen zu geben, grub ich sie dann wieder aus, um zu sehen, wie weit sie waren. So darf man nicht vorgehen. Wir müssen der Natur ihren Lauf lassen. Wenn wir versuchen, das Naturgesetz zu übertreten, und plötzliche Erleuchtung erwarten, werden wir enttäuscht werden. Ich habe früher schon scherzhaft die Ansicht geäußert, daß unser häufiges Gerede von Erleuchtung, die man in drei Jahren und drei Monaten erreichen könne, üblicherweise so weit hergeholt ist wie chinesische Propaganda. Wir gehen ganz auf Erleuchtung ausgerichtet ins Retreat[25], aber drei Jahre und drei Monate später kommen wir als dieselbe gewöhnliche Person, mit vielleicht etwas längeren Haaren, zurück. Deshalb ist es wichtig, weitblickend zu sein und nach Erleuchtung zu streben, selbst wenn wir zahllose Weltzeitalter lang darauf hinarbeiten müssen.

Der Erleuchtungsgeist ist die ausschließliche Ursache für

das Erreichen der Buddhaschaft. Will man eine solche Gesinnung entwickeln, ist es äußerst wichtig, negative Handlungen zu läutern und Verdienst anzusammeln. Sobald wir spüren, daß sich das Entwickeln des Erleuchtungsgeistes auf unsere Gesinnung auswirkt, und begonnen haben, ihn in unserer eigenen Erfahrung voll und ganz zu würdigen, sollten wir ihn festigen, indem wir den strebenden Erleuchtungsgeist[26] in einer Zeremonie empfangen, nach der man feierlich gelobt, tatsächlich das Leben eines Bodhisattva zu führen.

2. KAPITEL

In Frieden sterben

Etwas, das uns alle stark beschäftigt, ist der Gedanke, wie man friedvoll leben und sterben kann. Der Tod ist eine Form von Leid, eine Erfahrung, der wir lieber aus dem Wege gingen, und doch wird er zweifellos allen und jedem von uns widerfahren. Dennoch können wir unser Leben so führen, daß wir diesem unwillkommenen Ereignis ohne Angst begegnen können. Damit wir zum Zeitpunkt des Todes ruhig und gelassen bleiben können, ist die Art entscheidend, wie wir unser Leben gelebt haben. Je mehr wir unser Leben mit Sinn erfüllt haben, desto weniger Bedauern werden wir zum Zeitpunkt des Todes empfinden. Wie wir uns fühlen, wenn es ans Sterben geht, hängt somit vornehmlich davon ab, wie wir gelebt haben.

Ist unser tägliches Leben positiv und sinnerfüllt, dann werden wir, wenn das Ende naht, uns dieses zwar nicht wünschen, es aber als einen Teil unseres Lebens akzeptieren können. Wir werden nichts bereuen. Sie könnten fragen, was wir unter »unser tägliches Leben mit Sinn erfüllen« verstehen. Die menschliche Existenz, die wir jetzt haben, ist nicht dazu da, über uns und andere mehr Leid zu bringen. Menschen sind soziale Lebewesen, und unser Glück ist von vielen Faktoren abhängig. Leben wir im Einklang mit der Wirklichkeit, dann werden wir unser Leben mit Sinn erfüllen.

Wir können nicht allein und isoliert leben. Wir brauchen ausreichende Nahrung, Bekleidung und Unterkunft, die allesamt infolge der Bemühungen vieler anderer Menschen verfügbar sind. Unsere elementare Zufriedenheit ist von anderen abhängig. Leben wir in Übereinstimmung mit dieser Grundtatsache, dann verbringen wir unser Leben sinnvoll. Da unser Frieden und Glück von anderen abhängen, ist es angebracht, daß wir fürsorglich auf sie achten. Aber wir neigen statt dessen zu der Annahme, wir hätten alles aus eigener Kraft erreicht.

Wir müssen eine umfassendere Perspektive entwickeln, selbst wenn unser Hauptanliegen das eigene Wohlergehen sein mag. Sobald wir eine umfassendere Perspektive entwickeln, wird automatisch eine Empfindung des Besorgtseins um andere und des Engagements für sie entstehen. Das ist nichts Heiliges oder Weihevolles. Es ist einfach so, daß unsere eigene Zukunft in ganz erheblichem Maße von anderen abhängig ist. Diese Sichtweise ist nicht nur realistisch, sie ist auch grundlegend für eine weltliche Ethik. Jeder Versuch, Probleme unter Anwendung von Gewalt zu lösen, läuft auf eine Mißachtung der Rechte und Ansichten anderer hinaus. Ein gewaltloses Vorgehen ist ein menschliches Vorgehen, weil es mit Dialog und Verständnis verbunden ist. Ein menschlicher Dialog kann nur durch gegenseitige Achtung und gegenseitiges Verständnis in einer Gesinnung des versöhnlichen Ausgleichs erreicht werden. Dies ist eine Möglichkeit, unser tägliches Leben mit Sinn zu erfüllen.

Wenn ich den Wesenskern des Buddhismus beschreibe, sage ich meistens: Wir sollten möglichst versuchen, anderen zu helfen, und falls wir ihnen nicht helfen können, sollten wir ihnen zumindest keinen Schaden zufügen. Das ist der Wesenskern von Buddhas Lehre. Ich meine, daß diese Grundhaltung auch von einem weltlichen Standpunkt aus bedeutsam ist. Bezieht sich ein Individuum voller Mitgefühl auf andere, dann wird er oder sie auf lange Sicht ganz bestimmt ein glücklicherer Mensch sein. Negative Handlungen mögen zeitweiligen Gewinn bringen, aber tief im Innersten wird man sich immer unbehaglich fühlen. Eine mitfühlende Einstellung bedeutet nicht, daß man bloß passiv Mitleid empfindet. In einer auf Wettbewerb beruhenden Gesellschaft müssen wir hin und wieder eine rigorose Position einnehmen. Aber wir können rigoros und zugleich mitfühlend sein. Ich bin mir sicher, daß jemand, der auf diese Weise lebt, am Ende seines oder ihres Lebens angelangt, glücklich und ohne Bedauern sterben wird.

Wenn Sie eine spirituelle Praxis anfangen, die sich nach Lebensspannen und Weltzeitaltern bemißt, sehen Sie den Tod aus einer anderen Perspektive. Im Rahmen unserer sich über viele aufeinanderfolgende Leben erstreckenden Existenz ist der Tod etwa so, als ob Sie andere Kleider anziehen würden: Sind Ihre Kleider einmal abgetragen und alt, ersetzen Sie sie durch neue. Dies wirkt sich auf Ihre Einstellung zum Tod aus. Es führt zu einer klareren Erkenntnis, daß der Tod ein Teil des Lebens ist. Gröbere Geistesebenen sind von unserem Gehirn abhängig. Ihre Funktion bleibt darum nur so lange bestehen, wie das Gehirn funktioniert. Das Aufhören der Hirntätigkeit bedeutet automatisch das Erlöschen dieser Geistesebenen. Das Gehirn ist eine Bedingung für die Manifestation der gröberen Geistesebenen, aber die substantielle Ursache des Geistes ist das ununterbrochene Fortdauern des subtilen Geistes[27], das keinen Anfang hat.

Wenn wir sterben, können andere Menschen uns daran erinnern, positive Geisteszustände zu entwickeln – bis die grobe Bewußtseinsebene sich auflöst. Aber sobald wir in den Zustand des subtilen Bewußtseins eingetreten sind, kann uns nur die Kraft unserer vorhergehenden Neigungen helfen. Zu diesem Zeitpunkt ist es für jeden anderen sehr schwierig, uns daran zu erinnern, daß wir uns auf heilsame Praxis konzentrieren. Daher ist es wichtig, daß wir gleich von Jugend an eine Todesbewußtheit entwickeln und mit

Möglichkeiten vertraut werden, die Auflösung des Geistes zu bewältigen. Zu diesem Zweck können wir den Sterbeprozeß durch Visualisierung proben. Dann empfinden wir den Tod möglicherweise als etwas Spannendes, statt vor ihm Angst zu haben. Wir finden möglicherweise, daß wir, nachdem wir uns so viele Jahre lang vorbereitet haben, fähig sein sollten, der Herausforderung des Todes wirksam zu begegnen.

Wenn Sie erst einmal in der Meditation eine Erfahrung des tieferen subtilen Geistes gewonnen haben, können Sie tatsächlich Ihr Sterben kontrollieren. Selbstverständlich können Sie das nur, wenn Sie eine relativ hohe Praxisebene erreichen. Im Tantra[28] gibt es fortgeschrittene Übungen wie etwa die Bewußtseinsübertragung[29], aber ich glaube, das wichtigste zum Zeitpunkt des Todes ist, sich im Erleuchtungsgeist zu üben. Das ist äußerst wirkungsvoll. Obwohl ich in meiner persönlichen Praxis täglich sieben- oder achtmal über den Sterbeprozeß meditiere und dies mit verschiedenen tantrischen Übungen verbinde, bin ich noch immer davon überzeugt, daß es mir beim Sterben am leichtesten fallen wird, mich an den Erleuchtungsgeist zu erinnern. Das ist die Gesinnung, der ich mich wirklich nahe fühle. Selbstverständlich bereiten wir uns, indem wir über den Tod meditieren, auch auf ihn vor, darum brauchen wir uns seinetwegen nicht mehr zu ängstigen. Obwohl ich noch immer nicht bereit bin, meinem Tod tatsächlich ins Auge zu blikken, frage ich mich manchmal, wie ich wohl mit ihm fertig werde, wenn ich ihm wirklich konfrontiert bin. Wenn ich länger lebe, werde ich viel mehr zuwege bringen können. Dessen bin ich mir sicher. Ich will leben – doch bin ich ebenso gespannt darauf, dem Tod ins Auge zu blicken.

Besinnung auf den Tod ist ein Bestandteil buddhistischer Praxis. Diese hat verschiedene Aspekte. Einer besteht darin, ständig über den Tod zu meditieren, um dadurch die Loslösung von diesem Leben und seinen Reizen zu verstärken. Ein weiterer Aspekt besteht darin, den Sterbeprozeß zu proben, sich mit den verschiedenen Geistesebenen vertraut zu machen, deren man gewahr wird, während man stirbt. Wenn gröbere Geistesebenen verlöschen, tritt der subtilere Geist in den Vordergrund. Das Meditieren über den Sterbeprozeß ist im Hinblick auf tiefere Erfahrungen des subtilen Geistes wichtig.

Der Tod bedeutet, daß dieser Körper bestimmte Grenzen hat. Wenn der Körper nicht mehr länger fortbestehen kann, sterben wir und nehmen einen neuen Körper an. Das elementare Wesen oder Selbst, das die Kombination von Körper und Geist kennzeichnete, besteht nach dem Tode weiter fort. Obwohl der individuelle grobstoffliche Körper nicht mehr existiert, ist der subtile Körper noch vorhanden. Von diesem Standpunkt aus hat ein Wesen weder Anfang noch Ende; es wird bis zur Buddhaschaft vorhanden bleiben.

Dennoch haben die Menschen Angst vor dem Tod. Wenn Sie Ihre Zukunft nicht aufgrund positiver Handlungen im Laufe dieser Lebensspanne sicherstellen können, besteht größte Gefahr, daß Sie in einem ungünstigen Existenzzustand wiedergeboren werden. In dieser Lebensspanne leben Sie, selbst wenn Sie Ihre Heimat verlieren und zum Flüchtling werden, noch in der menschlichen Welt. Sie können Hilfe und Unterstützung suchen. Aber nach dem Tode sehen Sie sich völlig neuen Umständen gegenüber. Unsere gewöhnlichen Erfahrungen aus diesem Leben helfen uns im allgemeinen nach dem Tode überhaupt nicht. Wenn Sie keine angemessenen Vorbereitungen getroffen haben, könnte die Sache verhängnisvoll ausgehen. Man bereitet sich dadurch vor, daß man den Geist schult. Auf einer Ebene bedeutet dies, eine ernsthafte, mitfühlende Motivation zu entwickeln und positive Handlungen auszuführen, also anderen empfindenden Wesen dienlich zu sein. Auf einer anderen Ebene bedeutet es, den eigenen Geist zu kontrollieren; das ist eine tiefgreifendere Methode, sich auf die Zukunft vorzubereiten. Schließlich kann man dann den eigenen Geist voll und ganz beherrschen; das ist der Hauptzweck meditativer Praxis.

Menschen, die nicht im mindesten an irgend etwas nach dem Tode glauben, wären gut beraten, wenn sie den Tod einfach als einen Teil des Lebens ansähen. Früher oder später muß sich ihm jeder von uns stellen. Zumindest wird uns das helfen, den Tod für etwas Normales zu halten. Selbst wenn wir vorsätzlich vermeiden, über den Tod nachzudenken, können wir ihm nicht entrinnen. Konfrontiert mit einem solchen Problem, haben Sie zwei Alternativen. Die eine besteht darin, einfach nicht daran zu denken; es aus Ihrem Geist zu verdrängen. Zumindest wird Ihr Geist ruhig bleiben. Aber dies ist keine verläßliche Alternative, weil das Problem fortbesteht. Früher oder später werden Sie sich ihm stellen müssen. Die andere Alternative besteht darin, sich mit dem Problem auseinanderzusetzen, eindringlich darüber nachzudenken. Ich kenne Soldaten, die sagen, daß ihre Angst größer ist, bevor sie kämpfen, als zu dem Zeitpunkt, wo sie tatsächlich in die Schlacht ziehen. Denken Sie über den Tod nach, dann wird Ihr Geist mit der Vorstellung vertraut werden. Wenn er tatsächlich unmittelbar bevorsteht, wird dies weniger schockierend sein, und Sie werden weniger bestürzt sein. Daher meine ich, daß es zweckmäßig ist, über den Tod nachzudenken und zu reden.

Wir müssen unser Leben mit Sinn erfüllen. In den Schriften werden die Existenzbereiche als vergänglich bezeichnet, wie eine Wolke am Herbsthimmel. Die Geburt und den Tod menschlicher Wesen kann man sich verdeutlichen, indem man sich den Auftritt und Abgang von Mitwirkenden in einem Bühnenstück anschaut. Man sieht die Schauspieler zuerst in dem einen Kostüm und dann in einem anderen. Innerhalb kurzer Zeit durchlaufen sie viele Wandlungen. Unsere Existenz ist ebenso. Das Verebben des menschlichen Lebens wird mit einem Blitz am Himmel und dem Hinabstürzen eines Felsbrockens über einen steilen Abhang verglichen. Wasser fließt immer bergab. Es ist unmöglich, daß es jemals bergauf fließt. Fast ohne daß wir es bemerken, verrinnt unser Leben. Jene von uns, die den Wert spiritueller Praxis akzeptieren, denken möglicherweise über ihr zukünftiges Leben nach, aber in unserem Herzen konzentrieren wir uns hauptsächlich auf die Zwecke und Ziele nur dieses Lebens. Auf diese Weise geraten wir in Verwirrung und in die Falle des Existenzkreislaufs. Wir vergeuden unser Leben. Gleich vom Zeitpunkt unserer Geburt an nähern wir uns dem Tode. Doch wir verbringen unser Leben vorwiegend damit, Nahrung, Bekleidung und Freunde anzuhäufen. Zum Zeitpunkt unseres Todes müssen wir all dies hinter uns zurücklassen. Wir müssen allein, ohne Begleitung zur nächsten Welt wandern. Haben wir uns in gewissem Umfang spiritueller Praxis gewidmet und einige positive Prägungen in unserem Geist hinterlassen, so ist dies das einzige, was uns jetzt nützen wird. Wollen wir aufhören, unser Leben zu vergeuden, und uns dazu bewegen, spirituell zu praktizieren, dann müssen wir über Vergänglichkeit und unsere eigene Sterblichkeit meditieren, über die Tatsache, daß vom Augenblick unserer Geburt an unser Körper naturgemäß vergänglich und dem Zerfall unterworfen ist.

Die Beschäftigung mit spirituellen Übungen soll nicht bloß in diesem Leben von Nutzen sein, sondern in den Leben nach dem Tode Frieden und Glück bescheren. Behindert wird unsere Praxis durch unsere Neigung zu meinen, wir würden lange Zeit leben. Wir sind wie jemand, der beschlossen hat, sich an einem bestimmten Ort niederzulassen. Solch ein Mensch verwickelt sich naturgemäß in weltliche Dinge. Er häuft Besitz an, errichtet Gebäude, pflanzt Feldfrüchte an und so fort. Ein Mensch hingegen, der mehr um sein Leben nach dem Tode besorgt ist, ist wie jemand, der reisen möchte. Ein Reisender trifft Vorbereitungen, um für alle Eventualitäten gerüstet zu sein und das Reiseziel glücklich zu erreichen. Das Meditieren über den Tod hat zur Folge, daß der Übende von den Angelegenheiten dieses Lebens – Ruf und Ruhm, Besitztümer, sozialer Status – weniger besessen ist. Jemand, der über den Tod meditiert, arbeitet zwar auch, um den Erfordernissen dieses Leben gerecht zu werden. Zugleich aber findet er Zeit, die Energie zu entwickeln, die in zukünftigen Leben Frieden und Freude bewirken kann.

Es ist hilfreich zu erfahren, welche Vorteile die Meditation über den Tod mit sich bringt und welche Nachteile es bringt, wenn man diese Meditation ignoriert. Erstens inspiriert Sie die Meditation über Vergänglichkeit und Tod zur Beschäftigung mit spirituellen Übungen. Sie öffnet Ihnen die Augen. Wenn Sie sich bewußt werden, daß Sie früher oder später diese Welt verlassen müssen, dann werden Sie sich unweigerlich um die Angelegenheiten des nächsten Lebens kümmern. Diese Bewußtheit hilft Ihnen automatisch, sich spirituellen Betätigungen zuzuwenden. Zweitens ist die Meditation über den Tod ein wirkungsvolles Verfahren, das Ihnen hilft, Ihre spirituelle Praxis auszudehnen und fortzusetzen. Bei jedem substantiellen Bemühen, sei es spirituell oder weltlich, treten zwangsläufig Schwierigkeiten und Probleme auf. Die Kraft der Todesmeditation hilft Ihnen, alle Härten zu überstehen, denen Sie womöglich begegnen. Und schließlich wirkt diese Meditation als Ansporn: Sie hilft Ihnen, Ihre Praxis erfolgreich zu Ende zu bringen. Daher ist

Todesbewußtheit in jeder Phase Ihres spirituellen Lebens unentbehrlich. Als Dharma-Schüler oder Dharma-Schülerin werden Sie sich mehr um die Angelegenheit des Lebens nach dem Tode kümmern. Und indem Sie in Täuschung befangene Gedanken und Handlungen beseitigen, werden Sie dieses Leben mit Sinn erfüllen können.

Sich nicht auf den Tod zu besinnen ist mit vielen Nachteilen verbunden. Wenn Sie den Tod aus Ihrem Gedanken verbannen, werden Sie kaum eine Neigung zu spiritueller Praxis entwickeln. Ohne Todesbewußtheit wird Ihre Praxis lasch und wirkungslos werden. Sie werden überwiegend mit den Angelegenheiten dieses Lebens beschäftigt sein. Es gibt Menschen, die Gelübde entgegennehmen und täglich ihre Gebete aufsagen. Aber weil ihre Todesbewußtheit schwach ist, verhalten sie sich in Krisenzeiten wie gewöhnliche Menschen und werden dann übermäßig wütend, anhaftend oder eifersüchtig. Es gibt im Tibetischen einen Ausspruch: »Wenn du schön satt bist und den Sonnenschein genießt, siehst du aus wie jemand, der den Dharma praktiziert. Aber wenn du in eine Krise gerätst, zeigst du deine wahre Natur.« Die Alltagserfahrung lehrt uns, daß dies auf die meisten von uns zutrifft.

Ohne Todesbewußtheit liegen Ihnen die Angelegenheiten dieses Lebens zutiefst am Herzen. Und weil Sie von Reichtum, Status und gutem Ruf besessen sind, schrecken Sie kaum davor zurück, negative Handlungen zu begehen. Ein Mensch, den der Tod nicht kümmert, interessiert sich naturgemäß nicht für die Leben, die jenseits davon liegen. Solch ein Mensch hat keine große Achtung vor spirituellen Werten, sein Denken und Handeln unterliegt leicht Täuschungen. Infolgedessen ist solch ein Mensch eine Quelle des Leids für sich und andere.

Wenn Sie vergessen, daß Sie sterben werden, werden Sie

hauptsächlich darüber nachdenken, wie Sie ein Leben im Wohlstand führen können. Ihr wichtigstes Anliegen wird sein, einen guten Platz zum Wohnen, gute Kleidung zum Anziehen und gute Nahrung zum Essen zu bekommen. Sie werden nicht zögern, andere zu täuschen und zu bedrohen, wenn Sich Ihnen die Gelegenheit dazu bietet. Und was noch wichtiger ist: Sie könnten solche negativen Tätigkeiten als die charakteristischen Merkmale eines tüchtigen und fähigen Menschen betrachten. Dies ist ein deutliches Zeichen dafür, daß Sie nicht weitblickend genug sind, um über die nach dieser Daseinsfrist beginnende lange Zukunft nachzudenken. Wir alle haben viele künftige Leben, die uns völlig verborgen sind und von denen wir uns keinerlei Vorstellungen machen können. Wenn Sie diese Umstände vergessen, werden Sie zu zerstörerischem Handeln neigen.

Denken Sie einerseits an Hitler und Mao Tse-tung und andererseits an unsere spirituellen Vorfahren Milarepa[30] und Tsong-kha-pa.[31] Darin, daß sie Menschen waren, mit menschlichem Leben und menschlicher Intelligenz, waren sie alle völlig gleich. Nun betrachtet man aber Personen wie Mao und Hitler mit tiefer Verachtung. Die Menschen sind schockiert über das Ausmaß ihrer negativen Aktivitäten. Wenn die Menschen hingegen über die großen tibetischen Yogis[32] Milarepa und Tsong-kha-pa nachdenken, wenden sie sich an sie um Inspiration, beten sie zu ihnen mit Vertrauen und Hingabe. Obwohl die genannten Personen das gleiche menschliche Potential hatten, beurteilen wir sie aufgrund ihrer jeweiligen Aktivitäten unterschiedlich. Im Falle von Hitler und Mao wurde menschliche Intelligenz zu destruktiven Zwecken eingesetzt, im Falle von Milarepa und Tsong-kha-pa konstruktiv genutzt.

Lassen wir unseren Geist von störenden Emotionen beherrschen, dann werden sie viele künftige Leben lang Zerstörung bringen. Infolgedessen werden wir voller Reue sterben. Während wir vital und lebendig sind, erwecken wir möglicherweise den Eindruck, gute Praktizierende zu sein, aber eigentlich ist unser Leben ohne wirkliche Praxis. Es gibt da eine Geschichte über jemanden, von dem man annahm, er gehe spirituellen Übungen nach. Er pflegte zu prahlen, wenn er dereinst stürbe, werde er ganz bestimmt in einem reinen Bereich[33] wiedergeboren. Dann erkrankte er tödlich. Er war sicher, daß er bald sterben würde, aber seine engen Freunde sagten: »Für dich ist das kein Problem. Du wirst bald in einem reinen Bereich wiedergeboren werden. Aber was ist mit uns? Wir haben weder Unterstützung noch Freunde.« Darauf sagte der vermeintliche Praktizierende: »Es wäre besser, wir müßten nicht sterben.« Im Sterben liegend, beklagte er also seinen nahen Tod, statt über das reine Land nachzudenken.

Todesbewußtheit kann man sowohl durch herkömmliche als auch durch analytische Meditation entwickeln. Zuerst müssen Sie die Gewißheit des Todes verstandesmäßig einsehen. Das ist keine zweifelhafte Theorie, sondern eine offenkundige und beobachtbare Tatsache. Unsere Welt soll, wie man glaubt, etwa fünf Milliarden Jahre alt sein, und das Menschengeschlecht existiert seit den letzten einhunderttausend Jahren. Gibt es über einen so langen Zeitraum hin auch nur einen einzigen Menschen, der sich nicht dem Tod stellen mußte? Der Tod ist absolut unvermeidlich, ungeachtet dessen, wo Sie leben, ob Sie sich tief im Ozean verstecken oder in den offenen Himmel hinauffliegen.

Es ist gleichgültig, wer Sie sind: Sie müssen sterben. Stalin und Mao waren zwei der mächtigsten Männer dieses Jahrhunderts. Dennoch mußten auch sie sterben, und es scheint, daß sie dem Tod voller Angst und Kummer entgegenblickten. Als sie vital und lebendig waren, herrschten sie als Diktatoren. Sie waren von devoten Gefolgsleuten und Lakaien umgeben, die nur auf ihre Befehle warteten. Sie herrschten unbarmherzig, bereit, alles zu vernichten, was ihre Autorität in Frage stellte. Aber als sie dem Tod gegenüberstanden, war jeder, dem sie bis zu diesem Zeitpunkt vertraut hatten, alles, worauf sie sich verlassen hatten, ihre Macht, ihre Waffen, ihre militärische Gewalt, ohne jeden Nutzen. Unter solchen Umständen hätte jeder Angst. Das Entwickeln von Todesbewußtheit hat den Vorteil, daß es Ihnen helfen wird, Ihr Leben mit Sinn zu erfüllen. Sie werden den bleibenden Frieden und das bleibende Glück für wichtiger halten als kurzfristiges Vergnügen. Sich auf den Tod zu besinnen – das ist so, als würde man einen Hammer benutzen, um alle negativen Neigungen und störenden Emotionen zu zertrümmern.

Wenn wir uns die Namen und wundervollen Taten all der Lehrer, die dahingeschieden sind – ausgehend vom mitfühlenden Buddha Shakyamuni bis direkt herauf zu den zeitgenössischen Lamas –, ins Gedächtnis zurückrufen, könnten wir das Gefühl haben, daß sie noch immer bei uns sind. Aber wenn wir nachforschen, wird klar, daß sie allesamt in Nirvana eingegangen sind. Wenn wir uns jetzt aufmachen, um nach ihnen zu suchen, werden wir allenfalls einige Überreste finden, ein paar Handvoll Asche oder Knochen. Auch was den Buddha selbst betrifft: Was wir allenfalls finden können, sind Knochen und Überreste an bestimmten Wallfahrtsorten. Und wenn man sie sieht, ist einem zum Weinen zumute.

Keiner der heiligen Gelehrten des alten Indien ist heute noch am Leben. Wir können über ihr Leben nur in den Berichten von Geschichtsbüchern nachlesen. Sie sind jetzt nicht mehr als eine Aufzeichnung, ein Bruchstück der Erinnerung. Die großen Könige und Kaiser der alten Welt, die beispiellose Macht über ihre Bürger hatten, waren alle machtlos, als sie dem Tod gegenüberstanden. Jeder einzelne von ihnen erlag seinem endgültigen Schicksal. Das Nachdenken über Geschichte bringt einem zum Bewußtsein, daß der Tod jeglichem Leben immer drohend bevorsteht. Die Vergänglichkeit ist real. Das klare Erkennen dieser Tatsache wird uns motivieren, bessere Praktizierende zu werden. Alle großen Führer der Welt mußten sterben – jene, die von ihren Bürgern geliebt und respektiert wurden, und auch die berüchtigten Machtmenschen, die gefürchtet und gehaßt wurden. Keiner von ihnen konnte dem Tod ein Schnippchen schlagen. Vergleichen Sie dies mit Ihrer eigenen Situation. Sie haben Freunde, Verwandte und Familienangehörige. Einige sind bereits gestorben, und Sie mußten mit dieser traurigen Situation fertig werden. Früher oder später werden auch andere das gleiche Schicksal erleiden.

Heute in hundert Jahren sagt man möglicherweise, daß der Dalai Lama an diesem Ort[34] Unterweisungen gab. Aber keiner von uns hier wird dann noch existieren, die Gebäude mögen eingestürzt oder stehengeblieben sein. Der Tod hat keinen Respekt vor Senioren oder dem Alter. Er ist eher wie ein auf dem Zufallsprinzip beruhendes Lotteriespiel. Im allgemeinen erwarten wir, daß die Alten zuerst gehen und die Jüngeren danach. Aber es gibt so viele Fälle von Kindern und Enkelkindern, die sterben und es somit ihren Eltern überlassen, die Sterbezeremonien vorzunehmen. Wenn wir die Macht hätten, sollten wir ein Gesetz verabschieden, das es dem Herrn des Todes verbietet, den Jungen das Leben zu nehmen. Sie haben nicht genügend Zeit gehabt, sich an der Welt zu erfreuen. Aber es ist ein Naturgesetz, daß es keine eindeutigen, unumstößlichen Kriterien dafür gibt, wer zuerst gehen wird und wer zurückbleiben wird. Könnten wir den Herrn des Todes vor Gericht bringen, dann würden wir dies sicherlich tun. Doch keine Macht der Welt kann den Tod gefangennehmen. Der reichste Mensch kann sich vom Tod nicht freikaufen, und der schlaueste Mensch kann den Tod nicht mit Tricks und Kniffen täuschen.

Es gibt nicht *einen* unter uns, der oder die nicht liebevoll um sich besorgt ist. Wir tun alles, was wir können, um fürsorglich auf uns aufzupassen. Um uns guter Gesundheit zu erfreuen und ein langes Leben zu führen, nehmen wir regelmäßige Mahlzeiten ein und achten auf genügend körperliche Bewegung. Schon wenn wir leicht erkranken, suchen wir einen Arzt auf und nehmen seine Medizin ein. Wir führen auch religiöse Rituale durch, um uns vor Störungen und Schwierigkeiten zu schützen. Trotz alledem wird der Tod jeden von uns eines Tages ereilen. Wenn der Tod zuschlägt, kann niemand sonst helfen. Sie mögen mit dem Kopf im Schoß des Buddha liegen, und der Medizinbuddha[35] mag zugegen sein, um Sie zu behandeln, aber wenn der Tod zuschlägt, sind sogar die Buddhas machtlos. Wenn Ihre Lebensspanne aufgebraucht ist, müssen Sie gehen. Es ist nicht schwer, die Gewißheit des Todes zu begreifen. Unsere Lebensspanne verrinnt, gleichgültig, wo oder wer wir sind. Alle vierundzwanzig Stunden ist wieder ein Tag vorbei. Alle dreißig Tage ist ein Monat vorbei, und nach zwölf Monaten ist dann ein ganzes Jahr verstrichen. Genauso wird unser Leben ein Ende finden.

Es ist schon erforderlich, daß Sie sich selbst besondere Mühe geben, spirituell zu praktizieren und ein Leben in Übereinstimmung mit dem Dharma zu führen, denn bloß am Leben zu sein ist ja keine Gewähr für Praxis. Während der ersten zwanzig Jahre unseres Lebens sagen wir, wir seien jung, und lassen uns nicht auf Praxis ein. Dann bringen wir weitere zwanzig Jahre hin; jetzt sagen wir: »Ich werde praktizieren, ich werde praktizieren«, aber wir tun es nicht.

Dann bringen wir weitere zwanzig Jahre hin; jetzt sagen wir: »Ich konnte es nicht, ich konnte es nicht«, und lamentieren, daß wir nicht lernen können, weil wir zu alt sind, unser Stehvermögen schwach ist und wir nur schlecht hören. So vergeuden wir unser Leben. Das Merkwürdige ist, daß zwar unser materieller Körper sehr bald krank, alt und verbraucht wird, aber die störenden Emotionen in uns kräftig und frisch bleiben. Sie altern nie. Möglicherweise verringert sich das sexuelle Verlangen, während wir alt werden, aber die übrigen störenden Emotionen bleiben stark.

Als Kinder und als Jugendliche verbringen wir unsere Zeit beim Spielen. Auch ich hatte als Kind viele Spielkameraden, besonders unter den Personen, die in meinem Wohnsitz zum Auffegen eingeteilt waren. Zu jener Zeit versuchte ein anderer Freund, mich über die verschiedenen Farben zu befragen, was zu dem Themenbereich gehört, mit dem man sich in den vorbereitenden Studien zur Logik befaßt. Ich wußte damals die Antworten nicht, weil ich noch sehr jung war. Das wurmte mich, und ich beschloß, intensiv zu lernen. Als ich fünfzehn oder sechzehn Jahre alt war, begann ich, über die *Stufen des Weges zur Erleuchtung*[36] nachzudenken. Aber die Invasion der Chinesen unterbrach meine Studien. Bis ich 25 oder 26 war, versuchte ich mich an der einen oder anderen spirituellen Praxis. Aber gleichzeitig war ich immer bemüht, mit den Chinesen zu verhandeln. Mit 25 ging ich als Flüchtling ins Exil. In meinen späten Zwanzigern und frühen Dreißigern studierte ich intensiv. 35 Jahre sind vergangen, seit ich ins Exil ging, und ich bin jetzt in meinen Sechzigern.

Ich hatte den festen Vorsatz zu praktizieren, aber mein Leben hat schließlich diesen Verlauf genommen. Mein einziger Trost ist, daß der allwissende Gendün Gyatso, der Zweite Dalai Lama, sich auch damit abfinden mußte, daß sich seine guten Vorsätze zerschlugen. Er überwachte den Bau des Haupttempels in Tashilhünpo und unterrichtete gleichzeitig seine Schüler. In seiner Biographie können Sie lesen, wie sehr er beschäftigt war. Einer seiner Schüler sagte einmal zu ihm: »Ich würde mich gern in die Berge zurückziehen und ernstlich praktizieren.« Traurig erwiderte er: »Als ich in der Kangchen-Einsiedelei wohnte, war meine Zeit noch nicht so knapp bemessen. Mir scheint, wenn ich dort im Retreat[37] geblieben wäre, hätte ich vielleicht inzwischen große Verwirklichung erreicht. Aber ich habe die Möglichkeit abgelehnt, aus dem Wunsch, möglichst vielen Menschen zu nützen. Dies hat mich veranlaßt, das Kloster Tashilhünpo zu gründen.« Das ist mir ein gewisser Trost, denn obwohl eine gründliche Rezitations-, Gebets- und Retreat-Praxis für mich undurchführbar ist, versuche ich, anderen von größtmöglichem Nutzen zu sein. Natürlich praktiziere ich in gewissem Umfang, aber aufgrund anderweitiger Beschäftigungen bin ich außerstande, all meine Energie dafür aufzuwenden. Ich kann Ihnen nur sagen: Wenn Sie meinen, man könnte leicht und locker praktizieren und dabei weiterhin alles übrige genießen, werden Sie schwerlich etwas erreichen.

Gampopa[38] blieb lange Zeit bei Milarepa[39]; er empfing all seine Weisungen und meditierte über sie. Als es für ihn an der Zeit war fortzugehen, sagte Milarepa: »*Eine* Weisung hab' ich noch, die ich dir geben kann, aber vielleicht ist es nicht richtig, sie dir jetzt zu geben.« Gampopa erwiderte: »Bitte gebt mir diese Weisung. Was für eine Weisung Ihr auch habt – gebt sie mir bitte.« Aber Milarepa zeigte sich nicht dazu bereit, und Gampopa machte sich auf den Weg. Da rief Milarepa: »Warte! Da du wie mein einziger Sohn bist, will ich dir die Weisung geben.« Mit diesen Worten hob er seine Robe und zeigte Gampopa seinen schwielig gewordenen Hintern, ein Zeichen, daß er sich, in Meditation sitzend, intensiver Praxis unterzogen hatte. Er fügte hinzu: »Wenn du dich wirklich beharrlich bemühst, solltest auch du Buddhaschaft erreichen. Wir prahlen immer mit dem Potential des Dharma und daß wir in nur einer Lebensspanne Buddhaschaft erreichen können, aber ob das möglich ist oder nicht, hängt davon ab, wie hart man darauf hinarbeitet.«

Beim Entwickeln von Todesbewußtheit müssen Sie zunächst darüber nachdenken, wie unvorhersagbar der Tod ist. Dies kommt in einer Redensart zum Ausdruck: »Du weißt nie, was wohl früher kommt: der morgige Tag oder das nächste Leben.« Wir alle wissen, daß der Tod eines Tages kommen wird. Das Problem besteht darin, daß wir immer meinen, dies werde einmal irgendwann in der Zukunft sein. Wir sind immer mit unseren weltlichen Angelegenheiten beschäftigt. Daher ist es unbedingt erforderlich, über die Unvorhersagbarkeit des Todes zu meditieren. Traditionelle Texte erklären, daß die Lebensspanne der Menschen dieser Welt ungewiß ist, insbesondere in diesem Zeitalter des Niedergangs. Der Tod folgt keiner Regel oder Ordnung. Jeder kann jederzeit sterben, ob der/die Betreffende nun alt oder jung, reich oder arm, kränklich oder wohlauf ist. In bezug auf den Tod kann man nichts als selbstverständlich betrachten. Kräftige, gesunde Leute sterben plötzlich aufgrund unvorhergesehener Umstände, während schwache, bettlägerige Patienten lange durchhalten.

Beim Vergleich möglicher Todesursachen mit den wenigen Faktoren, die Leben zu erhalten helfen, können wir erkennen, weshalb der Tod unvorhersagbar ist. Wir haben diesen menschlichen Körper lieb, und wir glauben, daß er stark ist und lange fortbestehen wird. Aber die Wirklichkeit widersetzt sich unseren Hoffnungen. Im Vergleich zu Stein oder

Stahl ist unser Körper zerbrechlich und empfindlich. Wir essen, um unsere Gesundheit zu bewahren und unser Leben zu erhalten, aber es gibt Gelegenheiten, wo sogar Nahrung uns krank macht und zum Tode führt. Nichts kann garantieren, daß wir für immer leben werden.

Die Errungenschaften moderner Wissenschaft und Technik sind klarer Ausdruck unseres menschlichen Verlangens nach einem besseren und erfüllteren Leben. Aber wir klammern uns an neue Apparate, als ob sie lebenserhaltende Geräte wären. Autos, Züge, Schiffe und Flugzeuge sind dazu da, unser Leben zu verbessern und es angenehmer und komfortabler zu machen. Doch so oft werden diese Dinge zu Problemen für Körper und Geist. Die Zahl der durch Verkehrsunfälle verursachten Todesopfer ist überall hoch. Was besagt dies über unseren Wunsch, sicher und schnell zu fahren? Menschen sterben urplötzlich und ohne ein warnendes Vorzeichen. Trotz unserer Bemühungen, Risikofreiheit und Sicherheit zu schaffen, ist unser Leben voller Gefahr. Wir wissen nie, wann uns der Tod ereilen wird.

Da der Tod unser Leben beendet, macht er uns angst. Und was die Sache noch verschlimmert: nichts von dem, wofür wir in diesem Leben arbeiten – Reichtum, Macht, Ruhm, Freunde oder Familie –, kann uns zu diesem Zeitpunkt helfen. Sie mögen ein mächtiger Mensch sein, hinter dem eine riesige Militärmacht steht, aber wenn der Tod Sie ereilt, kann diese Sie nicht verteidigen. Sie mögen reich sein und sich die beste Behandlung und Pflege leisten können, wenn Sie krank sind. Aber wenn der Tod schließlich die Oberhand gewinnt, gibt es unter den Experten, die Sie engagieren könnten, keinen, der den Tod zu verhindern vermag. Wenn Sie die Welt verlassen müssen, bleibt Ihr Reichtum zurück. Sie können nicht einen einzigen Pfennig mitnehmen. Ihr liebster Freund oder Ihre liebste Freundin kann Sie nicht begleiten. Sie müssen der nächsten Welt allein gegenübertreten. Nur Ihre Erfahrung an spiritueller Praxis kann Ihnen helfen.

Stalin und Mao waren mächtige Führer. Sie waren durch scharfe Sicherheitsmaßnahmen abgeschirmt, darum hatten gewöhnliche Menschen nicht leicht Zugang zu ihnen. Ich erinnere mich deutlich, wie ich mich mit Mao während meines Aufenthalts in Peking jedesmal in demselben Saal traf. Sicherheitsposten standen an den Türen und beobachteten uns ständig. Aber wenn einen der Tod ereilt, ist eine solche Sicherheit wertlos. Es gibt, wie ich glaube, Menschen, die bereit sind, ihr Leben für die Sicherheit des Dalai Lama zu opfern. Aber hier verhält es sich ähnlich: Wenn mich der Tod schließlich einholt, werde ich mir selbst überlassen sein. Daß ich der Dalai Lama bin, wird mir dann nicht helfen. Wenn ich beteuere, daß ich ein Mönch mit Schülern und Anhängern bin, wird mir auch das nicht helfen.

Denken Sie jetzt an einen Millionär. Zum Zeitpunkt des Todes werden seine Qual und sein Elend durch seinen Reichtum nur noch vermehrt. Während jener letzten Augenblicke macht sich ein reicher Mensch große Sorgen. Die Kontrolle über die Dinge entgleitet ihm. Unter größten körperlichen Beschwerden ist er verwirrter denn je. Das Kopfzerbrechen darüber, wie er seinen Reichtum verteilen soll und wem er ihn geben soll, steigert nur seine Qual. Das ist keine zweifelhafte philosophische Spekulation, sondern etwas Alltägliches. Über diese Dinge muß man unbedingt meditieren, um wirklich zu erkennen, daß sich zum Zeitpunkt des Todes und nach dem Tode jede Form von materiellem Reichtum als völlig wertlos erweist.

Während Sie vital und lebendig sind, haben Freunde und Verwandte großen Einfluß darauf, wie sich Ihr Schicksal gestaltet. Daher betrachten Sie sie als wichtig und entwikkeln ihnen gegenüber warmherzige Gefühle. Sie haben manche dieser Personen so liebgewonnen, daß Sie das Gefühl haben, ohne sie nicht weiterleben zu können. Aber wenn Sie mit dem Tode ringen, sind auch sie hilflos. Manche von ihnen sind möglicherweise bereit, alles für Sie zu tun. Aber in diesem Fall sind sie buchstäblich machtlos und können einzig und allein für Ihre zukünftigen Leben beten. Statt ihm zu helfen, können Freunde und Verwandte einem sterbenden Menschen tatsächlich großen Schmerz und Kummer bereiten. Selbst wenn Sie ermattet im Sterben liegen, kann Ihnen die Sorge um die Zukunft Ihrer Familie großen Schmerz bereiten. Sie machen sich Gedanken darüber, was nach Ihrem Tode aus Ihren Familienangehörigen werden wird.

Ihr Körper ist Ihnen lieb und teuer. Seit dem Moment Ihrer Empfängnis im Mutterschoß ist er Ihr verläßlichster, engster Begleiter. Sie haben alles getan, was Sie können, um ihm die beste Fürsorge zu geben. Sie haben ihn genährt, damit ihn nicht der Hunger plagt. Sie haben ihm zu trinken gegeben, wenn er durstig war. Sie haben geruht, wenn er müde war. Sie waren und sind gewillt, alles Erdenkliche für die Pflege, das Wohlergehen und den Schutz Ihres Körpers zu tun. Fairerweise hat Ihr Körper Ihnen ebenfalls gedient. Er war und ist stets bereit, den Erfordernissen nachzukommen. Allein schon die Tätigkeit des Herzens ist ganz erstaunlich. Es arbeitet ständig. Es hält buchstäblich nie inne, was immer Sie tun, ob Sie schlafen oder wach sind. Aber wenn der Tod Sie niederstreckt, gibt Ihr Körper auf. Ihr Bewußtsein und Ihr Körper trennen sich, und Ihr kostbarer Körper wird einfach ein scheußlicher Leichnam. Folglich können Ihnen angesichts des Todes Ihr Vermögen und Ihre Besitztümer, Ihre Freunde und Verwandten und selbst Ihr Körper nichts nützen. Das einzige, was Ihnen helfen kann, dem Unbekannten gegenüberzutreten, sind die Samen oder Keime der heilsamen Regungen und Aktivitäten, die Sie auf Ihrem Bewußtseinsstrom angepflanzt haben.[40] Deshalb kann die spirituelle Praxis Ihnen helfen, Ihr Leben mit Sinn zu erfüllen.

Im großen und ganzen sind die Menschen nicht sehr daran interessiert, sich mit dem Tod auseinanderzusetzen. Aber dadurch, daß wir einfach die Augen schließen und unseren Geist von ihm abwenden, geht er nicht weg. Ungeachtet unserer Lebensumstände muß sich ihm jeder von uns eines Tages stellen. Um uns also schon darauf vorzubereiten, ist es zweckmäßig, über den Sterbeprozeß zu meditieren. Man stellt sich vor, wie es ist, wenn man stirbt. Mittels Meditation können wir uns diese entscheidende Situation neu und persönlich vergegenwärtigen. Wollen Sie eine tiefgreifende Wirkung erzielen, dann sollten Sie über den Sterbeprozeß im Anschluß an Ihre Meditation über die Gewißheit des Todes meditieren. Dies wird Ihrer Meditation über die Unvorhersagbarkeit des Todes Kraft verleihen.

Wie bereits dargelegt, kann der Tod jederzeit eintreten. Es gibt keinen speziellen Zeitpunkt, zu dem jemand den Sterbeprozeß durchmachen muß. Der Tod tritt ein, wenn die Lebensspanne eines Menschen oder die Kraft der heilsamen Regungen und Aktivitäten des oder der Betreffenden erschöpft ist. Oder er kann sich als plötzlicher Unfall ereignen. Sie könnten am Anfang krank werden. Sie konsultieren natürlich einen Arzt, der eine bestimmte Behandlung verordnet. Aber dieses Mal laufen die Dinge anders, und die Behandlung erweist sich letztlich als wirkungslos. Dann könnten Sie Rituale durchführen und Gebete sprechen. Auch dies mag einiges ausmachen, aber mit der Zeit verschlimmert sich Ihre Krankheit. Und zu allem Übel kann Ihr Arzt sie nicht eindeutig diagnostizieren, weil sie ständig überraschende Wendungen nimmt und unterschiedlichste Symptome zeigt. Dies verlängert natürlich Ihre kritische Lage.

Nachdem Sie nun schon lange Zeit krank und entkräftet das Bett hüten mußten, werden Ihre Genesungsaussichten immer düsterer. Sogar das weiche Bett bereitet Ihnen Unbehagen. Nach so vielem Leiden werden Partien Ihres Körpers empfindungslos wie die einer Leiche.

Was geht im Geist der Sterbenden vor sich? Nachdem Sie nunmehr lange Zeit krank und bettlägerig gewesen sind, ermattet die Kraft Ihres Geistes. Möglicherweise sind Sie ein aktiver und blitzgescheiter Mensch gewesen, aber jetzt ist Ihr Verstand schwerfällig geworden, und Sie leiden an Gedächtnisausfällen. Es gibt Zeiten, wo Sie sich nicht einmal an die Namen der Sie umgebenden Menschen erinnern können. Zeitweise sind die Schmerzen so unerträglich, daß Sie nicht einmal fähig sind, ein kleines Gebet zu sprechen. Unter einer so deprimierenden Zerrüttung beginnen Sie, die Hoffnung zu verlieren, was sich unmittelbar auf die Entschiedenheit Ihres Lebenswillens auswirkt. Dann beginnen Sie sich auch zu fragen, ob es wohl keine Heilung gibt und weshalb Sie denn solche Schmerzen, solches Elend erdulden sollten. Sie kommen zu der Überzeugung, daß Ihnen nichts anderes übrigbleibt, als zu sterben. Ihre Familie und Ihre Freunde klagen darüber, daß Sie weder sterben noch im mindesten auf dem Weg der Genesung sind. Es wird immer schwieriger, die Aufmerksamkeit eines anderen Menschen auf sich zu ziehen.

Nach und nach verliert Ihr Körper seine Wärme und wird steif wie ein Holzklotz. Wie große Lehrer der Vergangenheit gesagt haben, besteht Ihre letzte Mahlzeit aus einigen gesegneten Tabletten oder Arzneien, die Sie kaum hinunterschlucken können. Das letzte, was Sie hören, ist möglicherweise das Psalmodieren von Schriften oder Klagegeschrei. Es gibt nichts Gutes, Begütigendes zu sagen. Waren Sie reich, könnten Sie sich noch immer um Ihren Nachlaß sorgen; Ihr Geist könnte von Sorgen um das Geld erfüllt sein, das andere Ihnen schulden, oder um die verschiedenen Möglichkeiten, Ihren Reichtum unter Ihren Verwandten und Freunden aufzuteilen. Sie sind von unbeschreiblicher Angst und Qual erfüllt. Sie versuchen, ein paar letzte Worte hervorzubringen, die kaum hörbar sind. Mittlerweile ist Ihre Fähigkeit zu sprechen geschwunden. Man kann nur sehen, daß Ihre Lippen zucken. Der bloße Anblick ist traurig und mitleiderregend.

Unter diesen bedauernswerten Umständen beginnen die Elemente Ihres Körpers[41], sich nach und nach aufzulösen. Nun werden Sie von verschiedenartigen Halluzinationen gequält. Sie haben möglicherweise das Gefühl, als würden Sie unter die Erde versenkt oder stürzten von einer Anhöhe herab, oder Sie haben möglicherweise die Empfindung zu brennen. Während das flüssige Element zerfällt, ziehen sich Ihre Augen und Ihre Nase unter Druck zusammen. Ihre Zunge wird trocken. Während das feste Element zerfällt, wird Ihr Körper dünn. Während das Wärmeelement zerfällt, wird Ihr Körper kalt. Während Ihre Energie zerfällt, verlieren Sie die Fähigkeit, sich zu bewegen, und tun sich schwer mit dem Atmen. Sie beginnen, kurz und schnell zu keuchen, bis Sie dann lange und tief ausatmend Ihren letzten Atemzug loslassen – wie eine Violinsaite, die reißt. Das Herz steht still, und innerhalb weniger Minuten stellt auch das Gehirn seine Tätigkeit ein. Jetzt gelten Sie als klinisch tot.

Der modernen Wissenschaft zufolge stellt das Gehirn nach dem Aufhören der Atmung und dem Herzstillstand innerhalb von Minuten seine Tätigkeit ein. Der buddhistischen Erklärung zufolge werden hingegen noch vier weitere Stufen durchlaufen. Es gibt weiter keine äußeren Symptome mehr, nur innere Anzeichen oder Empfindungen. Auf jeder Stufe sieht man Licht von anderer Farbe. Erst weißliches, dann rötliches, dann Finsternis, und schließlich hat man die Empfindung von grenzenlosem Raum, was man das »klare Licht«[42] nennt. Obwohl die gröberen Bewußtseinsebenen zu existieren aufgehört haben, hat sich das subtile Bewußtsein nicht vom Körper gelöst. Über die Fähigkeit, bei dem klaren Licht zu verharren, verfügen nur spirituell hochentwickelte Meditierende, aber gelegentlich gewahrt man es unabsichtlich und geht zeitweilig in ihm auf. Eines der besten Beispiele für einen in hohem Grade verwirklichten Meditierenden, der im klaren Licht aufging und lange darin blieb, war mein alter Lehrer Ling Rinpoche.[43] Dreizehn Tage blieb er in diesem Zustand, und in dieser Zeitspanne blieben die schimmernde Hauttönung und die Frische seines Körpers erhalten.

Im Leben nehmen Sie Entbehrungen auf sich, um Nahrung und Besitz anzuhäufen, aber im Tode müssen Sie all dies zurücklassen. Wer weiß, wie Ihr Besitz von jenen verwendet werden wird, die ihn erben? Ein paar Tage lang mögen sie um Sie trauern, aber bald werden sie sich um ihren Anteil zanken. So verschleudert man Ihr Leben. Wenn Sie einen Friedhof oder ein Krematorium besuchen, dann sehen Sie sich an, wie man Leichen beseitigt, und bedenken Sie, daß diese keinen Deut anders sind als Sie. Auch das ist eine Möglichkeit, über Vergänglichkeit zu meditieren. Aber: Bloß weil Sie gestorben sind, verschwinden Sie nicht wie ein brennender Haufen trockenes Gras; Ihr Kontinuum[44] geht weiter. Ob Ihre nächste Wiedergeburt in einem günstigen oder ungünstigen Existenzzustand erfolgt, hängt von der Art und dem Erfolg der Übungen ab, denen Sie sich gewidmet haben. Können Sie sicher sein, daß Sie in einem günstigen Existenzzustand wiedergeboren werden?

Wenn wir nicht darüber reflektieren, daß uns der Tod bevorsteht, werden wir uns nicht auf unsere spirituelle Praxis besinnen. Der spirituelle Weg geleitet uns auf unsere Reise zu einem unbekannten Ort. Wenn wir im gewöhnlichen Leben irgendwohin reisen wollen, wo wir bislang noch nicht waren, vergessen wir ja auch nicht, Rat und Führung bei jemandem zu suchen, der dort gewesen ist. Wir besorgen uns als erstes eine Karte. Wir planen, wo wir haltmachen, wo wir bleiben und was wir für die Reise mitnehmen wollen. Aber wenn es soweit ist, daß wir uns zu dem unbekannten Ort namens »das nächste Leben« begeben, sind die gewöhnlichen Erfahrungen, die wir in diesem Leben gesammelt haben, von geringem Nutzen. Unser einziger Führer ist unsere Praxis. Das heißt nicht, daß wir eine Menge Schriften mitnehmen, sondern daß unser Geist voll und ganz vorbereitet und umgewandelt sein sollte.

Was für eine Praxis wird uns helfen, wenn wir zu diesem unbekannten Ort reisen? Positive Handlungen sind etwas, worauf wir uns für immer verlassen können. Die zweckmäßige Methode besteht hier darin, die zehn heilsamen Qualitäten zu wahren und die zehn unheilvollen Handlungen zu unterlassen. Wenn wir fähig sind, positive Prägungen auf unserem Geist zu hinterlassen, und wenn wir insbesondere fähig sind, zum Zeitpunkt des Todes einen sehr positiven Geisteszustand zu entwickeln, dann können wir sicher sein, daß wir unter günstigen Umständen wiedergeboren werden. Die Art unserer nächsten Wiedergeburt hängt von der Art der Handlungen ab, die wir ausgeführt haben. Und welche Handlung es auch immer ist, an der wir uns zum Zeitpunkt des Todes festhalten – sie wird als erste ihre Wirkung zeigen.

Sich zum Zeitpunkt des Todes an den Erleuchtungsgeist zu erinnern bringt automatisch innere Ruhe und Geistesfrieden. Während des Sterbens einen heilsamen Geisteszustand zu entwickeln kann heilsames Handeln reifen lassen[45] und eine gute Wiedergeburt sicherstellen. Ein sinnerfülltes Leben zu führen heißt daher vom Standpunkt eines buddhistischen Übenden aus, daß Sie sich mit heilsamen Geisteszuständen vertraut machen, was Ihnen schließlich helfen wird, dem Tod gefaßt gegenüberzutreten. Ob Ihre Erfahrung zum Zeitpunkt des Todes positiv oder negativ ist, hängt weitestgehend davon ab, wie Sie während Ihres Lebens praktiziert haben. Das Entscheidende ist, daß unser tagtägliches Leben sinnerfüllt sein sollte, daß unsere Einstellung positiv, frohgemut und warmherzig sein sollte.

3. KAPITEL

Zielgerichtet leben

Der große Meister Gungthang hat gesagt, daß man dieses kostbare Leben als freier und von Glück begünstigter Mensch nur einmal bekommen kann. Obwohl wir in der Vergangenheit unzählige Leben hatten, sind wir noch nie imstande gewesen, ein solch kostbares menschliches Leben richtig zu nutzen. Heute sind wir in der glücklichen Lage, mit einem Leben ausgestattet zu sein, in dem unsere geistigen und körperlichen Fähigkeiten unversehrt und vollständig sind, und wir haben ein gewisses Interesse daran, den Dharma zu üben. Ein solches Leben ist einzigartig. Ähnlich verhält es sich mit dem Dharma, zu dem wir Zugang haben: Auch er ist einzigartig. Zunächst ging er in Indien vom Buddha aus und wurde dann von großen indischen Meistern weitergegeben. Nach und nach gelangte er in Tibet zur Blüte, und diese Tradition buddhistischer Praxis ist noch immer sehr lebendig. In Tibet, dem Land des Schnees, haben wir die Praxis gemäß den Unterweisungen des Buddha in ihrer ganzen Vielfalt bewahrt. Daher ist es jetzt äußerst wichtig, daß wir sie in gemeinsamer Anstrengung für uns selbst und alle anderen empfindenden Wesen auf bestmögliche Weise nutzen.

Wir haben zwar alle ein kostbares Leben als Mensch erlangt, aber wir genießen es, ohne uns über seinen Wert im klaren zu sein. Zugleich erkennen wir nicht die Beschränktheit anderer Lebensformen, in denen es keine Gelegenheit gibt, die Lehre zu verstehen. Die Tiere und Vögel, die uns umgeben, haben nicht das geistige Fassungsvermögen, eine so kostbare Lehre zu begreifen. Und wenn wir trotz unserer menschlichen Geburt zu jenen Menschen gehören würden, die kein Interesse an solchen Unterweisungen haben, würden wir sie ebensowenig beachten wie die Tiere. Feinfühligere Menschen hören sich vielleicht aus dem einen oder anderen Grund die Unterweisungen an, ohne sich aber darüber hinaus auf ernsthaftes Studieren und Nachdenken einzulassen. Wir sind wirklich von Glück begünstigt. Wir sind nicht in unzivilisierten Ländern geboren, wo es keine buddhistische Praxis gibt. Wir sind frei von größeren Behinderungen. Nachdem wir eine so kostbare Gelegenheit erhalten haben, müssen wir ihren Wert und ihr Potential klar erkennen.

Schon Menschen, die ein kleines Geschäft betreiben, wissen, daß man Geschäfte zum rechten Zeitpunkt und am rechten Ort machen muß. Sie wissen, daß sie bankrott gehen werden, wenn sie versuchen, ihre Waren außerhalb der Saison zu verkaufen. Ebenso achtet ein Bauer mit feinem Gespür auf die Witterungsverhältnisse, und wenn die Zeit kommt, bestellt er unverzüglich sein Land, selbst wenn er Tag und Nacht arbeiten muß. Ebenso haben wir, als freie und von Glück begünstigte Menschen, diese seltene Gelegenheit und die Zeit, sie so gut wie irgend möglich zu nutzen.

Wenn ich über die Bedeutsamkeit der Dharmapraxis spreche, versuche ich selbstverständlich niemanden dazu zu drängen, sie auszuüben. Der Versuch, jemanden zu etwas zu drängen, und sei es auch etwas Lohnendes, ist unnütz. Die wichtigste buddhistische Praxis besteht in der Umwandlung des Geistes; und zur Umwandlung des Geistes befassen wir uns mit Kontemplation und Meditation. Meditation ist ein Mittel, um uns mit positiven Aspekten des Geistes vertraut zu machen. Und auf diese Weise versuchen wir, unseren ungebärdigen, ungehorsamen Geist zu zähmen. Den Geist kann man zweifellos schulen. Nehmen Sie als Beispiel das Zureiten eines Pferdes. Am Anfang mag das Pferd sich wild gebärden und schwer unter Kontrolle zu bringen sein, aber nach und nach können wir es zähmen, bis es unseren Befehlen gehorcht. Ebenso ist unser Geist am Anfang, wenn wir keine Geistesschulung gewöhnt sind, so von negativen Verhaltensmustern abhängig, daß er schwer kontrollierbar ist und seinen eigenen Weg geht. Wenn wir meditieren und uns mit positiven Eigenschaften vertraut machen, können wir den Geist schrittweise schulen und umwandeln. Daher ist Meditation ein Mittel, unsere Geisteshaltung zu verändern und den Geist positiver zu machen.

Wenn wir immer wieder über den Wert des menschlichen Lebens und die seltene Gelegenheit, die es uns bietet, nachdenken, gelangen wir zu der Überzeugung, daß wir es unbedingt dazu nutzen sollten, unseren Geist umzuwandeln und schließlich Erleuchtung zu erreichen. Wir müssen meditieren; das bedeutet, daß wir unseren Geist mit dem jeweiligen Gegenstand der Meditation, etwa dem Mitgefühl, völlig vertraut machen. Auf diese Weise können wir unseren Geist so umwandeln, daß uns beispielsweise das Nachdenken über die Leiden empfindender Wesen dazu bewegt, die Verantwortung zu übernehmen und ihnen zu helfen. Durch Vertrautheit gewöhnen wir uns an positive Handlungen. Diese Art der Kontemplation und Reflexion nennt man analytische Meditation.

Wenn wir Menschen das erste Mal begegnen, erkennen wir nicht ihre verschiedenen Ausdrucksformen, Einstellungen oder Gewohnheiten. Aber indem wir die Betreffenden nach und nach kennenlernen und Freundschaft mit ihnen schließen, gewöhnen wir uns an ihre Eigenheiten. Durch Umgang mit vortrefflichen Freunden werden wir uns nach und nach ihre vortrefflichen Eigenschaften zu eigen machen.

Unter dem Einfluß vortrefflicher Freunde können wir auch unser negatives Verhalten einschränken, weil wir uns davor hüten werden, etwas zu tun, das ihnen mißfällt. In unserem Bewußtsein zeigt sich der Geist in zahllosen Spielarten. Diese zahllosen Aspekte des Geistes gehören in drei Hauptgruppen: neutrale Aspekte, jene, die förderlich und positiv sind, und jene, die negativ und schädlich sind. Wir müssen uns an positive Geisteszustände gewöhnen und uns durch sie beeinflussen lassen, geradeso wie beim Kennenlernen vortrefflicher Freunde. Wir müssen die positiven Aspekte des Geistes entwickeln, jene, die von Nutzen für uns sind. Das ist wie Garten- oder Ackerbau. Wir züchten jene Blumen und Pflanzen, die nützlich sind, aber Unkraut jäten wir aus.

Wollen wir etwas von spirituellem Wert in unserem Geist schaffen, müssen wir uns persönlich anstrengen, indem wir uns den Geist zunutze machen. Unsere geistigen Mängel müssen verringert und abgeschwächt werden, und die positiven Eigenschaften des Geistes müssen entwickelt und entfaltet werden. Als erstes müssen wir ermitteln, welche Aspekte des Geistes positiv und welche zerstörerisch oder negativ sind. Wir können die positiven Aspekte erfassen und sie entwickeln. Bei negativen Geisteszuständen wie Wut, Eifersucht, Konkurrenzdenken und Anhaftung müssen wir begreifen, warum sie negativ sind, wie sie in uns entstehen und wie wir durch ihre Einwirkung verstört und unglücklich werden. Das Begreifen ihrer Schattenseiten wird uns helfen, sie zu verringern. Zu sagen, diese negativen Geisteszustände seien negativ, bloß weil dies die Schriften behaupten, reicht nicht aus. Wir müssen unsere eigene Erfahrung prüfen, um herauszufinden, wie zerstörerisch und negativ diese Geisteszustände sind.

Wenn wir zum Beispiel wütend werden und unsere Wut heftig und scharf zum Ausdruck bringen, werden wir wahrscheinlich etwas Garstiges zu anderen sagen. Zu diesem Zeitpunkt sind wir tatsächlich verrückt, wir verlieren unsere Urteilskraft. Der Ausdruck in unserem Gesicht ist schrecklich und häßlich. Solch ein Verhalten ist eindeutig verstörend. Sind Familien, die sich unablässig streiten, glücklicher? Ist man an den Schauplätzen ständiger Konflikte und Kämpfe glücklicher? Offensichtlich nicht. Bekommen wir unerwarteten Besuch von einem aufbrausenden Menschen, haben wir möglicherweise keine Lust, ihn freundlich zu empfangen; bekommen wir aber Besuch von einem fröhlichen, mitfühlenden Menschen, bitten wir ihn sofort, Platz zu nehmen, und bieten ihm Tee an. Bei anderen können wir die Negativität von Wut, Eifersucht und Konkurrenzdenken mühelos erkennen.

Von all den negativen Aspekten des Geistes sind es im wesentlichen Wut, Anhaftung und Konkurrenzdenken, auf die sich andere negative Geisteszustände letztlich zurückführen lassen. Können wir erst einmal die Negativität dieser Geistesverfassungen erkennen, dann werden wir erkennen können, wenn ihre Warnsignale auftreten. Solche analytischen Verfahren können uns helfen, unseren Geist in eine positive Richtung zu lenken. Eine derartige Übung ist sehr wirksam und nützlich. Wenn wir von Meditation reden, neigen wir dazu, an Meditierende zu denken, die hoch oben in den Bergen sitzen. In der Dharmapraxis geht es darum, den Geist umzuwandeln. Und einzig und allein dadurch, daß Sie wiederholt meditieren und sich mit den positiven Geistesaspekten vertraut machen, können Sie Ihren Geist umwandeln. Wir alle können dies tun, wo immer wir sind.

Wenn wir durch analytische Meditation zu einem logischen Schluß kommen und anfangen, Einsicht in das Objekt unserer Meditation zu gewinnen, sollten wir versuchen, unseren Geist dort eine Zeitlang einsgerichtet verweilen zu lassen.[46] Durch diese Verknüpfung von analytischer Meditation und einsgerichteter Konzentration können wir unseren Geist nach und nach umwandeln. Das ist viel wirksamer, als Hunderte von Gebeten zu rezitieren. Auf diese Weise werden wir unser kostbares menschliches Leben mit Sinn erfüllen können. Wenn Sie statt dessen bloß zögern und denken, daß Sie morgen, nächsten Monat oder nächstes Jahr anfangen werden, dann wird die Zeit knapp. Denken Sie, daß Sie erst werden praktizieren können, nachdem Sie ein spezielles Projekt erfolgreich abgeschlossen oder alles übrige aus dem Weg geräumt haben, dann wird die Zeit nie kommen. Es heißt: Je mehr weltliche Aktivitäten man beginnt, desto mehr werden es, wie nicht endende Wellen auf der Meeresoberfläche. Wäre es nicht besser, einfach innezuhalten und mit der Dharmapraxis zu beginnen?

Als ich ein kleiner Junge war, mußte ich nur einiges auswendig lernen oder mir einprägen und einiges rezitieren. Ich hatte viel Zeit, aber wenig Interesse. Als ich in den Zwanzigern war, strengte ich mich einigermaßen an und konnte die Wirklichkeit von Nirvana in gewissem Maß begreifen. Ich rechnete damit, ein größeres Retreat[47], ein drei Jahre und drei Monate langes Retreat, machen zu können, aber ich war mittlerweile zunehmend anderweitig beschäftigt und konnte die Zeit dazu nicht finden. Jetzt bin ich zwar immer noch beschäftigt, aber ich schaffe mir selbst die Gelegenheit und praktiziere, soviel ich kann.

Selbst ordinierte Mönche und Nonnen haben in ihrem schlichten Wohnraum immer noch etwas anderes zu erledigen. Die Zeit wird nie kommen, wo Sie von allen Aktivitäten frei sind, also müssen Sie sich jeden Tag die Gelegenheit verschaffen. Sie müssen etwas früher aufstehen und versuchen, morgens ein oder zwei Stunden für Ihre Meditationsübung aufzubringen. Sagen Sie, daß Sie praktizieren werden, wenn Sie mit all Ihrer Arbeit fertig sind, ist dies ein Zeichen, daß Ihnen der Wille zu wirklicher Dharmapraxis fehlt. Daher sagte der große Gungthang, wer den Dharma üben möchte, solle nie sagen, er werde dies morgen oder übermorgen tun. Fangen Sie heute damit an. Wenn Sie sagen, daß Sie den Dharma morgen üben wollen, dann werden Sie aller Wahrscheinlichkeit nach sterben, ehe dieser morgige Tag kommt. Der Tod ist gewiß, aber die Todesstunde ist ungewiß – er kann uns jederzeit ereilen, zögern Sie also nicht.

Traditionell rät man uns, nach außen mönchische Disziplin zu wahren, innerlich über den Erleuchtungsgeist zu meditieren und im geheimen die zwei Stufen des tantrischen Weges[48] zu üben. Es ist äußerst wichtig, den Dharma schon in jungen Jahren zu üben, wenn Körper und Geist noch unverbraucht und energiegeladen sind. Besonders wichtig ist es, tantrische Praxis schon in jungen Jahren durchzuführen, wenn die psychischen Kanäle und die Energien in Körper und Geist[49] noch ganz intakt und unverbraucht sind. Im allgemeinen leiden die Menschen, wenn sie alt werden, an der Krankheit des Alters, und ihr Erinnerungsvermögen wird schwach. Aber es ist auffällig, daß der Geist jener Menschen, die in ihrer Jugend studiert und meditiert haben, im Alter unverbraucht, beweglich und aktiv ist. Führen wir in jungen Jahren bestimmte Übungen des Gottheiten-Yoga[50] und Übungen wie die Bewußtseinsübertragung[51] durch, dann werden wir uns dank der Macht der Gewohnheit diese Übungen zum Zeitpunkt des Todes in Erinnerung rufen können. Zu diesem Zeitpunkt werden wir unseren Geist auf diese Übungen konzentrieren können. Geht es Ihnen also darum, auf dem vollständigen Weg[52] zu meditieren, sollten Sie damit schon in jungen Jahren anfangen. Als großer Übender werden Sie den Tod willkommen heißen, als mittelmäßiger Übender werden sie den Tod nicht fürchten, und selbst als unterdurchschnittlicher Übender werden Sie zum Zeitpunkt des Todes nichts zu bereuen haben.

Zunächst einmal läutern wir unsere unheilvollen Handlungen, indem wir sie offen eingestehen. Vor den Buddhas und Bodhisattvas der zehn Richtungen[53] gestehen wir, in diesem und anderen Leben im Existenzkreislauf kreisend, seit anfangsloser Zeit aufgrund unserer Unwissenheit negative Handlungen begangen und andere dazu angestiftet zu haben. Wir erkennen sie als Fehler, bekennen und bereuen sie.

Weshalb bekennen wir unsere unheilvollen Handlungen? Weil wir sonst aller Wahrscheinlichkeit noch vom Tod überrascht werden, bevor wir die Chance haben, dies zu tun. Daher bitten wir die Zufluchtsobjekte[54] um Schutz und Hilfe, damit wir uns von den Folgen unserer unheilvollen Handlungen freimachen können. Wir müssen sie rasch bekennen und sie rasch läutern, denn der Tod ist unvorhersagbar. Der Tod wartet nicht ab: Er sieht nicht erst nach, ob wir das, was wir vorhatten, auch zu Ende gebracht haben. Der Tod hält sich nie zurück: Er läßt keinen länger leben, weil der oder die Betreffende nicht genügend heilsame Handlungen angesammelt hat. Es ist gleichgültig, ob wir krank oder gesund sind; der Tod wartet nie. Der Tod kann unser Leben dahinraffen, ohne daß wir vorbereitet sind.

Das Leben ist flüchtig und unzuverlässig. Wir müssen unsere Verwandten und unsere Besitztümer zurücklassen. Uns dessen nicht bewußt, haben wir im Umgang mit denen, die uns nahestehen, und mit denen, die uns weniger nahestehen, körperlich, verbal und geistig negative Handlungen angesammelt. Ob die Betreffenden nun freundlich oder unfreundlich sind – auch sie werden bald verschwinden. Auch unser sogenannter Feind wird sterben und unsere sogenannten Freunde ebenso. Das ist sicher. Und vor allem werden wir, die wir eine Vielzahl positiver und negativer Handlungen im Umgang mit solchen Freunden und Feinden angesammelt haben, ebenfalls verschwinden. Unsere Freunde und Verwandten, unsere Feinde und unser Reichtum – alles ist flüchtig, vergänglich und wird schließlich verschwinden. Der Tag wird kommen, an dem wir sie nicht mehr werden sehen oder hören können. Wenn wir dann an sie denken, werden sie bloße Erinnerung sein. Wir werden das Gefühl haben, als wären all diese Dinge in einem Traum geschehen. Alle bedingten Phänomene[55], die ganze Umwelt und alles, dessen Sie sich erfreut haben – es wird samt und sonders bloß eine blasse Erinnerung sein.

Doch die unheilvollen Handlungen, die wir angesammelt haben, werden zurückbleiben. Obwohl viele von unseren Freunden und Feinden gestorben sind, werden die negativen Handlungen, die wir im Umgang mit ihnen angesammelt haben, immer in unserem Geist fortbestehen, falls wir keine Gegenmittel anwenden, um sie zu läutern und zu beseitigen. Die störenden Emotionen und die durch sie verursachten negativen Handlungen werden ungemindert und frisch in unserem Geist bleiben, bis wir sie läutern.

Weil wir nie unsere wesensmäßige Vergänglichkeit begriffen haben, haben wir nie eingesehen, daß wir nur kurze Zeit leben werden. Aufgrund dieses Mangels an Erkenntnis, aus Unwissenheit, Anhaftung und Haß haben wir uns auf vielerlei unheilvolle Handlungen eingelassen. Wir haben neutralen empfindenden Wesen gegenüber Gleichgültigkeit gezeigt, Freunden gegenüber Anhaftung und unseren Feinden gegenüber Wut, Eifersucht und Haß. Wir haben lange Zeit negative Handlungen wie die eben genannten angesammelt. Unterdessen verebbt unser Leben und geht zu Ende. Der Tag wird nicht warten, die Nacht wird nicht warten. Minute um Minute, Sekunde um Sekunde wird die Zeit aufgebraucht und verebbt unser Leben. Unser Leben nähert sich beständig seinem Ende.

Am Lebensende besteht die einzige Zuflucht in dem Verdienst, das Sie angesammelt haben. Haben Sie sich ethisch untadelig verhalten, sich in den zehn heilsamen Qualitäten geübt und in gewissem Umfang echtes Mitgefühl entwickelt, dann verfügt Ihr Geist möglicherweise über die Kraft einer heilsamen Qualität. Einzig und allein diese heilsame Qualität wird Ihnen helfen. Niemand sonst kann Ihnen helfen, und es wird niemand dasein, an den Sie sich um Hilfe wenden können. Aber weil Ihnen ja Ihr Geist nicht verborgen ist, stellen Sie möglicherweise fest, daß Sie keine von diesen heilsamen Qualitäten angesammelt haben. Sie werden jammern: »Nicht gewissenhaft, unbedacht, auf einen so erschreckenden Zustand wie diesen nicht gefaßt, und immer wieder angezogen und getäuscht von flüchtigen Vergnügungen, habe ich um dieses flüchtigen, vergänglichen Lebens willen unzählige negative Handlungen begangen. Ich habe mein Leben sinnlos vertan.«

Die eigentliche Zuflucht ist der Dharma. Wir nehmen Zuflucht zu den Buddhas und Bodhisattvas, aber, wie es in den Schriften heißt, die Buddhas waschen empfindende Wesen nicht von ihren negativen Handlungen rein. Die Buddhas können nicht mit ihren Händen den empfindenden Wesen das Leid abnehmen. Sie können nicht ihre Verwirklichung auf den Geist anderer empfindender Wesen übertragen. Einzig und allein dadurch, daß ihnen die wahre Wirklichkeit gezeigt wird, werden empfindende Wesen befreit. Daher nehmen wir Zuflucht zum eigentlichen Beschützer, und das ist der Dharma. Wir sagen: »In der Vergangenheit habe ich deine Weisungen übertreten. Da ich jetzt erkannt habe, was man fürchten muß, nehme ich Zuflucht zu dir. Bitte, beschwichtige rasch meine Befürchtungen.«

Daher müssen wir uns auf die Praxis des Dharma verlassen. Schon wenn wir an einer gewöhnlichen Krankheit leiden, müssen wir die Anweisungen des Arztes beachten. Nun leiden wir ja an Hunderten von störenden Emotionen – Anhaftung usw. – wozu muß man da noch von der Zufluchtnahme zum Dharma sprechen, den Weisungen des Buddha, der einem Arzt gleicht? Es gibt keine Medizin zur Heilung der störenden Emotionen; das einzige Gegenmittel ist die Weisung und Lehre des Buddha. Nichts sonst kann die störenden Emotionen von Grund auf entfernen.

In diesem Jahrhundert wurden im Verlauf des Ersten und des Zweiten Weltkriegs viele Menschen getötet. Es gab die Massenexekution der Juden durch die Nazis, die Ausrottung von Millionen Menschen unter Stalin. Ebenso starben Millionen unter Maos Regime. Der Tod all dieser Menschen war auf die störenden Emotionen im Geist desjenigen zurückzuführen, der die Tötung anordnete. Wenn wir nicht wissen, wie wir unsere störenden Emotionen durch das Anwenden von Gegenmitteln zügeln können, gehen die störenden Emotionen ihren eigenen Weg. Die Folge kann unglaubliche Zerstörung sein. Daher ist die Aussage durchaus richtig, daß schon *eine* derartige störende Emotion sämtliche Menschen auf der Welt zugrunde richten kann. Sämtliche Schwierigkeiten, all das Leid und Unbehagen, die wir in dieser Welt durchmachen, sind auf störende Emotionen zurückzuführen.

Alle vorzüglichen Eigenschaften, alles Glück, ergeben sich aus jener Gesinnung, die anderen Menschen zu nützen wünscht. Ob bei einer positiven weltlichen Errungenschaft oder einer spirituellen Errungenschaft – alle guten Eigenschaften kommen durch eine Gesinnung zustande, in der man den Wunsch hat, anderen empfindenden Wesen zu nützen. Ob wir nun eine spezielle religiöse Praxis akzeptieren oder nicht – wir alle müssen uns bemühen, warmherzig zu sein. Wenn wir das fertigbringen, werden wir alle Frieden und Glück erfahren. Fühlen wir uns nicht besser, wenn uns jemand mit einem Lächeln grüßt? Und fühlen wir uns nicht miserabel, wenn uns jemand mit finsterer Miene anknurrt? Wir sind soziale Lebewesen; wir leben in einer Gesellschaft, in der die wahre Basis unserer Existenz Zusammenarbeit und wechselseitige Abhängigkeit ist. Zusammenarbeit beruht darauf, daß die Beteiligten einander in einer Einstellung liebevoller Güte begegnen. Haben wir diese Haltung, dann werden in unserer Familie, in unserer Nachbarschaft und in der ganzen Gesellschaft Frieden und Glück herrschen. Wenn wir statt dessen dauernd gegeneinander intrigieren, Groll gegeneinander hegen, verfügen wir vielleicht über viele materielle Annehmlichkeiten, aber Glück wird uns keines zuteil werden.

Unter totalitären Regierungsformen gibt es Spitzel, mit dem Auftrag, jede Aktivität innerhalb der Gemeinschaft, ja innerhalb der Familie auszukundschaften. Infolgedessen verlieren die Menschen das Vertrauen zueinander und bleiben ständig mißtrauisch und voller Argwohn. Wie können wir noch hoffen, Glück zu erlangen, wenn wir einmal ein elementares Gefühl des Vertrauens zueinander und des aufrichtigen Verständnisses füreinander verloren haben? Wir werden dann vielmehr in einer von Angst und Argwohn zerrütteten Gesellschaft leben, wie eine Krähe, die sogar vor ihrem eigenen Schatten Angst hat.

Daher ist eine Gesinnung, die anderen Menschen und anderen empfindenden Wesen nützen will, die wahre Grundlage für Frieden und Glück. Heute gibt es in vielen zivilisierten Ländern ein gewisses Maß an materiellem und technischem Fortschritt. Aber aus Mangel an innerem Frieden und Mitgefühl sind diese Länder weiterhin mit einer Vielzahl von Problemen konfrontiert. Es ist ein großer Fehler zu glauben, daß nur Geld Genugtuung und Zufriedenheit bringen kann. Altruismus, eine Gesinnung, die anderen empfindenden Wesen nützen will, spielt dabei zweifellos eine wichtige Rolle.

Infolge der technischen Entwicklungen übersteigt das Zerstörungspotential moderner Kriegsführung unsere Vorstellungskraft. Selbstverständlich heißt es, wir müßten Krieg führen, um Frieden zu schaffen. Aber wie können wir auf der Grundlage von Krieg, Wut und Einschüchterung dauerhaften Frieden und beständiges Glück zustande bringen? Wirkliche Zusammenarbeit, wirklich dauerhaften Frieden und wirklich beständiges Glück kann man nur auf der Grundlage von Mitgefühl und Herzensgüte herbeiführen. Wenn ich im Ausland unterwegs bin und mit verschiedenen Menschen rede, betone ich stets, wie wichtig eine gute Gesinnung ist, eine Gesinnung, die den anderen nützen will. Die buddhistischen Schriften betonen die Entwicklung von Altruismus. Es ist eine außergewöhnliche Art von Altruismus, bei dem es vor allem die Gesinnung zu entwickeln gilt, um aller leidenden Wesen willen Buddhaschaft zu erlangen.

Damit man Altruismus und den Erleuchtungsgeist entwikkeln kann, ist Meditation unerläßlich. Für eine erfolgreiche Meditation ist es wichtig zu wissen, welche Vorbereitungen man treffen sollte. Zunächst sorgen wir für eine bequeme Sitzgelegenheit und stellen einen Altar auf. Dann setzen wir uns hin, achten dabei auf die richtige Haltung und sinnen über die vier unermeßlichen Wünsche[56] nach: Liebe – der Wunsch, daß den empfindenden Wesen Glück zuteil werden möge; Mitgefühl – der Wunsch, daß sie frei von Leid sein mögen; Freude daran, daß sie für immer in Glückseligkeit verweilen; und Gleichmut, der frei ist von Anhaftung und Abneigung. Wir visualisieren das Verdienstfeld[57] und opfern ein Mandala[58], das das gesamte Universum repräsentiert. Dann sprechen wir Bittgebete und empfangen Segnungen.

Solche vorbereitenden Übungen sind ein wichtiger Bestandteil jeder Meditation. Zuerst müssen wir den Platz, an dem wir praktizieren wollen, sauber und bequem herrichten. Gleichzeitig müssen wir uns vorsehen, nicht die acht weltlichen Belange in uns aufkommen zu lassen: Gewinn und Verlust, Vergnügen und Schmerz, Lob und Tadel, Ruhm und schlechter Ruf. Wenn wir den Altar herrichten und Bilder oder Statuen aufstellen, sollten wir den Bildnissen von Buddhas und Bodhisattvas grundsätzlich Respekt erweisen, ohne Rücksicht darauf, wie schön oder kunstvoll sie sind oder aus welchem Material sie bestehen.

Der Buddha hält keine Waffen in den Händen; er ist bloß ein mitfühlender Mensch. Eine der Schriften über Logik veranschaulicht das allumfassende Mitgefühl des Buddha. Sie beschreibt zwei Menschen: Der eine sitzt zu seiner Rechten, der andere zu seiner Linken; der eine erweist ihm Respekt und reibt ihn mit Sandelholzöl ein; der andere schneidet ihm mit einem scharfen Messer das Fleisch heraus. Doch der Buddha macht zwischen den beiden keinen Unterschied. Er hat keine speziellen Freunde, um die er sich kümmern muß, und keine speziellen Feinde, die es zu beseitigen gilt. Der Buddha zähmte unmittelbar vor seiner Erleuchtung das Heer negativer Kräfte, ohne scharfe Waffen oder Geschosse einzusetzen. Seine einzigen Werkzeuge waren Mitgefühl und Liebe. Bei dem Gedanken daran muß ich die erstaunlichen Qualitäten des Buddha einfach preisen.

Wenn wir den Altar herrichten, sollten wir die Bildnisse in der richtigen Anordnung aufstellen – jedes an seinem Platz, mit den jeweiligen Opferungsgegenständen davor. Die Opfergaben sollten makellos sein, und wir sollten sie auf redliche Weise erworben haben. Keine dieser Gaben sollten wir lediglich als materielles Gut ansehen, als bloße Ware, mit der man Geschäfte macht. Es ist zum Beispiel tadelnswert, Schriften, Statuen oder Stupas[59] bloß deswegen zu verkaufen, um sich den Bauch vollzuschlagen. Andererseits ist es akzeptabel, bestimmte seltene Schriften kommerziell zu vertreiben und den anfallenden Erlös für die weitere Veröffentlichung zu verwenden. Wie ich erfahren habe, gibt es jetzt in Tibet einen, vielfach von Schmugglern betriebenen, Handel mit Bildnissen und anderen Dingen. Darüber bin ich sehr traurig.

Damit sie uns helfen, den juwelengleichen Erleuchtungsgeist zu entwickeln, bringen wir den Buddhas, dem Dharma und der Gemeinschaft der Bodhisattvas, die unzählige ozeangleiche Qualitäten besitzen, Opfer dar. Wir bringen ihnen mit Körper, Rede und Geist Opfer dar. Weil unsere eigenen Besitztümer in Umfang und Qualität begrenzt sind, können wir visualisieren, daß wir eine Fülle von Blumen, Früchten, heilkräftigen Substanzen und kostbaren Juwelen als Opfergaben darbringen. Wir können uns all jene Dinge auf der Welt vorstellen, die keinen Besitzer haben: reines, frisches Wasser, Berge, Wälder, friedvolle abgeschiedene Orte, Weihrauchwolken, Pflanzen voller schöner Blüten, mit Früchten beladene Bäume, wildwachsendes Getreide, Ozeane, von Lotosblüten bedeckte Teiche, lieblich singende Vögel. Wir bitten die Buddhas, den Dharma und die spirituelle Gemeinschaft, unsere Opfergabe anzunehmen und sich uns aus Mitgefühl fürsorglich zuzuwenden. Wir huldigen Orten, die man gedanklich mit dem Erleuchtungsgeist verbindet, Reliquienschreinen, die Schriften enthalten, und so fort. Mit Worten huldigen wir, indem wir Gebete und Lobpreisungen rezitieren – nicht aus Angst oder um Schmeicheleien zu äußern, sondern beflügelt von inniger, auf Vertrauen und Bewunderung beruhender Ehrerbietung.

Körperliche Huldigung bedeutet, daß wir uns vor den Zufluchtsobjekten verneigen. Wir bringen die fünf Gliedmaßen unseres Körpers mit dem Boden in Berührung: beide Knie, beide Handflächen und unsere Stirn. Wir müssen den Boden mit der gesamten Handfläche berühren, nicht bloß mit der Faust. Ebenso eindeutig sollte die Stirn den Boden berühren. Auf diese Weise machen wir eine halbe Niederwerfung. Um eine volle Niederwerfung zu machen, lassen wir den ganzen Körper auf den Boden hinuntergleiten wie einen gefällten Baum. Wir sollten unsere Arme ausstrecken und mit beiden Händen voll den Boden berühren. Unsere Arme und Beine sollten nicht abgespreizt sein wie die Gliedmaßen eines Froschs. Weil es heißt, daß das durch Niederwerfung gewonnene Verdienst von der Menge der mit dem Körper bedeckten Bodenfläche abhängt, prahlte ein berühmter Lama aus Chamdo, der von riesenhaften Wuchs war, gerne damit, sein großer Körper bringe einen riesigen Vorrat an Verdienst ein. Wir sollten uns daher so weit und vollständig ausstrecken wie nur irgend möglich. Wenn wir uns bei der vollen Niederwerfung der Länge nach flach auf dem Boden legen, ist das kein Anlaß auszuruhen. Wir müssen rasch wieder aufstehen.

Wir falten die Hände zusammen und lassen dabei einen Zwischenraum zwischen ihnen, als hielten wir ein Juwel. Dieser leere Raum zwischen unseren Händen symbolisiert Leerheit und die Möglichkeit, den Wahrheitskörper[60] des Buddha zu erlangen. Selbstverständlich bedeutet Leerheit nicht völliges Nichtsein. Man kann sie auch als einen Zustand umschreiben, der frei ist von jeder Art Behinderung. So symbolisieren der Hohlraum zwischen den Händen und die von den Händen gebildete Form die beiden Körper des Buddha: der Hohlraum den Wahrheitskörper und die Form den Formkörper.[61]

Mit unseren so gefalteten Händen berühren wir die Stirn,

die unsere körperlichen Handlungen repräsentiert, die Kehle, den Ort unserer Rede, und das Herz. Das Bewußtsein mag überall seinen Sitz haben, aber wenn wir uns mit den gefalteten Händen auf Höhe des Herzens, des Körperzentrums, berühren, verweisen wir auf den Ort der unzerstörbaren Energie, an dem der primordiale Geist[62] seinen Sitz hat. Nachdem wir diese drei Stellen des Körpers berührt haben, verneigen wir uns und berühren den Boden.

Wenn Sie als nächstes den Buddhas und Bodhisattvas Schalen mit Wasser opfern, sollten Sie nicht zuerst eine Reihe leerer Schalen aufstellen. Nehmen Sie sie alle auf einmal zur Hand, in einem Stapel, und füllen Sie die oberste Tasse mit Wasser. Gießen Sie dann aus dieser, während Sie sie vom Stapel nehmen, das Wasser in die nächste Schale, und lassen Sie in der ersten ein bißchen Wasser übrig. So stellen Sie sie auf den Altar. Mit der zweiten und dritten Schale machen Sie das gleiche, und so fort. Jede Schale enthält dann ein wenig Wasser, wenn sie auf den Altar gestellt wird. Gießen Sie beim Füllen der Schalen das Wasser vorsichtig und respektvoll ein. Sonst spritzt das Wasser überallhin, und das ist nicht respektvoll. Wenn Sie beispielsweise Ihren Gästen Tee servieren, verspritzen Sie ihn nicht über den ganzen Tisch. Wenn wir diese Opferungen darbringen, opfern wir höheren, verwirklichten Wesen. Die Art, wie wir das Wasser eingießen, gleicht nach traditioneller Beschreibung der Form eines Gerstenkorns: dünn und sacht am Anfang, dick und stetig in der Mitte und wieder spitz zulaufend, auslaufend am Ende. Wir sollten auch eine saubere Lampe herrichten. Ein liebenswürdiger alter Lama erklärte mir: Wenn er einen sehr dicken Docht verwende, sei die Butter oder das Öl in der Lampe bald aufgebraucht und erzeuge starken Qualm. Wenn wir eine Butterlampe brennen lassen, sollte sie tadellos und sauber aussehen.

Wenn wir eine unheilvolle Handlung begehen, müssen wir Reue empfinden. Milarepa[63] sagte: »Möchtest du wissen, wie man unheilvolle Handlungen läutert? Du mußt Reue empfinden.« Wir müssen einen starken Drang entwickeln, beherrscht zu sein. Das bedeutet, wir fassen den Entschluß, unsere Fehler in Zukunft nicht mehr zu wiederholen. Dabei rezitieren wir bestimmte Mantras, insbesondere das Hundertsilben-Mantra[64], und Bekenntnisgebete, umschreiten einen Tempel und führen Niederwerfungen aus – wirkungsvolle Gegenmittel, durch die wir negative Handlungen läutern können. Ebenso können wir mit dem Wunsch, negative Handlungen zu läutern, über Leerheit meditieren.

Der nächste Schritt besteht in aufrichtiger Freude. Sich aufrichtig freuen bedeutet, angesichts der von anderen Dharma-Schülern vollbrachten heilsamen Handlungen keinen Neid oder Groll zu empfinden. Wenn wir vielmehr die gute Praxis anderer Menschen rückhaltlos bewundern, werden wir großes Verdienst ansammeln können. Wenn wir sehen, daß jemand die Ursachen ansammelt, die zu einer Wiedergeburt unter günstigen Umständen führen, oder jemanden sehen, der solch einen Status erreicht hat, ist das ein Grund zu aufrichtiger Freude. Ebenso sollten wir uns aufrichtig über die Ansammlung von Verdienst freuen, einer Ursache für spätere Erleuchtung. Wir sollten uns aufrichtig darüber freuen, daß empfindende Wesen aus den Leiden des Existenzkreislaufs befreit werden, indem sie sich in den drei Schulungen[65] üben. Wir sollten uns aufrichtig über die Ursachen für das Erlangen der Buddhaschaft, die zehn Bodhisattva-Stufen[66], und den daraus resultierenden Zustand von Buddhaschaft freuen. Ebenso ist das Entwickeln des Erleuchtungsgeistes, der Gesinnung, die anderen empfindenden Wesen nützen will, die Quelle eines Ozeans von heilsamen Kräften und Qualitäten, die allen empfindenden Wesen Frieden und Glück bringen, eine Quelle großer Freude.

Als nächstes bitten wir die Buddhas darum, das Rad der Lehre zu drehen.[67] Mit gefalteten Händen, körperlicher Ausdruck demütigen Flehens, wenden wir uns bittend an alle Buddhas der zehn Richtungen. Der Geist der empfindenden Wesen wird durch Unwissenheit und Leid verdunkelt. Um diese unglückselige Dunkelheit zu vertreiben, bitten wir die Buddhas, die Leuchte des Dharma anzuzünden. Danach ersuchen wir die Buddhas, nicht in endgültiges Nirvana fortzugehen. Wir bitten sie, die empfindenden Wesen nicht im Stich zu lassen, sondern für unzählige Weltzeitalter in dieser Welt zu bleiben, um die leidenden Wesen im Dharma zu unterweisen.

Abschließend folgt die Widmung. Nachdem wir all diese heilsamen Aktivitäten ausgeführt haben, widmen wir sie, indem wir uns wünschen, daß sie unzählige empfindende Wesen von ihren Leiden zu befreien helfen: Mögen wir, bis jeder Kranke geheilt ist, für die Betreffenden Arznei, Arzt oder Ärztin und Krankenpfleger oder Krankenschwester sein. Mögen wir, um in Zeiten großen Hungers Hunger und Durst zu beseitigen, Speise und Trank werden. Mögen wir, um die Armut empfindender Wesen zu beseitigen, ein unerschöpflicher Schatz werden. Mögen wir vor ihnen in Form zahlloser Gegenstände vorhanden sein, die sie voll und ganz zufriedenstellen. Ebenso opfern wir aus tiefstem Herzen unseren materiellen Körper, unsere Besitztümer und unsere heilsamen Aktivitäten und Qualitäten, die wir in der Vergangenheit und Gegenwart angesammelt haben und künftig noch ansammeln werden, um damit den Zielsetzungen zahlloser empfindender Wesen zu dienen.

Solche Opferungen sind sehr wichtig. Wenn wir nämlich alles aufgeben und daraus Opfergaben machen, wird unser

Geist über das Leid hinausgelangen können. Auch wenn wir uns an unsere Besitztümer und materiellen Vergünstigungen klammern und nicht gewillt sind, sie aufzugeben, werden wir sie früher oder später loslassen müssen. Daher ist es besser, sie den empfindenden Wesen darzubringen, solange wir das noch können. Das wird uns zugute kommen, denn wir werden dies dann noch zahllose künftige Leben lang tun können. Machen Sie daher die Widmung von ganzem Herzen: Opfern Sie Ihren materiellen Körper den empfindenden Wesen, damit sie ihn nutzen und sich an ihm erfreuen können, wie es ihnen beliebt.

Nach diesen vorbereitenden Übungen kann die eigentliche Meditation beginnen. Wenn Sie die Sitzfläche des Meditationssitzes hinten leicht erhöhen, wird dies Ihrer Meditation helfen. Es hilft Ihnen, den Rücken kerzengerade aufzurichten, wodurch der richtige Energiefluß in den Energiekanälen[68] unterstützt wird. Am Anfang müssen Sie Ihre Motivation überprüfen. Ist Ihre Motivation neutral, so versuchen Sie sofort, sie in einen heilsamen Geisteszustand umzuwandeln. Steht Ihr Geist unter einem negativen Einfluß, so versuchen Sie zuerst, über den ein- und ausströmenden Atem zu meditieren. Versuchen Sie auf diese Weise, Ihren negativen Geisteszustand zu beseitigen und ihn in einen neutralen Zustand umzuwandeln. Verwandeln Sie ihn dann in einen positiven Zustand. Das ist, als färbe man Tuch. Weißes Tuch kann man in jeder Farbe einfärben, aber es ist schwierig, Tuch zu färben, das bereits gefärbt wurde. Wenn der Geist von Wut oder Anhaftung überwältigt ist, wird es Ihnen sehr schwer fallen, bestimmte heilsame Übungen durchzuführen, selbst wenn Sie sich dazu zwingen. Versuchen Sie also zuerst, Ihren Geist mit Hilfe der Atemmeditation in einen neutralen Zustand zu bringen.

Rufen Sie sich während der eigentlichen Übung den Gegenstand Ihrer Meditation in Erinnerung. Zu Beginn jedes neuen Tages sollten Sie eine starke Motivation entwickeln, indem Sie denken: »Von jetzt an bis zu meinem Tode will ich mein Bestes versuchen, anderen Menschen nützlich und förderlich zu sein. Zumindest will ich ihnen nicht schaden. Ich will versuchen, mich bis zu meinem Tode so zu verhalten, und zumindest heute will ich mich genau so verhalten.« Bevor Sie dann spätabends die Augen schließen, sollten Sie sich noch einmal vergegenwärtigen, wie Sie Ihren Tag verbracht haben. Stellen Sie fest, daß Sie sich nützlich und förderlich verhalten haben, dann können Sie sich aufrichtig freuen und sich neuerlich fest vornehmen, den Rest Ihres Lebens so zu verbringen. Stellen Sie fest, daß Sie sich negativ verhalten haben, daß Sie jemanden schikaniert oder etwas Gehässiges oder Verletzendes gesagt haben, dann müssen Sie dies offen eingestehen. Besinnen Sie sich auf die Güte der Buddhas und Bodhisattvas, bekennen Sie Ihren Fehler, und nehmen Sie sich fest vor, dies nicht wieder zu tun. Das ist die richtige Art, sich im Dharma zu üben. Wenn Sie nicht darauf achten, sich in dieser Weise zu üben, sondern einfach wie gewohnt weiterleben, werden Sie keine Fortschritte machen. Wieviel Zeit Sie auch immer meditierend verbringen – Sie sollten sie mit Bedacht verbringen.

Entwickeln Sie den Gedanken, daß die empfindenden Wesen tun können, was ihnen beliebt – selbst wenn sie Sie umbringen, Sie verleumden oder ausschelten. Will jemand Ihre Schwächen ausnutzen, Sie tyrannisieren, Sie ignorieren, Sie ärgern oder Ihren Körper zum Objekt der Belustigung oder des Spotts machen, dann bringen Sie Ihren Körper dar, damit die betreffende Person ihn verwenden kann, wie es ihr beliebt. Denken Sie dann: »Weil ich diesen Körper allen empfindenden Wesen von ganzem Herzen gegeben habe, können sie ihn verwenden und sich seiner erfreuen, wie es ihnen beliebt. Ich brauche diesen Körper nicht zu beschützen. Er soll einfach alles machen oder bewirken, was anderen empfindenden Wesen keinen Schaden zufügt. Mögen empfindende Wesen, wann immer sie direkt an mir interessiert sind, sich nie entfernen müssen, ohne ihr angestrebtes Ziel erreicht zu haben. Wenn jemand mir gegenüber in Wut gerät oder sich unbehaglich fühlt, so möge selbst das zu einer Ursache dafür werden, daß die betreffende Person ihre Zielsetzung verwirklichen kann. Wenn jemand sarkastische Worte an mich richtet, mich verletzt oder mich verspottet, so möge der oder die Betreffende in jedem Fall in der Lage sein, Buddhaschaft zu erlangen.« Ob empfindende Wesen nun kritisch, sarkastisch oder spöttisch sind – sie stellen eine karmische Verbindung mit uns her. Daher wünschen wir, diese karmische Verbindung möge eine Ursache dafür werden, daß sie Erleuchtung erlangen.

Im Moment sind wir bloß gewöhnliche Menschen, aber wir wünschen uns inständig und von ganzem Herzen, um der empfindenden Wesen willen Buddhaschaft zu erlangen, indem wir immer wieder den Erleuchtungsgeist entwickeln, uns verpflichten und entschlossen sind. Daher sagt der Bodhisattva:[69] »Möge ich für alle Zeiten, vorübergehend und endgültig, jenen ein Beschützer sein, die schutzlos sind. Möge ich jenen ein Führer sein, die von ihrem Weg abgekommen sind, möge ich jenen als Schiff dienen, die gewaltige Ozeane überqueren wollen. Möge ich jenen eine Brücke sein, die Flüsse überqueren wollen. Möge ich jenen eine Insel sein, die auf See in Bedrängnis oder Gefahr sind. Möge ich jenen Licht spenden, die Licht brauchen. Möge ich jenen eine Wohnstätte sein, die Obdach suchen. Möge ich jenen ein Diener sein, die einen brauchen. Mit anderen Worten: Möge ich alles sein, dessen die empfindenden Wesen bedürfen, in welcher Erscheinungsform auch immer – ein kostbares wunscherfüllendes Juwel, eine wunscherfüllende Vase, wirksame Mantras, Arzneien, ein wunscherfüllender Himmelsbaum, die wunscherfüllende Kuh.[70] Möge ich für unzählige empfindende Wesen, geradeso wie die großen Elemente Erde, Wasser, Feuer und Luft und der für sie grundlegende Raum[71], ein Gegenstand sein, dessen sie sich erfreuen. Möge ich die Basis für das Überleben aller empfindenden Wesen sein.«

Wenn Sie fähig sind, eine solche Geisteshaltung zu entwickeln, gibt es für Sie nichts, woran Sie hängen oder krampfhaft festhalten müßten. Sie geben Ihrer ichbezogenen Einstellung keine Chance, sich zu entfalten. Sie kommen zu der Entscheidung, daß Ihr einzig angestrebtes Ziel darin besteht, die Bedürfnisse unzähliger Leid empfindender Wesen zu befriedigen. Sie wünschen sich inständig, daß Sie fähig sein mögen, allen empfindenden Wesen zu dienen – ganz in dem Sinne, wie die großen Elemente allzeit zum Gebrauch und Dienst empfindender Wesen vorhanden waren und sind.

Der Bodhisattva wünscht außerdem: »Mögen die empfindenden Wesen sich an meinem Körper, meiner Rede und meinem Geist erfreuen. Und möge ich sämtliche Leidenserfahrungen der empfindenden Wesen auf mich nehmen, die verwerflichen Taten, die dazu geführt, und die störenden Emotionen, die diese verwerflichen Taten motiviert haben, und mögen die empfindenden Wesen all meine angenehmen Erfahrungen und heilsamen Eigenschaften erfahren.« Der Bodhisattva schließt: »Möge ich so lange leben, wie der Raum Bestand hat, und möge ich fähig sein, die unzähligen Leiden der empfindenden Wesen zu beseitigen.«

Eine solche innere Entschlossenheit ist unbegreiflich und wunderbar, aber das heißt nicht, daß wir sie nicht entwickeln können. Durch wiederholte Übung können auch wir solch eine Gesinnung entwickeln. Unser derzeitiger grober und unwissender Geist kann, wenn er geschult und gezähmt wird, nach und nach in den Erleuchtungsgeist umgewandelt werden. »Möge ich daher in jeglicher Weise und zu jeder Zeit eine Quelle des Lebensunterhalts und der Freude für alle empfindenden Wesen sein, deren Anzahl so grenzenlos ist wie der Raum. Und möge ich ihnen dienlich sein können, bis sie über das Leid hinausgelangen, bis sie Nirvana erreichen.« Eine derartige Unterweisung stärkt wirklich Ihre Entschlossenheit.

Hier sehen wir uns als anderen Wesen unterlegen an. Winzige Insekten mögen unbeholfen sein, sie mögen schwach sein, aber sie sind nicht zerstörerisch. Sie schaden anderen Wesen nicht, sie stören nicht den Frieden anderer Wesen. Wir bezeichnen uns als menschliche Wesen und halten uns für sehr intelligent, aber wie gebrauchen wir unsere Intelligenz? Wir täuschen andere Menschen, ergreifen jede Gelegenheit, sie zu schikanieren und zu betrügen. Wenn wir uns mit anderen empfindenden Wesen vergleichen, müssen wir versuchen, ihre positiven Qualitäten zu würdigen. Und wenn wir uns selbst anschauen, sollten wir versuchen, unsere Fehler klar zu erkennen und sie zu verringern.

Der menschliche Geist ist in vieler Hinsicht flexibel. Er kann je nach Erfordernis eine positive oder negative Haltung einnehmen. Von dem einen Blickwinkel aus, nämlich immer dann, wenn Gefahr besteht, daß störende Emotionen aufkommen, sollten wir versuchen, uns als noch den winzigsten Insekten unterlegen anzusehen. Aber von einem anderen Standpunkt aus, nämlich dann, wenn es darum geht, eine größere Aufgabe zu bewältigen, wie etwa die Wünsche empfindender Wesen zu verwirklichen, sollten wir nicht verzagt sein. Dann müssen wir Tapferkeit und Entschlossenheit entwickeln. Wir müssen vortreten und sagen: »Ich allein werde die Verantwortung dafür übernehmen, zahllosen empfindenden Wesen dienlich zu sein.« So entwickeln wir den Erleuchtungsgeist. Wir visualisieren vor uns Buddhas und Bodhisattvas und fassen den Entschluß, für alle empfindenden Wesen eine Quelle des Friedens, Glücks, der Freude und des Lebensunterhalts zu werden.

Nachdem wir nun solch einen Erleuchtungsgeist erhalten haben, sollten wir uns aufrichtig freuen. Wir haben unserem Leben einen Sinn gegeben und es fruchtbar gemacht, denn das Entwickeln des Erleuchtungsgeistes legt den Grundstock zur Buddhaschaft. Einerseits sind wir mit diesem wundervollen Leben als freier und von Glück begünstigter Mensch ausgestattet, und andererseits wurden wir heute in die Familie und Nachkommenschaft des Buddha hineingeboren. Weil wir den Erleuchtungsgeist erzeugt haben, sind wir Kinder des Buddha geworden. Diese Bezeichnung kann sich manchmal ausschließlich auf jene beziehen, die den Erleuchtungsgeist tatsächlich entwickelt haben.[72] Wir können zumindest einen Anflug von Erleuchtungsgeist entwickeln. Wir bewegen uns auf ihn zu, und das ist ein Grund zu aufrichtiger Freude.

Wenn Sie mit solch einer Schulung anfangen, sollten Sie dies bereitwillig, aus eigenem Antrieb und mit großer Freude tun. Wäre es einer blinden Person auf irgendeine Weise möglich, ein seltenes und kostbares Juwel in einem Haufen Abfall zu finden, dann würde sie es hochachten und sicher verwahren. Ebenso leiden wir zwar an störenden Emotionen und so fort, haben aber doch aufgrund der Lehren des Großen Fahrzeugs und der Güte unserer Lehrer eine gewisse Aufgeschlossenheit für den Erleuchtungsgeist erlangt. Und deswegen haben wir heute den Erleuchtungsgeist entwickeln können. Diese kostbare Gesinnung ist das höchste Elixier zur Überwindung des Todes, denn sie führt zur Buddhaschaft.

Haben Sie, fürs erste, lediglich die Gesinnung, anderen empfindenden Wesen nützen zu wollen, dann werden Sie mehr Mut haben, Sie werden innerlich entspannter sein, und die Elemente Ihres Körpers werden mehr im Gleichgewicht sein. Nehmen Sie Medizin ein, dann werden Sie diese besser vertragen. Schon eine kleine Menge Altruismus ist wie das höchste Elixier, das den Tod und seine Ursachen überwindet. Der Erleuchtungsgeist ist auch wie ein unerschöpflicher Schatz, der die Armut der empfindenden Wesen beseitigt. Fürs erste behebt er Armut, wenn man sich im Existenzkreislauf befindet. Letztendlich sind sämtliche vorzüglichen Qualitäten innerhalb des Existenzkreislaufs, der Zustand der Befreiung und die Buddhaschaft auf den Erleuchtungsgeist zurückzuführen. Er ist auch wie eine höchste Medizin, die die Krankheit empfindender Wesen heilt. Er ist wie ein wunscherfüllender Baum, in dessen Schatten sich die umherirrenden Wesen ausruhen und entspannen können. Er ist wie eine Brücke, über die empfindende Wesen zur Befreiung aus ihren negativen Existenzzuständen schreiten können.

Das Entwickeln des Erleuchtungsgeistes ist wie der Mondschein, der die Finsternis störender Emotionen vertreibt. Es ist wie die helle Sonne, die die düstere Unwissenheit der empfindenden Wesen beseitigt. Es ist wie die Butter, die man gewinnt, indem man die Milch des Dharma buttert. Empfindende Wesen sind wie Reisende, die endlos auf den Wegen des Existenzkreislaufs umherirren. Diese Gesinnung, in der man den anderen empfindenden Wesen zu nützen wünscht, ist gleichsam die wahre Nahrung dieser umherirrenden Wesen. Wir alle, die wir im Existenzkreislauf umherirren, sind gleich. Der einzige Unterschied besteht darin, daß wir heute, aufgrund unseres Verdienstes, aufgrund der Güte unserer Lehrer und weil wir auf die Lehren des Buddha gestoßen sind, in Anwesenheit der Buddhas und Bodhisattvas diesen Erleuchtungsgeist entwickeln können.

4. KAPITEL

Achtsam leben

Ich habe festgestellt, daß wir durch das Entwickeln des Erleuchtungsgeistes an die Quelle allen Glücks gelangen. Auf diese Weise verwirklichen wir unser eigenes Ziel und die Ziele der anderen empfindenden Wesen. Wie könnten wir diesen Weg aufgeben?

Jene unter uns, die der Lebensweise eines Bodhisattva zu folgen versuchen, haben die große Verantwortung übernommen, für das letztendliche Wohl aller Wesen im Universum zu sorgen. Es ist wichtig, daß wir die verschiedenen Bodhisattvaregeln studieren. Sie legen in Umrissen dar, wie wir uns schulen sollten, und geben einen Überblick über die vielfältigen Fehler, die es zu vermeiden gilt. Sich auf diese Übungen zu besinnen reicht allerdings nicht aus. Wir sollten sicherstellen, daß wir uns auch tatsächlich im Leben weder auf körperlicher noch auf verbaler oder geistiger Ebene negativ verhalten. Wir müssen allem unrechten Handeln entsagen. Wir sollten uns darin bis zu dem Grad üben, daß wir sogar im Traum noch achtsam sind. Wenn wir dazu fähig sind, können wir unseren Erleuchtungsgeist unvermindert aufrechterhalten.

Hindern Sie auch nur einen Augenblick lang andere empfindende Wesen daran, Verdienst anzusammeln, behindern Sie auch nur einen Augenblick lang das Entwickeln des Erleuchtungsgeistes, dann behindern Sie den Bodhisattva, der die Zielsetzung zahlloser empfindender Wesen verwirklicht. Infolgedessen werden Sie in der Zukunft unzählige Leben in ungünstigen Existenzzuständen verbringen müssen. Wenn

Sie Ihre Aussicht auf eine Wiedergeburt unter günstigen Umständen einbüßen, indem Sie den Frieden und das Glück eines einzigen empfindenden Wesens zerstören, welche Konsequenzen wird dann erst die Zerstörung des Friedens und Glücks der empfindenden Wesen haben, deren Anzahl der Ausdehnung des Weltraums gleichkommt? Wenn Sie also manchmal einen kraftvollen Erleuchtungsgeist entwickeln, aber manchmal auch schwere Verstöße begehen, wenn Sie manchmal Ihren Geist verkümmern lassen und dann wieder den Erleuchtungsgeist stärken und entfalten, wenn Sie beides in Ihrem täglichen Leben vermischen, werden Sie lange Zeit brauchen, um die höheren Stufen spiritueller Entwicklung zu erreichen. Daher müssen Sie voll Zuversicht und Mut eine starke Verpflichtung eingehen und den Übungen eines Bodhisattva wirklich nachkommen.

Sie müssen darüber reflektieren, daß Sie von einer ungünstigen Geburt in die nächste geraten werden, wenn Sie sich bei Ausübung der Bodhisattva-Praxis keine ernstliche Mühe geben. Fallen Sie aufgrund von störenden Emotionen und negativen Einstellungen in einen ungünstigen Existenzzustand, werden Ihnen die Buddhas nicht helfen können. Zahllose mitfühlende Buddhas sind erschienen und haben zum Nutzen der empfindenden Wesen gewirkt. Aber Ihnen wurde aufgrund Ihrer Verfehlungen ihre Fürsorge nicht zuteil. Wenn Sie unachtsam bleiben und zulassen, daß Ihr Geist von störenden Emotionen überschwemmt wird, werden Sie immer wieder in ungünstige Existenzzustände fallen, in denen Ihnen sogar die Buddhas nicht werden helfen können. Selbst wenn Sie sich aus ungünstigen Existenzzuständen befreien, werden Sie für Krankheit, Verletzung und andere Beeinträchtigungen anfällig sein. Daher ist es wichtig, daß Sie sich mit vollem Einsatz bemühen, innere Qualitäten anzusammeln und unheilvolle Handlungen einzustellen.

Heute verfügen wir über eine kostbare Gelegenheit. Wir sind Menschen, die Lehre des Buddha ist vorhanden, wir haben Vertrauen und die Gelegenheit, innere Qualitäten zu entwickeln. Solche Umstände sind selten. Möglicherweise sind wir im Moment gesund. Möglicherweise besitzen wir materielle Güter im Überfluß, und möglicherweise geschieht uns kein Leid. Aber das Leben ist seiner Natur nach trügerisch; es schwindet jeden Augenblick dahin. Unser physischer Körper ist wie etwas, das wir uns geborgt haben. Gegenwärtig sind wir ganz von störenden Emotionen in Anspruch genommen und lassen uns auf negative Handlungen ein. Dadurch werden wir zweifellos in Zukunft nicht einmal ein Leben als Mensch erlangen können. Und wenn wir kein menschliches Leben erhalten, sondern in einen ungünstigen Existenzzustand fallen, werden wir weiterhin nur negative Handlungen ansammeln. Wir werden unfähig sein, etwas Heilsames zu tun. Hin und wieder haben wir möglicherweise eine Chance, etwas Positives zu tun, aber wir werden uns dazu besonders anstrengen müssen. Sonst werden wir in noch ungünstigere Existenzzustände fallen. Wir werden großes Leid durchmachen, und unser Geist wird verwirrt sein und tief befangen in Unwissenheit. Unter solchen Umständen werden wir keine Gelegenheit haben, etwas Heilsames zu tun. Da wir dann also unfähig sind, etwas Heilsames zu tun, große Negativität angesammelt haben und Hunderte und Aberhunderte von Weltzeitaltern lang in ungünstige Existenzzustände gefallen sind, werden wir möglicherweise nicht einmal die Worte »glückliche Existenz« hören, geschweige denn eine Wiedergeburt unter günstigen Umständen erlangen.

Daher lehrte der mitfühlende Buddha Shakyamuni das folgende Gleichnis. Stellen Sie sich einen riesigen Ozean vor, auf dessen Oberfläche ein Joch treibt, mit einem Loch in der

Mitte. In den Tiefen dieses Ozeans lebt eine blinde Schildkröte, die alle hundert Jahre einmal an die Oberfläche kommt. Die Wahrscheinlichkeit, in Zukunft abermals ein menschliches Leben zu erlangen, ist etwa gleich groß wie die Wahrscheinlichkeit, daß die Schildkröte mit ihrem Kopf durch das Loch des auf dem riesigen Ozean treibenden Jochs an die Oberfläche kommt. So selten und schwierig ist es, ein menschliches Leben zu erlangen. Wir haben zahllose negative Handlungen angesammelt. Und zugleich ist es möglich, daß wir uns infolge einer einzigen, nur einen Augenblick lang dauernden negativen Handlung in einem Dasein in der Hölle wiederfinden und dort unaufhörliches Leid erdulden. Wenn dies geschieht, werden wir zweifellos keine Geburt in einer glücklichen Existenz erreichen können.

Es trifft auch nicht zu, daß wir von den Auswirkungen unserer negativen Handlungen frei sein werden, sobald wir sie erfahren haben. Während wir die Auswirkungen einer Reihe negativer Handlungen erfahren, befinden wir uns in einem negativen Existenzzustand, und aufgrund der in unserem Geist vorhandenen störenden Emotionen sammeln wir weiterhin negative Handlungen an, die dann weiteres Leid verursachen. Wir haben in unserem Geist eine ausgeprägte Veranlagung – die durch äußere Umstände in der Regel verstärkt wird –, negative Einstellungen und störende Emotionen zu aktivieren. Sind wir erst einmal in einen ungünstigen Existenzzustand gefallen, wird es sehr schwierig sein, uns daraus zu befreien. Wenn wir, mit einem Leben als freier und glücksbegünstiger Mensch ausgestattet, uns also nicht mit heilsamen Qualitäten vertraut machen und nicht einen Weg spiritueller Entwicklung nehmen, kommt dies einer vorsätzlichen Selbsttäuschung gleich.

Wir wollen Glück; wir möchten nicht leiden. Wir haben die Gelegenheit, die Glücksursachen zu entwickeln und die

Leidensursachen auszuräumen. Was könnte es Törichteres geben, als uns eine solche Gelegenheit entgehen zu lassen und keine positiven Schritte zu unternehmen? Die Folge des Ansammelns negativer Handlungen wird sein, daß wir, wenn wir schließlich sterben müssen, gräßliche Höllenvisionen haben werden. Wir werden in großer Angst und Qual sterben. Nach einem kurzen Aufenthalt im Zwischenzustand[73] werden wir in einem ungünstigen Zustand geboren werden. Möglicherweise finden wir uns in der Hölle wieder. Gepeinigt und geplagt, werden wir von Zerknirschung erfüllt sein. Unser Geist wird von Leid überwältigt sein. Wir haben einen seltenen und günstigen Zustand erlangt, sei es durch Zufall oder durch das Zusammentreffen bestimmter Bedingungen. Wir können dies dankbar anerkennen und zwischen dem unterscheiden, was vorübergehend gut ist und was auf Dauer gut ist. Wenn wir trotzdem nicht mit spirituellen Übungen beginnen, sondern uns irregeleitet auf einen schlechten Existenzzustand hinbewegen, wird das so sein, als wäre unser Geist unter einen Zauberbann geraten. Wir werden wie Menschen ohne Verstand sein.

Störende Emotionen machen sich ungehindert in unserem Geist breit: Sie schaden uns und richten uns zugrunde. Denken Sie über die destruktive Wirkung störender Emotionen nach. Wenn sich Wut in uns regt, mag es den Anschein haben, als wäre uns ein guter Freund zu Hilfe gekommen. Es ist fast so, als ob die Wut sagen würde: »Keine Sorge, ich bin ja hier, ich helfe dir.« Vielleicht wollten Sie gerade vor Ihrem Widersacher oder Ihrer Widersacherin davonlaufen. Aber sobald die Wut sich regt, verleiht sie Ihnen eine Art falschen Mut. Sie bewirkt, daß Sie sich kühner vorkommen, und töricht üben Sie Vergeltung. Anhaftung kommt zu uns als lieber, glattzüngiger Freund, täuscht uns und richtet uns nach und nach zugrunde. Aufgrund von starkem Anhaften und großer Wut verlieren wir unser unterscheidendes Gewahrsein. Wenn Sie wütend sind, ist das so, als seien Sie völlig verrückt geworden. Aufgrund dieser Verrücktheit verlieren Sie Ihre Urteilskraft. Sie schlagen vielleicht auf Ihren Gegner oder Ihre Gegnerin ein und treffen versehentlich jemand anderen. Ebenso sagen Sie, wenn Sie voller Wut mit anderen Menschen reden, möglicherweise unvernünftige und provozierende Dinge, die man nicht sagen sollte. Sobald unser Anhaften nachgelassen hat, sehen wir unsere Verfehlungen ein und sind zerknirscht. Aber inzwischen ist die Handlung ausgeführt.

Normalerweise halten wir Feinde für etwas Äußeres. Wir denken an böse Geister und feindliche Kräfte, die irgendwo anders existieren. Wir deuten auf Feinde, die außerhalb von uns existieren, und achten auf andere äußere Kräfte, um uns vor ihnen zu schützen. Aber den Lehren des Buddha zufolge sind äußere Feinde nicht unsere wahren Feinde. Manche äußeren Kräfte sind möglicherweise zeitweilig feindlich, aber man kann sie nach und nach in Freunde verwandeln. Und außerdem sind selbst diese sogenannten Feinde uns darin gleich, daß sie Glück wollen und nicht leiden möchten. Diese sogenannten Feinde verdienen wirklich unser Mitgefühl.

Betrachten wir sogar diejenigen als Feinde, die uns einen nur kurzfristigen Schaden zufügen, dann ist auch unser Körper solch ein Feind. Denn er ist die Basis für einen Großteil unseres Kummers. Ebenso sollten wir unseren Geist als unseren Feind ansehen, weil wir, wenn wir verzagt sind, uns ganz und gar unglücklich fühlen. Unsere äußeren Feinde könnten heute unsere Gegner sein, morgen jedoch unsere Freunde. Wir können nicht davon ausgehen, daß sie unversöhnliche Widersacher bleiben.

Die wahren Feinde sind unsere störenden Emotionen. Sie

sind gleich von Anfang an unsere wahren Feinde und werden dies für immer bleiben. Was ist ein Feind? Ein Feind ist jemand, der uns Schaden zufügt. In den buddhistischen Schriften werden störende Emotionen als unser Feind bezeichnet. Befreiung oder Nirvana erreichen heißt, den Sieg über unseren Feind, die störenden Emotionen, zu erringen. Nirvana erreichen bedeutet nicht, daß wir unseren materiellen Körper auswechseln oder auf einen anderen Planeten umziehen. Bei den Tibetern sagt man häufig über das Familienleben: »Jetzt irre ich im Existenzkreislauf umher.« Hat man keine familiären Probleme, ist man diesen Leuten zufolge offenbar befreit. Aber darin liegt nicht die wirkliche Bedeutung von Befreiung. Unser materieller Körper ist selbst schon eine Art Existenzkreislauf, denn aufgrund dieser körperlichen Existenz begehen wir viele negative Handlungen. Anhaftung, Verlangen und Haß sind als Feinde, die sich in uns breitmachen, ausfindig gemacht. Obwohl sie keine Waffen haben, versklaven sie uns, machen uns hilflos. Ihr Einfluß und ihre Wirkung sind furchtbar zerstörerisch.

Können wir gegen unsere äußeren Feinde nicht kämpfen, so können wir immerhin vor ihnen davonlaufen. Als wir beispielsweise 1959 von chinesischen Truppen umzingelt wurden, entkamen wir irgendwie über das Gebirge. In der Vergangenheit pflegten sich die Menschen in uneinnehmbaren Wäldern zu verstecken. Sollte man sich freilich heutzutage in einer Festung verschanzen, dann würde man nur zu einer Zielscheibe. In der Vergangenheit pflegten Könige in Festungen zu wohnen, in der Annahme, daß sie dort für alle Zeiten leben könnten. Deshalb sehen wir in Indien viele noch erhaltene Festungen. Ähnliches gilt für die Chinesische Mauer, die mit großem Aufwand an menschlicher Arbeit und Mühe errichtet wurde: Sie wurde aus demselben Beweggrund erbaut. Wenn der Feind aber, soviel man auch gebaut hat, einem noch immer innewohnt, was kann man dann gegen ihn ausrichten? Wie soll man sich da verstecken? Es mögen ja einige Schädlinge, Bakterien etwa, in uns sein, die man durch Medizin oder eine Spritze unschädlich machen kann. Die störenden Emotionen hingegen können wir nicht unschädlich machen und beseitigen, indem wir uns auf eine äußere Kraft stützen. Sie sind der wahre Feind.

Selbst wenn sämtliche Götter im Universum sich gegen Sie zusammentäten, wenn jedes Lebewesen Ihnen feindselig gegenüberträte, stünde es nicht in ihrer Macht, Sie in die Hölle zu schicken. Störende Emotionen hingegen können Sie in einem einzigen Augenblick in die Hölle befördern. Ebendeshalb sind störende Emotionen seit anfangsloser Zeit unser Feind, der uns schadet und zugrunde richtet. Noch nie hat sich ein Feind so hartnäckig gehalten wie diese störenden Emotionen. Gewöhnliche Feinde sterben und verschwinden. Leisten Sie den Wünschen eines gewöhnlichen Feindes Folge, dann wird er oder sie nach und nach Ihr Freund werden. Ihr Feind wird zu jemandem, der Ihnen Nutzen bringt. Ganz anders die störenden Emotionen: Je mehr Sie sich auf sie stützen, desto mehr werden Sie Ihnen schaden und Ihnen Leid bereiten. Sie waren und sind unser ständiger, langfristiger Feind, die alleinige Ursache all unseres Leids. Solange wir zulassen, daß dieser Feind ein ungehindertes Dasein in uns fristet, wird uns kein Glück zuteil werden.

Wie können Sie hoffen, Glück zu erlangen, wenn Sie zulassen, daß Sie sich im Netz des Anhaftens verstricken? Sie müssen in den störenden Emotionen Ihren wahren Feind erkennen. Nachdem Sie dies getan haben, müssen Sie Gegenmittel anwenden und den Mut entwickeln, sich ihnen zu stellen und zu widersetzen. Sie müssen begreifen, daß die störenden Emotionen die Quelle aller Leiden und Probleme sind. Wenn wir im alltäglichen Leben gegen ein kleineres

Problem anrennen, neigen wir dazu, wütend zu werden, und wollen uns irgendwie rächen. Und wenn wir das Problem nicht bewältigen können, können wir nicht schlafen. Wenn Soldaten in den Krieg ziehen, nehmen sie freiwillig in Kauf, Verwundungen zu erleiden. Und sie kehren erst nach Hause zurück, wenn der Krieg gewonnen ist, um dann stolz ihre Narben zu zeigen. Weshalb also sollten wir nicht stolz sein, wenn wir bei der lohnenden Aufgabe, die störenden Emotionen zu bekämpfen, solche Unannehmlichkeiten auf uns nehmen? Um im Lauf ihrer Arbeit relativ geringe Gewinne zu erzielen, nehmen Fischer, Fleischer und Bauern viele vorübergehende Unannehmlichkeiten in Kauf. Weshalb also können wir nicht die vielfältigen Unannehmlichkeiten und Probleme in Kauf nehmen, die mit der bedeutsameren Aufgabe, um aller empfindenden Wesen willen Buddhaschaft zu erlangen, verbunden sind?

Im Krieg gegen einen gewöhnlichen Feind wird man möglicherweise den Sieg erringen und den Feind aus dem Land treiben. Gewöhnliche Feinde können sich neu ordnen, ihre Schlagkraft wiederherstellen und neu ausgerüstet in die Schlacht zurückkehren. Wenn Sie hingegen die störenden Emotionen bekämpfen, können diese, einmal besiegt und beseitigt, nicht wiederkehren. So betrachtet, sind störende Emotionen schwach. Wir brauchen keine Atomraketen oder Bomben, um sie zu vernichten. Sie sind schwach, weil wir die störenden Emotionen entfernen können, sobald wir fähig sind, die Wirklichkeit zu erkennen und das Auge der Weisheit zu entwickeln. Und wenn wir einmal die störenden Emotionen in unserem Geist unschädlich machen – wohin entweichen sie dann? Sie verlieren sich in Leerheit. Sie können sich nicht anderswohin zurückziehen und ihre Schlagkraft wiederherstellen, darum können sie nicht zurückkommen und uns neuerlich schaden.

Keine störende Emotion hat eine unabhängige Existenz. Wenn Anhaftung und Wut in unserem Geist aufkommen, sind sie überaus wirkungsvoll und bringen uns durcheinander. Und trotzdem, bei näherer Untersuchung zeigt sich, daß sie nirgendwo versteckt sein können. Sie befinden sich weder im Körper noch in unseren Sinneswahrnehmungen.[74] Versuchen Sie, störende Emotionen unter der Ansammlung mentaler und physischer Komponenten[75] oder außerhalb von diesen aufzuspüren, dann werden Sie sie dort nicht finden. Störende Emotionen sind wie ein Trugbild. Warum sollten wir zulassen, daß sie uns in die Hölle stürzen?

Nehmen Sie sich immer in acht, seien Sie auf der Hut, dann werden Sie wissen, was Sie üben sollen und was Sie aufgeben sollen. Wenn Sie erkannt haben, was zu tun sich lohnt und was nicht, und Sie gewissenhaft sind, werden Sie bemerken, wann Sie sich negativ zu benehmen beginnen. Dann können Sie sich im Zaum halten. Achtzugeben und aufmerksam zu sein ist sehr wichtig, und wie genau Sie aufpassen, hängt von der Stärke Ihrer Achtsamkeit ab. Das beste Mittel zur Aufrechterhaltung der Aufmerksamkeit besteht darin, daß Sie prüfen, wie Sie sich mit Körper, Rede und Geist verhalten, und immerzu wachsam bleiben. Der Geist ist wie ein Elefant: Wenn Sie ihn ohne jede Kontrolle umherschweifen lassen, wird er Verwüstungen anrichten. Aber der Schaden und das Leid, die Ihnen aus mangelnder Wachsamkeit über Ihren Geist erwachsen, werden weit größer sein als der Schaden, den ein herumtobender wilder Elefant anrichtet.

Die Frage ist, wie Sie den Geist disziplinieren können. Dazu brauchen Sie Achtsamkeit, die bei all Ihren Handlungen mit Körper, Rede und Geist wie ein Strick ist. Mit dem Strick der Achtsamkeit binden Sie den elefantengleichen Geist am Pfeiler Ihres jeweiligen Meditationsgegenstandes fest. Mit anderen Worten: Binden Sie Ihren Geist an innere Qualitäten, und lassen Sie ihn nicht zu unheilvollen Dingen abschweifen. Geben Sie acht darauf, in welche Richtung Ihr Geist gerade geht. Stellen Sie fest, daß sich Ihr Geist in einer positiven Richtung bewegt, sollten Sie sich aufrichtig darüber freuen und ihn stärken. Können Sie Ihren Geist in einer positiven Bahn halten, werden Sie jegliche Angst überwinden.

Positive wie auch negative Erfahrungen gehen aus dem Geist hervor, je nachdem, ob Ihr Geist umgewandelt ist oder nicht. Daher ist es äußerst wichtig, den Geist zu kontrollieren und zu disziplinieren. All die Angst und die unermeßlichen Leiden, mit denen wir konfrontiert werden, gehen aus dem Geist hervor. Der Buddha lehrte, daß es keinen mächtigeren Feind gibt als den Geist. In allen Existenzbereichen gibt es nichts Entsetzlicheres, nichts, was man mehr fürchten müßte, als den Geist. Ebenso sagte er, daß der disziplinierte Geist alle vorzüglichen Qualitäten hervorbringt. Quelle und Ursache von Frieden und Glück ist der Geist. Glück entsteht aus heilsamem Handeln, Leid entsteht aus negativem Handeln. Also hängen Glück und Leid davon ab, ob Ihr Geist umgewandelt ist oder nicht. Schon auf kurze Sicht gilt: Je mehr Sie Ihren Geist kontrollieren und disziplinieren, desto glücklicher und entspannter werden Sie sein.

Ist der Geist erst einmal unter Kontrolle und entspannt, dann werden Sie sich nicht bedroht oder unglücklich fühlen, selbst wenn das ganze Universum sich wie ein Feind gegen Sie zu richten scheint. Sind Sie hingegen innerlich verstört und aufgewühlt, dann können Sie nichts wirklich genießen, selbst wenn man Ihnen die köstlichsten Speisen auftischt. Sie mögen angenehme Dinge hören, doch sie werden Ihnen keine Freude bereiten. Ob Sie Glück oder Leid erfahren, hängt also davon ab, ob Ihr Geist diszipliniert ist oder nicht.

Wenn Sie einmal Ihren Geist so umgewandelt haben, daß Sie keine Besitzgier und kein Verlangen mehr verspüren, werden Sie die Vollkommenheit des Gebens[76] erreichen. Die Vollkommenheit des Gebens bedeutet, daß Sie Ihre gesamte Habe allen empfindenden Wesen darbringen – auch die positiven Auswirkungen dieser Opfergabe. Bei dieser Übung kommt es einzig und allein auf den Geist an. Ähnliches gilt für die Vollkommenheit der Sittlichkeit. Die Vollkommenheit sittlichen Verhaltens zu verwirklichen bedeutet, einen Geisteszustand zu erreichen, in dem Sie es unterlassen, empfindenden Wesen in irgendeiner Weise, und sei sie noch so unerheblich, zu schaden. In diesem Zustand ist man völlig frei von Ichbezogenheit. Das gleiche gilt für die Übung der Geduld. Die Anzahl ungebärdiger empfindender Wesen ist so grenzenlos wie die Ausdehnung des Weltraums. Haben Sie jedoch Ihren Geist erst einmal unter Kontrolle, dann ist das so, als hätten Sie alle äußeren Feinde vernichtet. Ist Ihr Geist ruhig, dann wird nichts und niemand Sie verstören, selbst wenn die gesamte Welt um Sie herum widrig oder feindlich ist. Um Ihre Füße vor Dornen zu schützen, können Sie nicht die gesamte Erdoberfläche mit Leder bedecken. Besser, Sie bedecken Ihre Fußsohlen mit Leder.

Wollen Sie den Geist schützen, dann müssen Sie sich bemühen, achtsam zu bleiben. Wenn Sie nicht aufpassen und Ihre Achtsamkeit erlahmt, wird das Verdienst, das Sie in der Vergangenheit angesammelt haben, verlorengehen, als wäre es von Dieben gestohlen worden. Infolgedessen werden Sie in einen ungünstigen Existenzzustand fallen. Die störenden Emotionen sind wie Räuber und Diebe. Sie sind immer auf dem Posten und halten Ausschau nach einer günstigen Gelegenheit. Bietet sie sich ihnen, so machen sie davon Gebrauch und berauben Sie Ihres Verdienstes. Sie rauben unserem glücklichen Dasein das Leben. Lassen Sie daher niemals zu, daß Ihre Achtsamkeit nachläßt. Geht Ihnen hin und wieder Ihre Achtsamkeit verloren, dann stellen Sie sie wieder her, indem Sie sich an die endlosen Leiden im Existenzkreislauf erinnern.

Auf welche Weise wahrt man Achtsamkeit und Wachsamkeit? Indem man sich spirituellen Lehrern anschließt und Unterweisungen hört; indem man weiß, was man üben soll und was man aufgeben soll. Je mehr Achtung Sie vor den Unterweisungen haben, desto achtsamer werden Sie sein. Wenn Sie sich vortrefflichen Freunden anschließen, werden Sie ganz spontan wachsam bleiben. Sie können herausfinden, was man aufgeben soll und was man üben soll, indem Sie sich Unterweisungen anhören und dem Beispiel vortrefflicher Freunde folgen. Denken Sie über Erläuterungen zum Wesen der Vergänglichkeit und dem Leid des Existenzkreislaufs nach, so wird Ihr Geist davor in Furcht geraten. Dadurch wird eine von Glück begünstigte Person schnell wieder achtsam sein können.

Uns zu erinnern, daß Buddhas und Bodhisattvas einen allwissenden Geist besitzen, ist eine weitere Methode, um Achtsamkeit zu entwickeln. Die Buddhas und Bodhisattvas wissen jederzeit, was Sie gerade tun. Erinnern Sie sich an ihre Gegenwart, so werden Sie sich mehr in acht nehmen. Sie werden sich schämen, wenn Sie etwas Negatives tun. Da die Buddhas und Bodhisattvas ungehindertes Gewahrsein besitzen, können wir nichts vor ihnen verbergen. Dies einzusehen und ihnen gegenüber Achtung zu wahren ist die Übung des Sich-Besinnens auf die Buddhas. Normalerweise neigen wir zu der Ansicht, daß die Buddhas und Bodhisattvas uns nur Aufmerksamkeit schenken werden, wenn wir ein Gebet oder eine Anrufung rezitieren oder ihren Namen aussprechen. Das ist ein Irrtum. Der allwissende Geist des Buddha durchdringt alles, selbst die feinsten Partikel. Mit anderen Worten: Der Geist des Buddha erfaßt und gewahrt alle Phänomene, jederzeit und allerorts. Indem Sie begreifen, daß Sie sich stets in Gegenwart der allwissenden Buddhas befinden, besinnen Sie sich auf den Buddha und seine Qualitäten. Das ist sehr wichtig für Ihre tägliche Praxis.

Sind Sie achtsam, dann werden Sie sich beherrschen können, wenn eine dieser typischen Schwächen aufzutauchen droht. Es kann beispielsweise vorkommen, daß Sie im Gespräch mit einem anderen Menschen wütend werden könnten. Ihre Achtsamkeit wird Sie dann veranlassen, entweder die Unterhaltung zu beenden oder das Thema zu wechseln. Denken Sie im stillen, daß der oder die Betreffende sich zwar gerade unvernünftig benimmt und provozierende Worte gebraucht, es aber zu nichts führt, dies in gleicher Münze heimzuzahlen. Denken Sie nicht weiter darüber nach, sondern richten Sie Ihre Gedanken auf die guten Seiten des oder der Betreffenden. Das wird dazu beitragen, daß Ihre Wut sich verringert.

Der elefantengleiche Geist wird von den störenden Emotionen in wildeste Erregung versetzt, darum sollten Sie ihn an den großen Pfeiler der spirituellen Praxis festbinden. Prüfen Sie Ihren Geist nach besten Kräften, und versuchen Sie, ihn auch nicht einen Augenblick lang umherschweifen zu lassen. Verfolgen Sie wachsam, was er gerade tun will und was er gerade tut. Wenn Sie beispielsweise meditieren wollen, müssen Sie zu Beginn den festen Vorsatz fassen, achtsam zu sein und sich nicht ablenken zu lassen. Das bewirkt, daß Sie möglicherweise etwa fünfzehn Minuten lang erfolgreich meditieren können, ohne abgelenkt zu werden. Sobald Sie sich daran gewöhnt haben, können Sie die Sitzung verlängern.

Selbstverständlich ist es schwierig, den Geist zu kontrollieren und ihn dazu zu bringen, auf dem Meditationsobjekt zu verweilen. Es fällt Ihnen schwer, Ihren Geist tun zu lassen, was Sie wollen. Doch indem Sie sich nach und nach daran gewöhnen, werden Sie einigen Erfolg haben. Sie können alle

Techniken anwenden, die Ihren Geist zu kontrollieren helfen. Vielleicht stellen Sie fest, daß Sie bei bestimmten Meditationen Ihre Zerstreutheit besser unter Kontrolle bringen können, wenn Sie unmittelbar vor einer Wand sitzen und nichts Ihren Blick ablenkt. Manchmal ist es vielleicht hilfreich, die Augen zu schließen. Zu anderen Zeiten hilft es vielleicht mehr, sie geöffnet zu lassen. Das hängt von Ihrer persönlichen Neigung und Ihren konkreten Lebensbedingungen ab.

Folgendermaßen kann man den störenden Emotionen gegenüber stets wachsam sein und sich davor hüten, in sinnloses Tun verwickelt zu werden: Wollen Sie sich irgendwohin begeben oder irgend etwas sagen, dann stellen Sie erst fest, ob dies angemessen ist oder nicht. Wenn sich Anhaftung bei Ihnen regt oder Sie den Impuls verspüren, auf jemand wütend zu werden, dann tun Sie nichts, sprechen Sie nicht, denken Sie nicht – verharren Sie wie ein Stück Holz. Bemerken Sie bei sich die Neigung, in sinnloses Gelächter auszubrechen, oder wollen Sie mit etwas prahlen, über die Fehler anderer reden, andere täuschen, etwas Ungehöriges sagen, sarkastische Bemerkungen machen, wollen Sie sich loben und andere kritisieren oder ausschimpfen, dann verharren Sie wie ein Stück Holz. Stellen Sie fest, daß Sie sich Besitztümer, Respekt, Berühmtheit und hohes Ansehen verschaffen wollen oder einen erlesenen Kreis von Anhängern um sich scharen wollen, dann verharren Sie wie ein Stück Holz. Stellen Sie fest, daß Sie dazu neigen, die Ziele anderer Menschen zu mißachten, Ihre eigenen Ziele hingegen nicht nur verwirklichen, sondern auch noch darüber reden zu wollen, dann verharren Sie wie ein Stück Holz. Immer wenn Sie zu Ungeduld, Trägheit oder Mutlosigkeit, zu anmaßenden Bemerkungen oder zu Selbstzufriedenheit neigen, verharren Sie wie ein Stück Holz.

Unreife Menschen weisen wenig geistiges oder spirituelles Wachstum auf. Solch engstirnige Menschen sind unfähig, miteinander auszukommen, wie sich zankende Kinder. Lassen Sie sich von ihrem Mangel an Zufriedenheit nicht entmutigen. Entwickeln Sie vielmehr Mitgefühl für sie: Reflektieren Sie darüber, daß der verärgerte Gesichtsausdruck und die entsprechenden Äußerungen dieser Kinder auf das Überwiegen störender Emotionen in ihrem Geist zurückzuführen sind. Das erklärt ihr nicht ernst zu nehmendes Verhalten. Folgen Sie nicht ihrem Beispiel. Durch Meditation über Weisheit sollten Sie erkennen können, daß Sie kein inhärent existierendes Ich haben. Betrachten Sie sich als eine Emanation der Bodhisattvas. Behalten Sie dies ständig in Erinnerung, und beschließen Sie endgültig, das Ziel dieses kostbaren menschlichen Lebens zu verwirklichen.

Auch ist es wichtig, der Anhaftung an unseren Körper entgegenzuwirken. Nach dem Tod werden womöglich Geier an unserem Körper herumzerren, aber es wird uns nichts ausmachen. Weshalb hängen wir dann jetzt so an diesem Körper? Wenn wir uns von einer sehr einflußreichen Person etwas borgen, vergessen wir nicht, daß wir es früher oder später werden zurückgeben müssen. Unseren derzeitigen Körper haben wir uns gleichsam geborgt. Wie sehr wir auch versuchen, ihn zu behüten – früher oder später müssen wir ihn zurücklassen. Welchen Sinn hat es, so sehr am materiellen Körper zu haften und so viel Mühe für ihn aufzuwenden? Früher oder später müssen wir ihn zurücklassen, und bis dahin bewirkt er so viel unnützes Verhalten, das die Quelle so vieler Schwierigkeiten ist.

Sehen wir uns näher an, inwiefern wir sagen, der Körper sei etwas Unangenehmes. Denken wir zuerst an unsere Haut. Oberflächlich betrachtet, scheint sie appetitlich und rosa zu sein. Führen Sie sich dies genauer vor Augen. Denken Sie darüber nach, was gleich unter der Haut ist: dickere oder dünnere Fleischschichten, die von Sehnen, Muskeln, Nervenbahnen und so fort durchzogen sind. Wir haben alle schon Abbildungen des menschlichen Gehirns gesehen und Röntgenaufnahmen, die das Skelett sichtbar machen. Das ist die Wirklichkeit: eine mit Fleisch und Haut umhüllte Ansammlung von Knochen. Aber wir denken: »Das ist mein schöner, stattlicher Körper.« Führen Sie sich all dies genau vor Augen. Machen Sie sich klar, was unter dem Fleisch verborgen ist. Unter dem Fleisch ist ein Knochengerippe, und wenn Sie die Knochen aufspalten, werden Sie Blut und Mark und dergleichen mehr entdecken. Was für eine Wesenhaftigkeit oder Eigennatur[77] ist da vorhanden? Warum sollten wir dem Körper so sehr zugetan sein? Wir haben das Gefühl, uns um unseren Körper so überaus fürsorglich kümmern zu müssen. Wir brauchen Kleidung und Nahrung. Nicht bloß irgendwelche Kleidung, sondern die schönste. Selbstverständlich schützen wir uns aus gutem Grund vor Kälte und Hitze, aber weshalb sollten wir so viel Geld ausgeben und so viel teures Tuch verwenden, bloß um unseren Körper zu verhüllen? Ferner meinen wohlhabendere Menschen, daß sie Schmuck brauchen. Sie machen sich Löcher in die Ohren, durch die sie Ohrringe stecken. Andere durchbohren sich die Nase und bringen auch dort Ringe an.

Solch ein Tun beruht auf Verwirrung, völliger Unwissenheit. Welchen Sinn hat es? Sie sollten dies selbst untersuchen, aber Sie werden nie etwas Wesenhaftes im Körper finden. Der menschliche Verstand klügelt so viele Dinge aus und stellt so viele verschiedene Kategorien auf. Wir stärken nur die störenden Emotionen, wenn wir sagen, daß diese Menschen reich und jene Menschen schön sind. Es ist einigermaßen verständlich, daß sich weltliche Menschen so verhalten, aber wenn ordinierte Mönche oder Nonnen schmucke Kleidung tragen, ist das blamabel. Denken Sie daran, wie der Buddha gelebt hat. Er war ein ganz einfacher Mönch ohne jeden Schmuck.

Wenn Sie also Ihren Körper untersuchen, werden Sie feststellen, daß er keine Eigennatur hat. Er ist bloß eine Ansammlung äußerst unangenehmer Substanzen; gleichsam eine Maschine zur Produktion ekliger Substanzen. Warum hängen Sie dann noch immer so sehr an ihm? Warum behüten Sie diesen Körper? Sie können diese unangenehmen Substanzen nicht essen, Sie können dieses Blut nicht trinken, Sie können nicht an den Eingeweiden nagen. Wozu taugt dieser Körper überhaupt? Beschützen wir diesen Körper, damit wir ihn unmittelbar nach dem Tode den Geiern anbieten können? Die Ursubstanzen, aus denen unser Körper entsteht, sind das Ei und der Samen unserer Eltern. Aber angenommen, Sie stießen zufällig auf eine auf dem Fußboden befindliche Pfütze aus diesen Substanzen, dann wären Sie äußerst angewidert. Wenn Sie es zurückverfolgen, so stellt sich heraus, daß Ihr Körper aus der Essenz unzähliger Generationen solch widerwärtiger Substanzen hervorgegangen ist. Ähnlich verhält es sich mit der Beschaffenheit des gesamten Körpers. Bei eingehender Untersuchung zeigt sich, daß auch Fleisch, Blut und Knochen abstoßend sind.

Jeden Tag, bis wir sterben, essen und trinken wir, um unseren Körper zu erhalten. Ich bin jetzt bereits über sechzig Jahre alt. Wieviel Nahrungsmittel habe ich während dieser sechzig Jahre meines Lebens gegessen, wieviel Fleisch habe ich während dieser Zeit verzehrt? Wie viele Leben hat mein Leben gekostet? Wir geben uns solche Mühe, unseren Körper zu erhalten. Tun wir dies zu einem armseligen Zweck, dann wäre es vielleicht besser gewesen, wir wären als Tier oder Insekt zur Welt gekommen. Zumindest würden wir dann anderen empfindenden Wesen weniger Schaden zufügen.

Sind wir unfähig, unsere menschliche Intelligenz positiv zu gebrauchen, verfehlt das menschliche Leben seinen Zweck. Wir sind dann bloß Maschinen, die Dung produzieren. Menschen sollten fähig sein, ihre Intelligenz, ihre Urteilsfähigkeit zu nutzen, um das Wohl aller empfindenden Wesen zu mehren. So erfüllt man das Leben mit Sinn. So stiftet man – zeitlich ebenso wie dauerhaft – Frieden. Hoch gebildet oder reich zu sein ist nichts so Wundervolles. Haben wir kein Mitgefühl für die anderen empfindenden Wesen, dann sind alle materiellen Möglichkeiten, all unsere Bildung letztlich ohne Sinn und Zweck. Daher sollten wir unseren menschlichen Körper für den Erhalt unserer menschlichen Intelligenz nutzen, damit wir einer heilsamen Praxis nachgehen können.

Versuchen Sie, sich unter Kontrolle zu bekommen, und machen Sie sich klar, daß der Sinn des Lebens darin besteht, anderen empfindenden Wesen zu helfen. Können Sie dies begreifen, werden Sie Ihren Geist und Ihren Körper immer unter Kontrolle bekommen können, um sie zum Nutzen anderer empfindender Wesen zu gebrauchen. Menschen besitzen die Intelligenz, den Erleuchtungsgeist zu entwickeln, ihr eigenes Wohl mit den Leiden anderer empfindender Wesen zu vertauschen. Dadurch können sie Buddhaschaft erreichen. So erlangt man Freiheit, wird man unabhängig. Begegnen Sie anderen Menschen mit einem Lächeln, und hören Sie auf, sie finster anzublicken – und tun Sie dies mit Selbstvertrauen, mit Mut und mit der Zuversicht, das letztendliche Ziel zu erreichen. Heißen Sie jeden voller Anteilnahme willkommen, freimütig, mit einem Gefühl der Zuneigung. Behandeln Sie alle empfindenden Wesen als Ihre Freunde.

Verhalten Sie sich nicht auf eine Weise, die andere Menschen verstören oder verletzen könnte. Seien Sie ruhig und bescheiden – wie eine Katze, die sich ohne viel Aufhebens leise und verstohlen um ihre Angelegenheiten kümmert. Wenn jemand etwas Wohlmeinendes sagt oder Ihnen unerbetene Ratschläge gibt, dann lassen Sie dies respektvoll gelten. Erweisen Sie den guten Eigenschaften anderer Menschen Ihre Anerkennung, und betrachten Sie sich als einen Schüler aller empfindenden Wesen. Sagt jemand etwas Positives und Lohnendes, so würdigen Sie dies. Erleben Sie, wie jemand etwas Heilsames tut, so äußern Sie Ihr Lob. Sie können Ihr Lob gleich an die betreffende Person richten, was allerdings den Anschein von Schmeichelei erwecken kann; es ist besser, die betreffende Person anderen gegenüber zu loben. Wird jemand anderes gelobt, sollten auch Sie beifällige Worte für die Qualitäten des oder der Betreffenden finden. In solchen Situationen neigen wir häufig dazu, skeptisch zu sein, und sagen: »Ja, schon – aber ...« Oder wir leugnen sogar die Qualitäten der betreffenden Person und zählen ihre Mängel auf. Äußert sich jemand über Ihre guten Eigenschaften, so prüfen Sie, ob Sie die erwähnte Eigenschaft haben oder nicht. Lassen Sie sich dadurch keinesfalls zu Hochmut verleiten, zu der Annahme, Sie seien etwas Besonderes. Statt Stolz sollten Sie einfach Dankbarkeit für die Anerkennung guter Eigenschaften empfinden.

In meiner Kindheit brachte mir mein damaliger Abt die Kunst des Schreibens bei. Er erzählte mir eine Geschichte von einem Lama, der eine Unterweisung gab. Wenn ich mich recht entsinne, sagte dieser, Kahlköpfigkeit, ein Kropf und ein Bart seien die einzigen schmückenden Attribute eines Ordinierten. Unter seinen Hörern war ein Mönch, der ebendiese drei Merkmale aufwies. Der freute sich, daß er diese schmückenden Attribute besaß, und streckte voller Stolz seine Beine aus. Aber als der Lama anschließend sagte, es sei ein schlechtes Omen, sollte ein Mönch alle drei Merkmale zugleich aufweisen, zog er die Beine schleunigst wieder ein. Wenn jemand Ihre Qualitäten lobt, sollten Sie also nicht hochmütig werden. Denken Sie einfach, daß die betreffende Person ein gütiger Mensch ist, weil sie gute Eigenschaften anerkennt.

Welches Vorhaben Sie auch in Angriff nehmen – es sollte dazu beitragen, empfindende Wesen glücklich zu machen. Freude und Glück des Geistes kann man nicht kaufen. Allein der Geist kann sie entwickeln. Ist jemand glücklich, dann erfreuen Sie sich einfach am Glück des oder der Betreffenden. Seien Sie glücklich, daß andere glücklich sind. Versuchen Sie, ohne Konkurrenzdenken oder Neidgefühle anderen Menschen zu nützen. Tun Sie dies, so werden Sie ganz natürlich innere Befriedigung finden. Sie werden von der Zufriedenheit durchdrungen sein, daß Sie Ihr Leben mit Sinn erfüllt haben. Sie können darauf vertrauen, daß Sie so gegen andere Menschen nie feindselige Gefühle hegen und sie nie verstören.

Menschen, die ständig andere beleidigen und verstören, sind selbst dauernd verstört, nicht nur wenn sie wach sind, sondern sogar in ihren Träumen. Wenn Sie anderen Menschen helfen und eine Atmosphäre des Friedens und Glücks schaffen, werden Sie selbst Frieden und Glück genießen, sogar in Ihren Träumen. Das Glück, das einem aus der Teilhabe am Glück anderer Menschen erwächst, ist unverdorbenes und lauteres Glück: ein wirklicher Gewinn, jetzt und in der Zukunft. Regen sich in Ihnen hingegen Niedergeschlagenheit und Neid, wenn andere glücklich sind, dann werden Sie wahrscheinlich an entzündeten Augen, Rückenschmerzen und hohem Blutdruck zu leiden haben. Hier und jetzt werden Sie unglücklich sein, körperlich wird es Ihnen nicht gutgehen, und in Ihrem künftigen Leben erwartet Sie großes Leid.

Wie sollte man andere empfindende Wesen betrachten? Wenn Sie andere Wesen vor sich sehen, dann denken Sie, daß Sie auf diese empfindenden Wesen angewiesen sind, um Buddhaschaft zu erlangen. Rufen Sie sich so die Güte der Betreffenden in Erinnerung, und beurteilen Sie sie voller Liebe. Wenn Sie jenen hilfreich und unterstützend zur Seite stehen, die gute Eigenschaften besitzen, jenen, die gütig zu Ihnen waren, oder jenen, die leiden, werden Sie großes Verdienst ansammeln. Erweisen Sie beispielsweise jenen Ihren Respekt, die älter sind als Sie, Ihren Eltern etwa oder anderen alten Menschen. Die Älteren sollten die guten und schöpferischen Eigenschaften der jungen Leute gelten lassen. Und die jungen Leute sollten Respekt haben und versuchen, von der Erfahrung der Älteren zu lernen. Harmonische Beziehungen zwischen Eltern und Kindern sind besonders wichtig. Es ist die Pflicht der Eltern, sich fürsorglich um ihre Kinder zu kümmern, und tun sie dies, dann werden ihre Kinder ihnen Dankbarkeit erweisen. In vielen Ländern stehen heutzutage Eltern und Kinder einander nicht sehr nahe. Eltern haben wenig Zuneigung zu ihren Kindern, und ihre Kinder erweisen ihnen wenig Respekt. Werden sie erwachsen, hoffen solche Kinder, daß ihre alten Eltern bald sterben werden. Und Eltern ziehen es ihrerseits vor, weit entfernt von ihren Kindern zu leben.

Es ist wichtig, den Hilflosen und zu kurz Gekommenen beizustehen. Wenn wir jemanden sehen, der gut gekleidet ist und äußerlich anziehend wirkt, verspüren wir die Neigung, dem oder der Betreffenden sofort unsere Hilfe anzubieten. Wenn wir hingegen jemanden sehen, der zerlumpte Kleider anhat und nicht gut aussieht, versuchen wir, uns aus dem Staub zu machen. Das ist kein gutes Zeichen. Die äußerlich anziehenden und gutgekleideten Menschen täuschen uns möglicherweise, wohingegen die Hilflosen eigentlich keine

Bedrohung darstellen. Wenn ich einen Bettler sehe, versuche ich, den betreffenden Menschen in keiner Weise niedriger einzustufen als mich selbst oder ihn für weniger fähig zu halten. Ich denke nie, daß ich besser bin als ein Bettler. Aber wenn ich Menschen kennenlerne, die für sich beanspruchen, intelligent und geistreich zu sein, neige ich dazu, ihnen nicht sofort beizupflichten. Ist jemand freimütig und angenehm, dann können wir es gleichfalls sein. Wenn Sie Menschen offenherzig begegnen und diese Ihnen gegenüber ähnlich reagieren, können Sie bald Freunde werden. Aber wenn Sie offen und ehrlich bleiben, Ihr Gegenüber hingegen ganz anders reagiert, müssen Sie selbstverständlich einen anderen Umgang mit ihm wählen. Was Sie auch immer tun – es ist wichtig, nicht diejenigen zu schikanieren oder zu täuschen, die sowieso schon zu kurz gekommen sind.

Bleiben Sie wachsam, und lernen Sie zu verstehen, was Sie tun und was Sie lassen sollten. Vertrauen Sie darauf, daß Sie sich positiven Handlungen zuwenden können, ohne dabei auf die Unterstützung anderer Menschen angewiesen zu sein. Unterlassen Sie nicht das Bedeutendere, um etwas weniger Bedeutendes zu tun. Das wichtigste ist, daß all Ihr Tun anderen Menschen zugute kommen sollte; es sollte die Wünsche anderer Menschen erfüllen. Wenn wir diesen entscheidenden Punkt verstanden haben, sollten wir ständig zugunsten anderer Menschen Anstrengungen unternehmen. Dies hat der mitfühlende Buddha gelehrt. Der Buddha war weitblickend und wußte, was auf lange Sicht und was auf kurze Sicht nützlich sein würde. Deshalb werden seine Ratschläge den jeweiligen Umständen gerecht, und deshalb ist es einem Bodhisattva, der ständig für den Nutzen anderer wirkt, manchmal erlaubt, Dinge zu tun, die normalerweise untersagt sind.

Wir sollten unsere Nahrung mit drei Arten von Wesen

teilen: mit jenen, die in ungünstige Existenzzustände gefallen sind, wie die Hungergeister; mit jenen, die ohne Schutz sind, wie Bettler und Tiere; und mit jenen, die darauf achten, ein ethisch untadeliges Leben zu führen – ordinierte Menschen, Mönche und Nonnen. Wir sollten unsere Nahrung in vier Teile aufteilen, drei davon weggeben und einen zu uns nehmen. Bringen Sie jedesmal, wenn Sie etwas essen oder trinken, dem Buddha, Dharma und Sangha[78] Opfergaben davon dar, geben Sie Bettlern etwas ab, und widmen Sie etwas den Hungergeistern.

Ihr Körper ist die Grundlage dafür, daß Sie Ihre spirituelle Praxis ausüben können; darum sollten Sie ihn nicht leichtfertig preisgeben. Sie sollten die beiden Extreme[79] vermeiden. Führen Sie kein zu luxuriöses Leben. Verzichten Sie auf viel Schmuck und extravagante Kleidung, und speisen Sie nicht zu üppig. Denn sonst brauchen Sie dadurch Ihr Verdienst auf. Aber fallen Sie auch nicht ins andere Extrem, die Askese: Sie führt zu totaler Erschöpfung. Solche Kasteiung, wie etwa bei jedem Wetter nackt herumzulaufen oder seine Gliedmaßen mit Waffen zu durchbohren, ist gleichfalls ein Extrem. Setzen Sie sich keinen sinnlosen Entbehrungen aus. Wenn Sie Ihren Körper leistungsunfähig machen, wird dies Ihre Dharmapraxis behindern. Wenn Sie hingegen mit Hilfe dieses Körpers die drei Schulungen – die Schulung in sittlichem Betragen, in Meditation und in Weisheit – einhalten, werden Sie rasch die Wünsche der empfindenden Wesen erfüllen können.

Sich eine sektiererische Haltung zu eigen zu machen ist sehr gefährlich. Denn die verschiedenen Stufen von Buddhas Lehre sind dazu da, damit wir Buddhaschaft erlangen. Wenn wir sie hingegen nicht für die Buddhaschaft nutzen, sondern durch sie Zwietracht zwischen verschiedenen Schulen oder verschiedenen religiösen Überlieferungen stiften, ist das sehr verhängnisvoll.[80] Darum ist es wichtig, daß wir uns mit sämtlichen Lehren des Buddha gründlich vertraut machen, indem wir sie hören, über sie nachdenken und meditieren, und zwar ohne jede sektiererische Neigung oder Voreingenommenheit. An diese Aufgabe kann man auf zweierlei Weise herangehen. In der Vergangenheit gab es gelehrte Meister, die sich lediglich darauf konzentrierten, ihre eigene Schule und Überlieferung zu verstehen, und mit Aussagen über andere Schulen oder Gruppierungen sehr zurückhaltend waren. Dann gab es noch eine zweite Kategorie gelehrter Meister, die die Lehren aller Überlieferungen studierten. Für unsere gegenwärtige Situation in der modernen Welt ist die zweite Vorgehensweise angemessener.

Unter den praktizierenden Buddhisten im Westen sind viele nur mit ihrer eigenen Schule vertraut und haben darüber hinaus keine Kenntnisse. Infolgedessen hegen sie Bedenken hinsichtlich der Echtheit und Glaubwürdigkeit anderer Schulen und anderer Lehren. Um dieser Tendenz entgegenzuwirken, versuche ich zu erklären, daß alle vier Schulen des tibetischen Buddhismus[81] ohne jeglichen Widerspruch ein und derselben Lehre des Buddha folgen. Persönlich fand und finde ich es sehr zweckmäßig und förderlich, Unterweisungen zu studieren und in die Tat umzusetzen, die in allen vier Schulen überliefert sind. Wenn ich dies erkläre, sagen mir manche Menschen, daß sie sehr gern einen Lehrer ausfindig machen würden, der Erläuterungen zu jeder dieser Schulen geben kann. Aber es gibt nur sehr wenige Menschen, die über das Wissen und die Erfahrung verfügen, um alle vier Schulen des tibetischen Buddhismus erläutern zu können. Dennoch sollten wir die Lehren der vier Schulen auf allen Ebenen zu verstehen und die Wünsche vieler Menschen wirkungsvoll zu erfüllen versuchen.

Tibet ist spärlich besiedelt, Luft und Wasser sind frisch

und rein. Bevor die Chinesen kamen, war alles Wasser trinkbar. Aufgrund des Klimas und der Umweltbedingungen brauchten wir auf Gesundheit und Hygiene nicht besonders achtzugeben. Heutzutage ist in vielen industriell entwickelten Ländern die Umweltverschmutzung so groß, daß die Eltern Vorbeugungsmaßnahmen zum Schutz ihrer Kinder ergreifen müssen. Wir müssen uns über diese Dinge eingehend informieren. Über die Grundeigenschaften verfügen wir bereits, weil wir ja das Wohl *aller* empfindenden Wesen im Auge haben. Sollten Sie zum Beispiel ohne triftige Veranlassung den Boden umgraben oder das Gras mähen, so würde das dem Leben von Insekten und anderen Tieren schaden oder es empfindlich stören. Solch ein Interesse für das Leben der Insekten und der gesamten Tierwelt ist ein guter Beweggrund, die Umwelt zu erhalten. Wer sich darin besser auskennt, sollte anderen verstehen helfen, wie dringend notwendig es ist, die Umwelt zu erhalten.

Von den vielen Übungen eines Bodhisattva ist die Geistesschulung die wichtigste. Bei ihrer Übung oder Schulung lassen Bodhisattvas nichts unbeachtet. Daher gibt es nichts, das ihnen nicht hilft, Verdienst hervorzubringen. Ob Sie dies nun direkt oder indirekt tun – beschäftigen Sie sich ausschließlich damit, die Wünsche der empfindenden Wesen zu verwirklichen, und widmen Sie Ihre gesamte heilsame Tätigkeit ihrem Nutzen. Sich als Bodhisattva zu bewähren heißt, die ichbezogene Einstellung zu bezähmen. Darum müssen Sie, von Achtsamkeit geleitet und stets wachsam, wirklich praktizieren. Was bringen bloße Worte? Sie müssen tatsächlich praktizieren. Wie könnte einem Kranken das bloße Durchlesen eines medizinischen Textes helfen? Es reicht nicht aus, über die Übungen eines Bodhisattva nur zu reden. Wir müssen sie in die Tat umsetzen.

5. KAPITEL

Geduld

Der wirksamste unter all den Faktoren, die helfen können, den Erleuchtungsgeist aufrechtzuerhalten und in dieser heilsamen Gesinnung nicht nachzulassen, ist das Üben von Geduld. Wenn nämlich jemand versucht, uns zu verletzen oder uns Schaden zuzufügen, besteht große Gefahr, daß wir unsere gütige und mitfühlende Einstellung verlieren. Nur Geduld kann uns dann helfen.

Damit wir diese Geduld aufbringen können, denken wir als erstes über ihre Vorteile und über die verheerenden Konsequenzen von Wut und Haß nach. Geduld zu üben ist die wirksamste Methode, unseren inneren Frieden zu wahren. Ob wir nun mit widrigen Umständen oder feindlichen Kräften konfrontiert werden – sie werden uns nicht in Aufruhr versetzen, und unser Geist wird klar bleiben. Auf lange Sicht werden wir Mut und feste Entschlossenheit entwickeln können.

Wut und Feindseligkeit hingegen können in diesem und auch in künftigen Leben großen Schaden verursachen. Ganz gleich, wie höflich und liebenswürdig wir normalerweise sind – bei einem Wutausbruch schwinden all unsere guten Qualitäten innerhalb von Sekunden dahin. Zum Beispiel war jemand vielleicht bisher eng mit uns befreundet. Aber aufgrund der Dinge, die wir in heller Wut sagen oder tun, können wir diese Freundschaft verspielen. Wut stört unseren inneren Frieden und auch den aller Menschen in unserer Umgebung. Sie schafft Konflikte und macht Menschen unglücklich. Wut kann unser Vorankommen im Leben hemmen. Sie führt zu groben Worten und groben Taten, zu denen wir uns sonst nicht hinreißen lassen würden, weil es uns einfach zu peinlich wäre. Von Wut übermannt, könnten wir sogar bis zum Äußersten gehen und jemanden umbringen. Solche negativen Handlungen hinterlassen starke Prägungen im Geist, die zur Folge haben können, daß wir in elenden Existenzformen wiedergeboren werden. Sämtliche heilsamen Eigenschaften, dic Sie über zahllose Weltzeitalter hin angesammelt haben, indem Sie Freigebigkeit[82] geübt und den Buddhas Opfer dargebracht haben, können in einem einzigen Augenblick der Wut zunichte gemacht werden. Insbesondere gilt dies, wenn man auf einen Bodhisattva wütend wird. Keine andere negative Handlung ist ein ähnlich großes Hindernis auf dem spirituellen Weg wie Wut. Entsprechend gilt auch, daß keine Buße der Geduld gleichkommt. Stärken Sie daher Ihre Geduld, wo Sie nur können.

Wut kann verschiedene Ursachen haben, so auch Unzufriedenheit und Ängstlichkeit. Wir neigen dazu, auf Geschehnisse und Umstände in unserem Leben irrational zu reagieren. Wenn uns etwas Unannehmlichkeiten bereitet, neigen wir dazu, anderen die Schuld an dem Problem zu geben. Statt sofort zu reagieren, sollten wir das Problem mit kühlerem Kopf untersuchen. Als erstes sollten wir herausfinden, ob es eine Lösung dafür gibt. Kann man das Problem lösen, dann braucht man sich seinetwegen nicht zu beunruhigen. Kann man aber das Problem nicht bewältigen, dann wird es nichts nützen, sich seinetwegen zu beunruhigen. Indem wir eine rationalere Vorgehensweise wählen, können wir verhindern, daß die Geschehnisse unseren Geist verstören. Nehmen wir ein Beispiel. Schlägt uns jemand mit einem Stock, dann besteht unsere übliche impulsive Reaktion darin, daß wir auf diese Person wütend sind und uns rächen wollen. Doch der Dharma lehrt uns, daß wir uns beruhigen und nach der wahren Ursache suchen sollten. Nun erhebt sich die Frage: Welches ist die wahre Ursache – die betreffende Person, ihr fehlgeleiteter Geist oder der Stock, der uns tatsächlich schlug? Wenn wir diesem Gedankengang folgen, wird es klar, daß wir auf die störende Emotion wütend sein sollten, die die Person zu solch gewalttätigem Verhalten veranlaßt hat. Dies ist ein Beispiel, wie wir auf negative Vorfälle in unserem Leben rationaler reagieren sollten.

Solange unser Geist von Wut gepeinigt wird, werden wir nie Frieden und Glück erfahren. Wir alle wissen: Sobald Wut in uns aufkommt, fällt uns das Atmen schwer. Wir haben das Gefühl zu ersticken. Wie könnten wir unter solchen Umständen schlafen oder an unserem Essen Geschmack finden? Geist und Körper kommen nicht zur Ruhe, und ohne Schlaf wird unser Geist labil. Die Schriften erklären, in diesem Leben Wut zu entwickeln habe zur Folge, daß der oder die Betreffende in der Zukunft als ein häßlicher Mensch wiedergeboren werde. Selbstverständlich gibt es einige schlaue Leute, und ich zähle einige der tibetischen Adligen zu ihnen, die nach außen hin um so mehr lächeln, je wütender sie im Innern sind. Doch ansonsten zeigen die meisten von uns ihre Wut unmittelbar. Wenn beispielsweise in Amdo, der nordosttibetischen Gegend, aus der ich stamme, die dort lebenden Menschen in Wut geraten, wird ihr Gesicht schlagartig rot. Wir haben eine tibetische Redensart: »Benimm dich nicht wie die Leute aus Amdo.« Zentraltibet ist als das Land des Dharma bekannt. Obwohl die dort ansässigen Menschen möglicherweise ihren Geist bislang nicht disziplinieren und umwandeln konnten, haben einige unter ihnen gelernt, ihren Gesichtsausdruck unter Kontrolle zu halten, so daß sie auch dann noch lächeln können, wenn sie wütend sind.

Wenn Wut in uns aufflammt, sehen wir sofort häßlich aus.

Unser Gesicht wird faltig und rot. Auch bei Tieren, Katzen beispielsweise, äußert sich Wut auf sehr häßliche Art. Wenn Sie sich der Negativität störender Emotionen bewußt sind und beobachten, wie jemand wütend wird, haben Sie den Beweis klar erkennbar vor sich. Wut bewirkt nicht nur, daß wir häßlich anzusehen sind, sie macht uns auch dumm und schwerfällig. Sie beraubt uns unserer Urteilskraft. Wenn Ihnen jemand schadet und Sie mit Wut darauf reagieren – macht das den Schaden wett, den Sie erlitten haben? Kurzzeitig ist Wut zu nichts nütze, und auf unsere zukünftigen Leben wird sie sich bloß dadurch auswirken, daß sie weiteres Leid herbeiführt. Da man Ihnen ja bereits geschadet hat, besteht die Alternative darin, es einfach zu ertragen und über Geduld zu meditieren. Dieses Vorgehen ist viel besser, weil es zumindest künftiges Leid abwenden wird. Geraten Sie in Wut, dann werden Sie, neben dem bereits erlittenen Schaden, in Zukunft weiteres Leid erleben. Wut ist zu überhaupt nichts nütze. Schütteln Sie sie einfach ab.

Die tantrischen Texte sprechen zwar davon, »den Haß auf dem Weg zu nutzen«, aber in diesem Fall hat das Wort »Wut«[83] nicht dieselbe Bedeutung. Gewöhnlichen Haß können wir auf dem spirituellen Weg nicht nutzen, weil solcher Haß unser Mitgefühl beseitigt und unseren Geist roh und ungebärdig macht. Aus Wut könnten wir sogar jene umbringen, die uns materiell geholfen, uns Güte und Respekt erwiesen haben. Aus Wut enttäuschen wir unsere Freunde und nehmen wir Geschenke nicht an. Kurzum, Wut bringt niemals Frieden und Glück. Keiner ist friedvoll und glücklich, wenn er wütend ist. Wut ist ein Feind, der negative Resultate hervorbringt.

Nachdem Sie über die Vorteile von Geduld und die Nachteile von Wut nachgedacht haben, sollten Sie zu begreifen versuchen, welche Ursachen zu Wut führen. Dann können

Sie beginnen, die Wut zu überwinden, indem Sie ihre Ursachen beseitigen. Entfacht wird Wut durch die Frustration, die sich einstellt, wenn wir nicht erreichen, was wir wollen, oder wenn wir erleben, was wir nicht erleben wollen. Mit der Wut kommen all ihre zerstörerischen Auswirkungen. Der Brennstoff, der das Feuer der Wut nährt, ist Unzufriedenheit, und sie müssen wir zu verhüten suchen. Gewöhnliche Feinde mögen uns Schaden zufügen, aber sie haben auch andere Dinge zu tun. Selbst unser Feind muß schlafen, essen, sich um seine Familie und seine Freunde kümmern. Gewöhnliche Feinde können sich nicht ununterbrochen gemeinsam bemühen, den Geist anderer Menschen zu verstören und zugrunde zu richten. Wut jedoch verstört ausschließlich und immerzu den Geist. Ihre einzige Funktion besteht darin, uns Schaden zuzufügen. Daher sollten wir um jeden Preis verhüten, daß Wut aufkommt, indem wir sie nicht durch Unzufriedenheit entfachen.

Verärgerung erfüllt weder unsere Wünsche, noch bringt sie uns Glück und Frieden. Sie verstört und zerrüttet. Haben Sie den Eindruck, daß Ihnen etwas Unerfreuliches bevorsteht, aber die Möglichkeit gegeben ist, es abzuwenden, dann brauchen Sie sich darüber nicht zu ärgern; tun Sie einfach, was zu tun ist, um es abzuwenden. Kann man aber nichts dagegen tun, macht es ebensowenig Sinn, sich zu ärgern. Sich verärgert zu fühlen wird nicht helfen. Ängstlich keit und innere Unruhe lösen keine Probleme. Sind die Ursachen und Bedingungen einmal da, können wir sie nicht daran hindern, Wirkungen hervorzubringen. Das ist das Naturgesetz. Wenn sich an Ihrer mißlichen Lage nichts ändern läßt, werden Sie sie nur verschlimmern, falls Sie der Besorgnis, Angst und inneren Unruhe nachgeben. Wenn zwei Menschen an der gleichen Krankheit leiden und einer davon außerdem zu großer Ängstlichkeit neigt, der andere hingegen nicht, ist es ganz klar, wem von beiden es schlechter geht.

Vergleichen Sie tibetische Flüchtlinge mit jenen aus anderen Ländern, dann werden Sie feststellen, daß die tibetische Einstellung im allgemeinen beherzt ist. Tibeter neigen nicht sonderlich zu Erregung oder zu Niedergeschlagenheit. Sie mußten schweres Leid hinnehmen, doch sie konnten es ertragen. Manchen ist unerträgliches Leid widerfahren. Sie haben bis zu zwanzig Jahre im Gefängnis verbracht, und doch haben mir einige von ihnen erzählt, daß es die beste Zeit ihres Lebens war, weil sie sich intensiv dem Gebet, der Meditation und anderen heilsamen Übungen widmen konnten. Hier zeigt sich der Unterschied in der geistigen Einstellung. Tag und Nacht solchem Leid ausgesetzt, hätten die meisten Menschen nicht die innere Kraft, dies zu ertragen. Kann man jedoch die Gelegenheit annehmen und sie dazu nutzen, den Geist umzuwandeln, dann kann manch Gutes daraus erwachsen. Läßt sich daher etwas ändern oder umwandeln, so braucht man sich nicht zu beunruhigen. Und läßt es sich nicht ändern, dann braucht man sich gleichfalls nicht zu beunruhigen, weil durch Beunruhigung das Problem nicht gelöst wird.

Als spirituell praktizierende Menschen sollten wir die Einstellung haben, für ein höheres Ziel freiwillig Unannehmlichkeiten auf uns zu nehmen. Angesichts kleinerer weltlicher Probleme und Leiden sollten wir eine so großmütige Haltung einnehmen, daß diese uns kein Kopfzerbrechen bereiten. Können wir unsere Einstellung gegenüber Leid in all seinen Abstufungen wandeln, wird dies unser Leben verändern. Das Nachdenken über Leid hat tatsächlich positive Auswirkungen. Nur so können wir den Entschluß fassen, aus diesem Existenzkreislauf freizukommen. Daher sollten wir mit gefestigtem Geist über die Natur des Leids nachdenken. Es gibt Menschen, die sich unter dem Deckmantel der Religion kasteien und verstümmeln. Wenn Menschen selbst für nichtige Ziele bereit sind, solche Dinge auf sich zu nehmen, weshalb können wir da nicht gewisse Entbehrungen ertragen, um den Zustand der Befreiung zu erlangen, einen dauerhaften Zustand des Friedens und Glücks? Warum schrecken wir vor Entbehrungen um der Befreiung willen zurück?

Es liegt in der Natur des Geistes, daß er etwas um so leichter vollbringt, je geläufiger es ihm wird. Sind wir fähig, Leid aus einer veränderten Perspektive zu betrachten, werden wir auch größeres Leid noch ertragen können. Ausnahmslos alles wird leichter, wenn es uns vertraut ist. Gewöhnen wir uns an kleinere Verletzungen, werden wir nach und nach größeren Schmerz ertragen können. Wir sehen es viele Menschen ruhig hinnehmen, daß sie von Insekten befallen werden, daß Hunger und Durst ihnen zusetzen, daß sie von Dornen zerstochen und zerkratzt werden, während sie sich um die Belange ihres Lebens kümmern. Die Menschen tragen solch belanglose Leiden mit Fassung, sobald sie sich an sie gewöhnt haben. Wenn wir daher mit kleineren Problemen konfrontiert sind, die von Hitze und Kälte, Wind und Regen, Krankheit und Verletzung herrühren, und uns darüber ärgern, verschlimmern wir das Problem nur. Manche Menschen erschrecken beim Anblick des eigenen Blutes nicht, sondern werden sogar noch beherzter. Andere fallen beim Anblick von Blut gleich in Ohnmacht, erst recht, wenn es ihr eigenes ist. Diese Unterschiede bestehen, weil die Menschen in unterschiedlichem Maß geistig gefestigt sind. Manche sind beherzt, andere ziemlich feige. Lernen Sie, sich freiwillig kleineren Problemen auszusetzen, dann wird das Leid in seinen unterschiedlichen Abstufungen Sie allmählich nicht mehr bezwingen können. Die Weisen lassen angesichts von Leid niemals zu, daß ihr Geist verstört oder unruhig wird.

Kein Zweifel, wenn Sie gegen die störenden Emotionen zu Felde ziehen, werden Sie Entbehrungen und Probleme bewältigen müssen. Im gewöhnlichen Leben zieht niemand mit der Erwartung in den Krieg, Frieden und Glück zu erleben. Manche werden ums Leben kommen, viele werden leiden. Wenn wir gegen die störenden Emotionen zu Felde ziehen, sind die positiven Streitkräfte recht schwach, die störenden Emotionen hingegen sehr schlagkräftig. Ohne Frage werden wir in diesem Kampf Entbehrungen erdulden müssen. Wir müssen sie akzeptieren, ohne uns entmutigen zu lassen. Nehmen Sie freiwillig kleinere Leiden hin, um den Sieg über den wahren Feind davonzutragen – etwa den Haß, der Ihnen innewohnt. Wer in diesem Kampf den Sieg davonträgt, ist ein wirklicher Held.

Betrachten wir jemanden als Feind, neigen wir normalerweise zu der Auffassung, er oder sie habe eine unabhängige Existenz. Außerdem meinen wir, der von diesem Feind zugefügte Schaden habe eine unabhängige Existenz. Aber wenn Ihr Feind schießt und Sie verwundet, ist es genaugenommen die Kugel, die Ihren Körper trifft, und nicht der Feind. Geradeso wie eine Waffe von einer Person gehandhabt wird, wird die Person von den störenden Emotionen gelenkt, die ihr innewohnen. Normalerweise werden wir auf die betreffende Person wütend. Warum werden wir nie wütend auf die grundlegende Schadensursache, die störende Emotion? Warum werden wir nicht wütend auf die Kugel, die uns tatsächlich trifft? Warum hassen wir nur die Person, die Verbindung zwischen beidem? Sie könnten antworten, die Person habe zu dem Geschehen beigetragen. In diesem Fall sollten Sie auf sich selbst wütend sein, weil auch Sie zu dem Geschehen beigetragen haben. Wären Sie nicht da, könnte niemand auf Sie schießen oder Ihnen sonstigen Schaden zufügen. Das Leid, das Ihnen widerfährt, ist nicht bloß die Wirkung der Waffe, mit der Sie verletzt wurden; Ihr eigener Körper ist ebenfalls verantwortlich. Der Feind hat für die Waffe gesorgt, aber Sie mit Ihrem Körper für das Ziel. Verletzt Sie jemand, sollten Sie sich auch daran erinnern, daß Sie in der Vergangenheit anderen empfindenden Wesen auf ähnliche Weise geschadet haben und daß man Ihnen infolgedessen heute schadet. Jetzt kommen *Ihre* verwerflichen Taten der Vergangenheit zur Reife. Obwohl Ihnen von anderen empfindenden Wesen Schaden zugefügt wird, sind Sie selbst schuld daran; Sie sind dafür verantwortlich.

Wenn jemand – Freund oder Feind – etwas Ungebührliches tut, sollten Sie sich daran erinnern, daß sein unangemessenes Tun das Ergebnis vieler Ursachen und Bedingungen ist. Daher brauchen Sie nicht unglücklich zu sein. Geschähe alles durch die Kraft unseres eigenen Willens, ohne noch von anderen Dingen abzuhängen, würde jeder Glück bewirken, da jeder glücklich sein will. Aber aus Unachtsamkeit und Unwissenheit lassen wir uns auf negative Handlungen ein und fügen uns selbst Schaden zu. Unter dem Einfluß starker störender Emotionen töten die Menschen bisweilen sogar sich selbst, trotz ihres starken Selbsterhaltungstriebs.

Demnach ist es nicht verwunderlich, daß empfindende Wesen einander schaden. Wenn wir sehen, daß solche Dinge geschehen, sollten wir keine Wut empfinden, sondern Mitgefühl entwickeln. Und selbst wenn dies nicht gelingt – welchen Zweck hat es, wütend zu werden? Sagt man, anderen zu schaden liege in der menschlichen Natur, so lohnt es sich dennoch nicht, auf sie wütend zu werden. Es liegt in der Natur des Feuers zu brennen. Verbrennen Sie sich, so hat es keinen Zweck, auf das Feuer wütend zu sein. Am besten vermeidet man, sich zu verbrennen. Da empfindende Wesen im Grunde von Natur aus gut und ihre Wut- und Haßanfälle etwas Vorübergehendes sind, hat es keinen Zweck, auf sie wütend zu werden. Ist der Himmel plötzlich voller Rauch, so besteht kein Grund, über den Himmel in Wut zu geraten. Wozu also anderen Menschen Vorwürfe machen und wütend auf sie werden?

Ihr Feind schadet Ihnen aus Verwirrung und Unwissenheit. Geraten auch Sie aus Verwirrung in Wut, dann sind Sie beide im Irrtum. Wie können Sie sagen, der eine habe recht und der andere nicht? Der Schaden, der Ihnen heute widerfährt, wird durch Ihre verwerflichen Taten der Vergangenheit hervorgerufen. Wenn er Ihnen nicht gefällt, weshalb haben Sie dann jene Fehler begangen? Da alles auf Ihre Handlungen zurückgeht, warum werden Sie da auf jemand anderen wütend? Solange Sie Ihre verwerflichen Taten nicht läutern, werden sich zwangsläufig negative Auswirkungen einstellen.

Indem wir uns auf sogenannte Feinde konzentrieren und über Liebe, Mitgefühl und Geduld meditieren, können wir viele unserer verwerflichen Taten läutern. Feinde geben uns die Gelegenheit, heilsame Qualitäten anzusammeln, indem wir Geduld üben. Doch durch den Schaden, den sie uns zufügen, fallen sie in ungünstige Existenzzustände und bleiben lange Zeit darin. Unsere negativen Handlungen der Vergangenheit bewirken, daß der Feind uns Schaden zufügt. Indem er uns aber diesen Schaden zufügt, sammelt er negative Handlungen an und leidet in der Zukunft. In diesem Sinne sind eigentlich wir für die Ansammlung der negativen Handlungen unseres Feindes verantwortlich, und wir bringen letztlich den Feind so weit, daß er eine ungünstige Wiedergeburt erhält. Auf diese Weise richten wir andere empfindende Wesen indirekt zugrunde. Der Feind verschafft uns eine Gelegenheit, Geduld zu üben und dadurch Buddhaschaft zu erlangen, und wir reagieren damit, daß wir ihn in die Hölle schicken. Indem sie uns die Gelegenheit geben, Geduld zu entwickeln, sind Feinde uns eigentlich von Nutzen. Wollen wir also auf jemanden wütend werden, sollten wir auf uns selbst wütend werden. Und wollen wir mit irgend jemandem zufrieden sein, dann mit unserem Feind.

Der Geist ist nichts Physisches. Niemand kann ihn berühren, niemand kann ihm unmittelbar etwas zuleide tun, und daher kann niemand ihn zerstören. Sagt jemand etwas Drohendes, Barsches oder Unfreundliches zu Ihnen, fügt Ihnen das keinen tatsächlichen Schaden zu, also brauchen Sie nicht in Wut zu geraten. Es ist wichtig, daß Sie sich einfach entspannen und ruhig und friedlich bleiben, ohne dem Beachtung zu schenken, was andere Leute sagen. Sie brauchen sich nicht unglücklich zu fühlen oder zu fürchten. Sagen Sie, daß die Beleidigungen von anderen Menschen Ihrem Wohlstand oder Gedeihen hinderlich sein werden, dann lautet die Antwort, daß man materielle Güter sowieso früher oder später aufgeben muß. Sagen Sie, daß es angebracht ist, in Wut zu geraten, damit man bestimmte Güter bekommt, dann lautet die Antwort, daß Sie kein weltliches Gut, wie vortrefflich es auch sei, länger als dieses Leben behalten werden. Aber die Wut, die Sie zum Ausdruck gebracht haben, um jenes Gut zu bekommen, wird viele Leben lang Folgen für Sie haben.

Das Leben läßt sich mit zwei Träumen vergleichen. In dem einen Traum erfahren Sie hundert Jahre lang Glück und wachen dann auf; in dem anderen erfahren Sie nur einen Moment lang Glück und wachen dann auf. Doch nach dem Aufwachen können Sie sich an dem Glück Ihrer Träume kein weiteres Mal erfreuen. Ob Sie nun ein langes oder ein kurzes Leben leben – Sie werden sterben müssen. Ob sie nun viele Besitztümer hatten oder nicht und ob Sie sich ihrer nun lange Zeit erfreut haben oder nicht – zum Zeitpunkt des Todes lassen Sie, wie von einem Dieb beraubt, alles zurück. Sie müssen mit leeren Händen in die nächste Welt reisen.

Die Kommunisten in Tibet verunglimpfen den Buddha, Dharma und Sangha. Aus Respektlosigkeit zerstören sie Stupas und Tempel. Sie sollten über eine derartige Zerstörung nicht wütend sein, denn selbst wenn jemand Bildnisse des Buddha, die Schriften und Stupas beschädigt, kann er dem eigentlichen Buddha, Dharma und Sangha keinerlei Schaden zufügen. Wird Ihren Freunden und Verwandten von anderen etwas zuleide getan, so geschieht dies aufgrund ihrer früheren Handlungen und vieler anderer Ursachen und Bedingungen. Wut ist hier absolut fehl am Platz. Verkörperte Wesen kommen gleichermaßen durch belebte wie auch durch unbelebte Phänomene zu Schaden – weshalb sollten Sie also besonders darauf aussein, sich an jenen zu rächen, die einen Geist besitzen?

Bei mangelnder sozialer Harmonie sollten Sie daran denken, daß empfindende Wesen unterschiedlich veranlagt sind, unterschiedlich denken und eine unterschiedliche Auffassung von den Dingen haben. Das ist nur natürlich. Aufregung, Verwirrung oder Behinderung sollten Sie als Auswirkung Ihres eigenen Handelns ansehen können und sich daher nicht ärgern. Entwickeln Sie statt dessen Liebe und Mitgefühl. So werden Sie darauf achten, heilsame Handlungen anzusammeln. Wenn zum Beispiel jemandem das Haus abbrennt und der bzw. die Betreffende sich eine andere Bleibe suchen muß, wird er oder sie alles Feuergefährliche beseitigen. Ebenso besteht, wenn in Ihnen Haß aufflammt, weil Sie an etwas hängen, die Gefahr, daß seine Flammen Ihre Verdienste aufzehren. Sie sollten sich vom Gegenstand Ihres Anhaftens freimachen.

Manchmal müssen wir dem Frieden und Glück zuliebe kleinere Freuden opfern. Beispielsweise wäre es besser, zur Strafe ein Bußgeld zu zahlen, als sich die Hand abhacken zu lassen. Wenn wir schon die kleineren Leiden dieses Lebens nicht ertragen können, weshalb ersparen wir uns dann nicht jene Wut, die zu Höllenqualen führt? Um unserem Verlangen stattgeben zu können, riskieren wir, daß wir Tausende von Jahren in der Hölle leiden. Solche Leiden verwirklichen weder unser eigenes Ziel noch die Ziele der anderen empfindenden Wesen. Erkennt man hingegen voll und ganz die Vorteile von Geduld und die Nachteile von Wut, wird es erträglich, zur Überwindung der Wut Unannehmlichkeiten auf sich zu nehmen. Können Sie sich mit solchen Unannehmlichkeiten abfinden, haben Sie viel erreicht. Sie werden schließlich fähig sein, die zeitlichen und die letztendlichen Leiden der empfindenden Wesen zu beseitigen. Daher lohnt es sich, kleinere Unannehmlichkeiten hinzunehmen, um so unermeßliches Verdienst anzusammeln und dauernden Frieden, dauerndes Glück zu erlangen.

Sie begrüßen es, wenn jemand hocherfreut *Ihre* Qualitäten lobt. Aber Sie werden eifersüchtig, wenn Sie erfahren oder mit anhören, daß man die Qualitäten anderer Menschen lobt. Das ist unangemessen. Wenn Sie so empfinden, was nützt es dann zu beten: »Mögen alle empfindenden Wesen glücklich sein«? Es wird zu bloßem Wunschdenken. Wenn Sie wirklich wollen, daß alle Wesen glücklich sind – dazu haben Sie ja den Erleuchtungsgeist entwickelt –, wie können Sie dann verstimmt sein, wenn einige Wesen durch eigene Anstrengung ein wenig Glück erlangen? Wenn Sie wollen, daß den empfindenden Wesen der erhabene Zustand der Buddhaschaft zugänglich wird, weshalb bereitet es Ihnen dann Mißbehagen, wenn ihnen Besitz und Respekt zuteil wird? Wenn sich herausstellt, daß jemand, für dessen Versorgung Sie verantwortlich sind, für sich selbst sorgen kann – macht Sie das nicht glücklich? Wir sagen: »Mögen alle empfindenden Wesen sich des Glücks erfreuen, und möge ihnen kein Leid widerfahren.« Wenn empfindenden Wesen Glück zuteil wird und sie selbst ihr Leid verringern, hat man allen Anlaß, sich aufrichtig darüber zu freuen. Wollen Sie jedoch nicht, daß die empfindenden Wesen Frieden und Glück erlangen, wozu sollten Sie dann darüber reden, wie sie Erleuchtung erlangen?

Menschen, die verärgert sind, wenn andere vorwärtskommen, tragen keinen Erleuchtungsgeist in sich. Ob jemand anderem etwas geschenkt wird oder nicht, betrifft Sie nicht. Das Geschenk gehört nicht Ihnen, und Sie bekommen es nicht, warum fühlen Sie sich also unglücklich? Warum verspielen Sie Ihr Verdienst, Ihren guten Ruf und Ihre guten Eigenschaften, indem Sie wütend werden? Weshalb geben Sie genau die Qualitäten preis, die Ihnen ermöglichen, Reichtum und Respekt zu erlangen? Nicht genug damit, daß solch negative Handlungen Ihr Streben nach Befreiung vereiteln werden – Sie konkurrieren auch noch mit jenen, die Verdienst angesammelt haben und infolgedessen Geschenke empfangen. Ist das angemessen?

Warum freuen Sie sich, wenn es Ihrem Feind erbärmlich geht? Ihr bloßer Wunsch, er möge unglücklich sein, kann ihm nichts anhaben. Und selbst wenn er Ihrem Wunsch gemäß Leid erfährt, weshalb sollten Sie sich dann freuen? Befriedigt Sie das, so wird eine derart negative Einstellung nur Ihren Untergang herbeiführen. Hängen Sie erst einmal am Haken der störenden Emotionen, wird Ihnen großes Leid widerfahren. Sie werden in der Hölle leben müssen. Ruhm und Ansehen werden nicht zu Verdienst, und sie werden auch nicht Ihr Leben verlängern. Sie werden Ihnen weder zu Stärke noch zu guter Gesundheit verhelfen. Wenn Sie sicher zu entscheiden wissen, was von Nutzen ist und was nicht, werden Sie herausfinden, welchen Nutzen Respekt und Wertschätzung haben. Vielleicht räumen Sie ein, daß keine greifbaren Vorteile damit verbunden sind, Respekt und Wertschätzung Ihnen aber dennoch guttun. Wenn es Ihnen jedoch lediglich um eine gewisse Zufriedenheit geht, warum legen Sie sich dann nicht ins Bett und betrinken sich? Wenn Sie bloß auf vorübergehendes Wohlbefinden aus sind, könnten Sie genausogut Drogen nehmen.

Törichte Menschen geben um des Ruhmes willen alles auf. Damit man sie Helden nennt, lassen sie sich in der Schlacht töten. Wozu ist es gut, wenn man Leben und Wohlstand opfert, bloß um berühmt zu sein? Menschen, die sich um ihren Ruf Gedanken machen und fürchten, ihr Ruhm könne verblassen, gleichen kleinen Kindern, die in mühevoller Arbeit eine Sandburg bauen und heulen, sobald sie einstürzt. Freuen Sie sich daher nicht zu sehr, wenn jemand Sie lobt. Ruhm hat keine Substanz. Berühmt zu sein ist bedeutungslos. Die Anziehungskraft von gutem Ruf, Ruhm und Ansehen wird Sie von heilsamen Aktivitäten ablenken.

Mönche und Nonnen zum Beispiel studieren die Schriften. Am Anfang, wenn sie in eine Klostergemeinschaft eintreten, sind sie sehr bescheiden. Im Laufe ihrer Ausbildung werden sie zu Gelehrten oder erwerben den Titel eines *Geshe.*[84] Sie bekommen Schüler und Anhänger und verändern sich völlig. Ich finde, daß heutzutage manche Lehrer, die Schüler aus der westlichen Welt haben, sehr hochmütig werden. Mit Geschäftsleuten verhält es sich ähnlich. Wenn sie geschäftlich Erfolg haben, geben sie damit an, indem sie teure Ringe und Uhren tragen. In Tibet würden sie teure Ohrringe tragen. Selbstverständlich werden ihnen Ohrringe auf die Dauer nur die Ohren einreißen und sind zu sonst nichts nütze.

Wenn Menschen, die sich eigentlich hoch oben im Gebirge

aufhalten sollten, um zu meditieren, zu ein wenig Ansehen oder Geltung gelangen, neigen sie dazu, ihr zurückgezogenes Leben aufzugeben und in die Ebenen herunterzukommen. Anfangs raten sie den Leuten möglicherweise, es sei dringend notwendig, über Vergänglichkeit und Leid zu meditieren. Sie selbst jedoch verlieren nach und nach diese Qualitäten aus den Augen, und schließlich werden sie stolz und hochmütig durch negative Eigenschaften wie Eifersucht und Konkurrenzdenken. Schwache und schlichte Menschen versuchen im allgemeinen nicht, andere zu täuschen und einzuschüchtern. Allein bei jenen Menschen, die etwas haben, womit sie sich zur Geltung bringen können, kommen Eifersucht und Konkurrenzdenken auf. Deshalb ist es sehr gefährlich, wenn wir uns selbst loben und auf Anerkennung aus sind. Beides gibt zur Entstehung negativer Eigenschaften Anlaß. Daher macht man sich besser die Auffassung zu eigen, daß jene Menschen, die an uns immer etwas auszusetzen haben, uns eigentlich schützen. Sie verhindern, daß wir in ungünstige Existenzzustände fallen.

Wir haben schon unter der Last störender Emotionen und negativer Handlungen zu leiden. Warum brauchen wir da noch die zusätzliche Last von Ansehen und gutem Ruf? Statt auf jene Menschen wütend zu werden, die uns aus der Knechtschaft von Ansehen und gutem Ruf befreien würden, sollten wir sie hochschätzen. Wir sind immer darauf aus, den zu Leid führenden Weg zu betreten; da kommt, als ob wir vom Buddha gesegnet wären, unser Feind und schließt die Pforte zur Hölle, indem er den guten Ruf schädigt, an dem wir so sehr hängen. Kein Ergebnis kann ohne Ursache zustande kommen, und existiert die Ursache, wird das Ergebnis sich einstellen. Hier ist unsere Geduldsübung das Ergebnis, während die Ursache darin besteht, daß uns ein anderer Mensch Schaden zufügt. Daher entsteht Geduld durch den Schaden, den Ihnen Ihr Feind zufügt. Wie können Sie behaupten, solcher Schaden sei ein Hindernis für Ihr Verdienst? Nur Ihr Feind ermöglicht Ihnen, Geduld zu üben. Beispielsweise liefert uns die Gegenwart eines Bettlers eine Gelegenheit zum Geben. Wie könnten wir einen Bettler als Hindernis für die Ausübung von Freigebigkeit bezeichnen?

Es gibt viele Bettler auf der Welt, darum ist es leicht, Freigebigkeit zu üben. Aber Feinde und Menschen, die uns Schaden zufügen, sind im allgemeinen selten. Fügen wir nämlich anderen Menschen keinen Schaden zu, werden sie uns normalerweise auch nicht schaden. Demnach sind die für das Üben von Geduld erforderlichen Umstände ziemlich selten. Unser Feind verschafft uns die Gelegenheit, Geduld zu üben, ohne daß wir irgend jemandem schaden müssen; darum können wir uns über die Gelegenheit aufrichtig freuen und den Wert unseres Feindes dankbar würdigen. Der Feind stärkt unsere Bodhisattvapraxis, weil er zu unserer Geduldsübung beiträgt.

Geduld ist für einen Bodhisattva äußerst wichtig, und Geduld kann man nur entwickeln, weil der Feind vorhanden ist. Da unsere Geduldsübung sich einerseits aus unserer eigenen Bemühung und andererseits aus dem Vorhandensein des Feindes ergibt, sollten wir das dabei entstehende Verdienst erst einmal dem Glück unseres Feindes widmen. Sie könnten einwenden, der Feind veranlasse zwar diese Geduldsübung, jedoch habe die betreffende Person dies nicht beabsichtigt. Sie habe nicht gedacht: »Ich werde diesem Menschen die Chance geben, Geduld zu entwickeln.« Aber warum bekunden wir dann unsere Hochachtung vor Nirvana? Nirvana, die wahre Beendigung des Leids, hat keine Absicht, keinen Beweggrund, der betreffenden Person zu nützen. Warum betrachten wir es als etwas Kostbares? Der Feind wird Ihr Feind, weil er oder sie beabsichtigt, Ihnen zu schaden. Wie könnten Sie Geduld üben, wenn jeder immer wie ein Arzt versuchen würde, Ihnen zu helfen? Ihr Feind ist derjenige, der es Ihnen ermöglicht, Geduld zu üben.

Wir können zweifaches Verdienst ansammeln – in bezug auf die empfindenden Wesen oder auf den Buddha.[85] Indem wir die zahllosen empfindenden Wesen zufriedenstellen, können wir die eigenen Ziele und die der anderen verwirklichen. Wir können die Vervollkommnung positiver Eigenschaften erreichen. Empfindende Wesen und der Buddha haben in gleichem Maß an der Verwirklichung von Buddhaschaft mitgewirkt. Warum haben wir also so großen Respekt vor dem Buddha, mißachten und schikanieren aber empfindende Wesen? Die Buddhas, die unsere letztendliche Zuflucht sind, bringen zahllosen empfindenden Wesen unermeßlichen Nutzen. Wir können sie dadurch zufriedenstellen, daß wir die empfindenden Wesen zufriedenstellen. Es gibt für uns keine andere Möglichkeit, ihnen ihre Güte zu vergelten. Für die hilflosen empfindenden Wesen haben die Buddhas sogar ihren Körper hingegeben und sich sogar auf das unaufhörliche Leid der Hölle eingelassen. Ebenso haben Bodhisattvas nur um der empfindenden Wesen willen den Erleuchtungsgeist entwickelt und ihre spirituelle Praxis aufgenommen. Wir werden ihnen ihre Güte vergelten können, indem wir gleichfalls den empfindenden Wesen helfen. Wieviel Leid uns also bestimmte empfindende Wesen bereiten mögen – wir sollten immer positiv reagieren, in dem Bemühen, nur zu ihrem Nutzen zu handeln.

Um jene Aktivitäten auszuführen, die die Buddhas zufriedenstellen werden, sollten wir uns anderen empfindenden Wesen gegenüber als Diener oder Dienerinnen betrachten. Selbst wenn empfindende Wesen uns auf dem Kopf herumtrampeln und uns töten, werden wir keine Vergeltung üben. Die Buddhas und Bodhisattvas besitzen großes Mitgefühl, darum besteht kein Zweifel, daß sie sich fürsorglich um die empfindenden Wesen kümmern werden. Sie haben zahllose Weltzeitalter lang zum Wohl der empfindenden Wesen praktiziert. Wir sind Schüler des Buddha. Warum werden wir also nicht zu Beschützern der empfindenden Wesen, warum erweisen wir ihnen keinen Respekt? Das ist die beste Übung, um die Buddhas und Bodhisattvas zufriedenzustellen und gleichzeitig die eigenen zeitlichen und letztendlichen Ziele zu verwirklichen. Auf diese Weise werden alle empfindenden Wesen bis hinunter zu den kleinsten Insekten unsere Freunde werden. Wo immer wir leben, unsere Umgebung wird friedvoll und ruhig sein. Von Leben zu Leben werden wir von einem Zustand des Friedens zum nächsten reisen. Am besten können wir also auch unser eigenes Ziel verwirklichen, indem wir in aller Zurückhaltung frei von Stolz und den empfindenden Wesen von Nutzen sind.

Normalerweise nehmen wir Zuflucht zum Buddha, Dharma und Sangha. In makelloser Geisteshaltung bezeugen wir vor den Bildnissen der Buddhas und Bodhisattvas unseren Respekt. Aber wenn wir empfindende Wesen sehen, insbesondere jene, die wir für Feinde halten, entwickeln wir Eifersucht und Konkurrenzdenken. Darin liegt ein gewaltiger Widerspruch. Im Umgang mit jemandem, den wir als engen Freund betrachten, den wir sehr lieben, versuchen wir, nichts zu tun, was der betreffenden Person mißfallen würde. Beispielsweise könnten Sie scharfe, stark gewürzte Speisen mögen, aber mit jemandem eng befreundet sein, der das nicht tut. Aus wirklicher Rücksichtnahme würden Sie, wenn Sie die betreffende Person zum Essen einladen, die Speisen nach ihrem Geschmack zubereiten. Laden Sie Ihren Freund oder Ihre Freundin hingegen zum Essen ein und kochen ein sehr scharfes, stark gewürztes Gericht mit einer Menge Chili, dann wird offensichtlich, daß Sie die betreffende Person in Wahrheit nicht als echten Freund betrachten. Somit betrachten wir anscheinend den Buddha nicht einmal als engen Freund, jedenfalls nicht wirklich. Denn alles, woran ihm liegt und woran er denkt, ist das Wohl der empfindenden Wesen. Und was tun wir? Einerseits erweisen wir dem Buddha Respekt, aber gleichzeitig mißachten wir die empfindenden Wesen völlig. Einzig und allein um der empfindenden Wesen willen hat der Buddha Verdienst angesammelt. Einzig und allein um der empfindenden Wesen willen hat der Buddha den Erleuchtungsgeist entwickelt. Einzig und allein um der empfindenden Wesen willen wurde der Buddha erleuchtet, wohingegen wir die empfindenden Wesen völlig mißachten. Es ist bedauerlich, daß wir so den Buddhas nicht einmal die Beachtung schenken, die wir einem engen Freund entgegenbringen würden.

Wut vermag Ihre verdienstvollen Eigenschaften zunichte zu machen. Daher sollten Sie der Wut zu Leibe rücken und sie zu beseitigen versuchen. Seien Sie nicht unglücklich über ihren Feind, und lehnen Sie ihn nicht ab, sondern betrachten Sie den betreffenden Menschen als überaus geschätzten spirituellen Lehrer, der Sie Geduld zu üben lehrt. Normalerweise meinen wir, es lohne sich, an unserem Feind Vergeltung zu üben. Auch gesetzlich haben Sie das Recht, sich zu verteidigen. Wenn Sie jedoch aus tiefstem Herzen den Erleuchtungsgeist zu entwickeln versuchen, sind Sie um eine starke positive Geisteshaltung bemüht und wollen den empfindenden Wesen nützen. Können Sie also Ihrem Feind gegenüber ein starkes Gefühl innerer Anteilnahme und liebevoller Güte entwickeln, werden Sie sämtlichen empfindenden Wesen gegenüber ähnliche Herzensgüte und Anteilnahme an den Tag legen können.

Das ist, als entfernte man einen riesigen Stein, der in einem Kanal den Wasserdurchfluß blockiert. Sobald Sie den Stein entfernen, beginnt das Wasser sofort zu fließen. Entsprechend werden Sie, sobald Sie Ihrem Feind mit liebevoller Güte und Mitgefühl begegnen können, sämtlichen empfindenden Wesen mit liebevoller Güte und Mitgefühl begegnen können. Wenn Sie also verstehen können, daß der Feind Ihnen die bestmöglichen Voraussetzungen bietet, Geduld zu üben, und stärkeres Mitgefühl für ihn aufbringen können, deutet dies auf eine erfolgreiche Praxis hin. Indem wir die empfindenden Wesen zufriedenstellen, werden wir nicht nur letztendlich die Buddhaschaft, sondern schon in diesem Leben einen guten Ruf, Frieden und Glück erlangen. Wir werden mehr Freunde finden. Wir werden keine Feinde haben. Wir werden gelassen und entspannt leben. Infolge unserer über viele Leben geübten Geduld wird, während wir im Existenzkreislauf verbleiben[86], unsere körperliche Erscheinung anziehend sein. Wir werden ein langes, von Krankheiten freies Leben leben, und wir werden den Frieden des Weltenherrschers[87] erlangen.

Wir sind mit diesem kostbaren menschlichen Leben ausgestattet und sind auf die Lehre des Buddha gestoßen. Wir haben uns die Vorteile der Geduldsübung und die Nachteile von Wut klargemacht. Gleichgültig, ob wir jetzt fähig sind, Geduld zu üben oder nicht – zumindest haben wir begriffen, daß die hier dargelegten Dinge vernünftig sind. Folgen wir daher immer diesem Weg, der jetzt und in Zukunft Frieden verbürgt.

6. KAPITEL

Selbstvertrauen gewinnen

Wollen wir den Erleuchtungsgeist verstärken, so ist beharrliches Bemühen wichtig. Auch im gewöhnlichen Leben benötigen wir Beharrlichkeit, um etwas zu erreichen. Ebenso müssen wir uns bei unserem Streben nach spiritueller Verwirklichung Mühe geben. Gewinnt die Trägheit Oberhand, wird unsere Beschäftigung mit dem Dharma keine Fortschritte machen. Doch sollten wir bei unseren Bemühungen geschickt vorgehen. Ein tibetischer Ausspruch besagt, Bemühung sollte stetig sein, wie ein dahinströmender Wasserlauf. Bemühung beinhaltet Interesse an allem, was wir tun. In diesem Kontext geht es um Freude an der Dharmapraxis. Beharrlichkeit bedeutet nicht, sich einmal sehr viel Mühe zu geben und ein andermal ganz nachlässig zu sein. Stetig und unbeirrbar zu arbeiten ist der Schlüssel zum Erfolg.

Unter zahlreichen Hindernissen ist Entmutigung der größte Hemmschuh für spirituellen Fortschritt. Sie deutet darauf hin, daß die betreffende Person ihre Selbstachtung verloren und zuwenig Zuversicht hat. Um solch zerstörerischen Einstellungen entgegenzuwirken, müssen wir Zuversicht und Entschlossenheit entwickeln. Dies kann man auf sehr positive und wirkungsvolle Weise tun, indem man über die Buddhanatur nachdenkt. Alle empfindenden Wesen besitzen die Buddhanatur, die Saat der Erleuchtung.[88] Hinsichtlich dieser Eigenschaft sind wir alle einander ebenbürtig. Aus diesem uns innewohnenden Potential sollten wir Inspiration schöpfen. Es sollte uns helfen, der Verzagtheit und Mutlosigkeit Einhalt zu gebieten.

Auch ist es nützlich, über die Buddhas der Vergangenheit nachzudenken. Sie gelangten nicht spontan zu spiritueller Verwirklichung. Zu Beginn waren sie wie jedes andere gewöhnliche Wesen unglücklich und von Leiden und Beschwerden geplagt. Erst nach beharrlicher Dharmapraxis über viele Lebensspannen hinweg erreichten sie schließlich den Zustand vollkommener Erleuchtung. Wir sollten uns aus den Erzählungen über ihr Leben Anregung holen und in ihre Fußstapfen treten, indem wir einen geeigneten spirituellen Weg betreten. Es ist äußerst wichtig, daß wir uns nicht von Trägheit oder Mutlosigkeit überwältigen lassen. Wir sollten im Gegenteil starkes Selbstvertrauen entwickeln und auf unsere Fähigkeiten und unser Potential vertrauen.

Wie definiert man also Bemühung? Bemühung bedeutet hier, an heilsamem Handeln aufrichtige Freude zu haben. Sie könnten sich bei manch neutralen oder sogar negativen Handlungen Mühe geben, aber das würde nicht als Bemühung im buddhistischen Sinn zählen. Sich zu bemühen beinhaltet hier, daß man intensive Freude empfindet, wenn man heilsame Eigenschaften entwickelt. Ein Hindernis dafür ist Trägheit. Es gibt mehrere Arten: Trägheit der Verzögerung, Trägheit aus Anhaftung an sinnlosen Aktivitäten und Trägheit, die davon herrührt, daß man zuwenig Zutrauen zu den eigenen Fähigkeiten hat. Diese Hindernisse sollte man überwinden.

Die Lehre des Buddha zielt auf die Umwandlung des Geistes. Das ist, wie draußen ein Gebäude zu errichten, nur daß es im Inneren stattfindet. Wir müssen feststellen, welche Vorbedingungen und Materialien erforderlich sind, sie herbeiführen und dann mit dem Bauen beginnen. Ebenso sollten wir die Hindernisse ausfindig machen und sie dann eins nach dem anderen beseitigen. Am stärksten wird die Entwicklung heilsamer Qualitäten durch die Trägheit behindert. Sie bedeutet, daß man nicht fähig ist, etwas zuwege zu bringen. Wenn Sie an einer bedeutungslosen Tätigkeit hängen und deshalb zu spiritueller Praxis außerstande sind, ist das eine Art von Trägheit. Wenn Sie denken, daß Sie morgen oder übermorgen praktizieren werden und es aufschieben, ist das eine weitere Art von Trägheit. Wenn Sie denken: »Wie kann jemand wie ich mit Erfolg spirituell praktizieren?«, ist das wieder eine andere Art von Trägheit.

Um die Trägheit zu überwinden, müssen wir ihre Ursachen kennen. Wenn Sie nicht ihre Ursachen beseitigen, werden Sie die Trägheit nicht überwinden können. Zu diesen Ursachen zählt, daß man sich gerne die Zeit vertreibt; daß man ein übersteigertes Bedürfnis nach Entspannung oder Schlaf entwickelt; und daß man über die Leiden des Existenzkreislaufs nicht bestürzt ist. Dies sind die drei Hauptfaktoren, die Trägheit verursachen. Je klarer Sie die Mängel und Leiden des Existenzkreislaufs erfassen, desto stärker wird Ihr Bemühen sein, sie zu überwinden. Erkennen Sie hingegen die Leiden des Existenzkreislaufs nicht und fühlen Sie sich rundherum glücklich, werden Sie nicht versuchen, sich von ihnen zu befreien. Der große indische Gelehrte und Meister Aryadeva hat gesagt: »Wie könnte jemand, der von den Mängeln des Existenzkreislaufs nicht entmutigt wird, sich für Nirvana interessieren? Wie wenn man sein Zuhause verläßt, so fällt es auch schwer, die weltliche Existenz hinter sich zu lassen.«

Die störenden Emotionen lassen sich mit einer Art Netz vergleichen. Sobald Sie in dieses Netz fallen und sich darin verstricken, werden Sie sich nicht aus der Gewalt der störenden Emotionen befreien können und in den Rachen des Todes stürzen. Eine Methode zur Bekämpfung der Trägheit besteht im Nachdenken über die Vergänglichkeit und die Natur des Todes. Der Tod hat kein Mitgefühl. Nach und nach, einen nach dem anderen, rafft der Tod uns alle dahin. Ständig erfahren wir, daß jemand an dem und dem Ort gestorben ist oder daß jemand auf dieser oder jener Straße ums Leben gekommen ist. Wenn wir vom Tod eines anderen Menschen erfahren, neigen wir normalerweise dazu zu denken, daß der oder die Betreffende eben an der Reihe war zu sterben und daß wir nie an die Reihe kommen werden. Wir sind wie jene törichten Schafe, deren Artgenossen gerade ins Schlachthaus geführt werden, die aber noch immer nicht begreifen, daß ihr eigener Tod ebenfalls unmittelbar bevorsteht. Ohne Angst vor dem Tode werden wir uns einfach weiterhin amüsieren und auf den Schlaf freuen. Wann uns der Tod ereilen wird, ist ungewiß. Möglicherweise wird der Tod Sie heimsuchen, wenn Sie gerade eine Aufgabe in Angriff genommen haben. Dem Tod ist es völlig gleich, ob jemand gerade ein Projekt begonnen oder es zur Hälfte abgeschlossen hat. Der Tod kann uns jederzeit überraschen. Aber da wir bald sterben werden, müssen wir versuchen, Verdienst anzusammeln, solange wir noch vital und lebendig sind. Hat uns der Tod einmal in seinen Fängen, wird es für die Beseitigung der Trägheit zu spät sein. Zu diesem Zeitpunkt kann man nichts mehr ausrichten. Zögern Sie daher nicht. Verschieben Sie spirituelle Praxis nicht auf morgen oder einen der nächsten Tage. Fangen Sie sofort damit an.

Wenn Sie immer zögern und das, was Sie tun müssen, auf morgen oder nächstes Jahr verschieben, sogar eine Liste mit den zu erledigenden Dingen machen und sie, heutzutage, in Ihrem Computer speichern, werden Sie möglicherweise eines Tages unvermutet von einer tödlichen Krankheit heimgesucht. Sie werden ins Krankenhaus müssen und gezwungen sein, scheußliche Medikamente einzunehmen, die Sie nicht einnehmen wollen. Die Chirurgen operieren Sie möglicherweise. Manchmal mögen diese weißgekleideten Gestalten ja gütig und mitfühlend sein. Doch manchmal operieren sie einen, als machten sie bloß eine Maschine auf, die keine Empfindungen hat.

Wenn Menschen in guter körperlicher Verfassung und von Krankheit frei sind, können Sie gewöhnlich damit prahlen, daß sie nicht an vergangene oder zukünftige Leben glauben. Wenn aber der Tod sich bedrohlich abzeichnet und näher rückt, erinnern Sie sich all ihrer verwerflichen Taten. Ihr Geist wird von Zerknirschung, Kummer und Schmerz erfüllt sein. Vielleicht werden Sie sogar ganz in der Nähe die Geräusche der Hölle hören und vor Angst ihr Bett einnässen. Ein Bekannter hat mir erzählt, als er eine sehr schwere Krankheit durchmachte und große Schmerzen hatte, habe er viele seltsame Geräusche und Stimmen gehört. Manchmal werden Menschen vor Schmerz ohnmächtig. Bevor sie dann wieder zu sich kommen, erleben offenbar viele Menschen eine Art Reise durch einen Tunnel. Dann erleben sie, was man als Nahtoderfahrungen bezeichnet. Menschen, die schwerwiegende negative Handlungen angesammelt haben, sind vielen erschreckenden Erfahrungen ausgesetzt, die sich aus der Auflösung der verschiedenen physischen Elemente[89] ihres Körpers ergeben. Wer viele verdienstvolle Handlungen angesammelt hat, erlebt angesichts des Sterbeprozesses ein Gefühl der Zufriedenheit und des Glücks.

Jetzt, solange wir noch vital und lebendig sind, werden wir womöglich von unseren Feinden aus der Heimat vertrieben und erwarten trotzdem immer noch, irgendwann wieder mit unseren Verwandten vereinigt zu werden. Doch zum Zeitpunkt des Todes müssen Sie sich von Ihren Freunden und Verwandten für immer trennen. Sogar dieser kostbare Körper, der Sie überallhin begleitet hat, wird Ihnen weggenommen werden. Und sobald er tot ist, betrachten die Menschen

Ihren Körper als etwas Gefährliches, Grauenhaftes und Abscheuliches. Deshalb haben einige große Yogis gesagt, der schreckliche Leichnam sei immer bei uns, auch während wir vital und lebendig sind. Sie sollten Ihr menschliches Leben als ein Schiff zur Überquerung des großen Leidensozeans ansehen. So ein Schiff wird in Zukunft sehr schwer zu finden sein. Da Ihnen also eine so kostbare Möglichkeit offensteht, sollten Sie in Ihrer Verwirrung nicht bloß schlafen.

Die erhabene Lehre des Buddha ist ein Grund zu grenzenloser Freude und grenzenlosem Glück. Was könnte da bedauerlicher sein, als diesen höchsten Weg aufzugeben und sich durch Gründe ablenken zu lassen, die zu Leid führen? Bringen Sie sich unter Kontrolle, hören Sie auf zu zögern, und versuchen Sie, Verdienst und Weisheit anzusammeln, um Ihren Körper und Geist für spirituelle Praxis geeignet zu machen. Das läßt sich mit der Vorbereitung auf einen Krieg vergleichen. Zuerst müssen Sie das Selbstvertrauen entwickeln, daß Sie wirklich kämpfen werden. Sie müssen entschlossen sein, alle Entbehrungen zu erdulden und über alle hinderlichen Kräfte den Sieg davonzutragen. Geradeso wie ein militärischer Führer eine starke Truppe gut bewaffneter, gut ausgerüsteter, tapferer Männer braucht, sollten Sie Verdienst und Weisheit ansammeln. Wenn Sie kämpfen, sollten Sie Ihre Waffen direkt auf den Feind richten und sie voll einsetzen. Ebenso müssen Sie die Waffe der Weisheit mit Achtsamkeit und Umsicht handhaben, welchem spirituellen Weg Sie auch immer folgen. Ihren Feind, die Trägheit, werden Sie infolgedessen besiegen, Körper und Geist unter Kontrolle bringen. Das macht es Ihnen leichter, sich auf heilsame Praxis einzulassen. Zu meinen, man habe keine Fähigkeiten, keine Intelligenz oder kein Potential, ist ein großer Fehler. Schon im gewöhnlichen Leben müssen Sie Selbstvertrauen haben, um zu bewerkstelligen, was auch immer Sie bewerkstelligen wollen. Die Menschen im Westen sind anfällig für das, was man geringe Selbstachtung nennt. Ich weiß nicht, ob sie in der tibetischen Gesellschaft oder anderen Kulturen vorhanden ist – jedenfalls wirkt sich geringe Selbstachtung sehr schwächend aus. Ob Sie nun mit spiritueller Praxis oder mit gewöhnlicher Alltagsarbeit beschäftigt sind – Sie müssen Selbstvertrauen bewahren.

Die Kadampa-Meister[90] der Vergangenheit hatten in ihren nackten Felshöhlen keinerlei Annehmlichkeit. Sie waren so entschlossen zu praktizieren, daß sie zuversichtlich und froh dort wohnen blieben. Ihr ganzes Sein – ihren Körper, ihre Rede und ihren Geist – brachten sie in die Dharmapraxis ein. Sie befürchteten nie, daß ihnen aufgrund ihrer Dharmapraxis die Nahrungsmittel oder sonstige Dinge, die sie benötigten, ausgehen könnten und sie sterben würden. Die Kadampa-Meister dachten, selbst wenn sie Bettler werden müßten, würden sie eher um den Tod bitten als zulassen, daß sie ihre Zeit damit verschwenden, nicht den Dharma zu üben. Es besteht Gefahr, daß man sich Sorgen macht, wer einem wohl helfen wird, wenn man stirbt. Wer wird für einen beten? Aber die Kadampa-Meister dachten niemals: »Warum sollte ich mich damit abgeben, ob mir jemand hilft oder nicht? Ich möchte lieber einen natürlichen Tod in einer nackten Felsenhöhle sterben, geradeso wie Tiere und Vögel auch.« Mit solcher Entschlossenheit widmeten sie sich ihrer Praxis. Sie pflegten zu sagen: »Behandelt man mich wie einen Ausgestoßenen, so werde ich das bereitwillig akzeptieren. Muß ich mich in die Gesellschaft von Hunden begeben, werde ich dies tun. Wie ein Hund werde ich, nach dem Dharma strebend, hierhin und dorthin wandern.« Aufgrund ihrer Entschlossenheit erlangten sie schließlich Buddhaschaft.

Wollen Sie den Dharma nun wirklich üben, dann brauchen Sie feste Entschlossenheit und starkes Selbstvertrauen.

Haben Sie kein Selbstvertrauen, werden Sie nichts erreichen. Beginnen Sie ohne Erwartung oder Zweifel mit der spirituellen Praxis. Lesen Sie Milarepas Lebensgeschichte.[91] Er hat alles aufgegeben: seine Freunde, seine Verwandten, seinen Besitz. In einem seiner berühmten Lieder sagt er: »Erkranke ich, ohne daß meine Verwandten davon wissen, und sterbe ich, ohne daß meine Feinde davon wissen, dann werde ich, der Yogi, meinen Wunsch verwirklicht haben.« Schon wenn wir damit beschäftigt sind, unsere Verpflichtungen gegenüber einem oder wenigen Menschen zu erfüllen, müssen wir Entschlossenheit besitzen. Natürlich brauchen wir eine besonders feste Entschlossenheit, wenn wir den Erleuchtungsgeist entwickeln, dessen Ziel das Glück aller empfindenden Wesen ist.

Wenn Sie behaupten, daß Sie um aller empfindenden Wesen willen den Erleuchtungsgeist entwickeln wollen, aber gleichzeitig sagen, daß Sie sich dazu nicht imstande fühlen, dann liegt ein Widerspruch vor. Geistigen Mut zu entwickeln bedeutet nicht, daß man stolz sein muß. Stolz und Selbstvertrauen sind zwei verschiedene Dinge. Wenn Sie positive Eigenschaften wie Liebe, Mitgefühl und den Erleuchtungsgeist entwickeln, sollten Sie dies voller Selbstvertrauen tun. Der Erleuchtungsgeist wird von der Kraft des Mitgefühls gelenkt, vom Besorgtsein um das Wohl aller empfindenden Wesen. Nun sind Sie nicht mehr behindert durch eine auf Unwissenheit beruhende irrige Auffassung von einem Selbst. Sie können die störenden Emotionen mit Zuversicht und Entschlossenheit rückhaltlos bekämpfen.

Was Tibet anbelangt, müssen wir immer denken, daß wir unser Ziel erreichen können. Wir sollten Selbstvertrauen haben. Ich möchte Ihnen eine Geschichte erzählen. Etwa 1979, während einer der milderen Phasen, in denen Tibeter ausreisen durften und ihre Verwandten im Exil besuchen konnten, suchte mich ein Mann auf, um mit mir zu sprechen. Er war in Lhasa geboren, hatte dort in den fünfziger Jahren gewohnt und den Volksaufstand miterlebt. Er berichtete mir, die Chinesen seien äußerst clever und ihre Bevölkerungszahl sei riesig. Sie hätten so viele Waffen, daß wir absolut nichts ausrichten könnten. Er war völlig entmutigt. Ich denke, das Geräusch von in den fünfziger Jahren abgefeuerten Waffen klang ihm noch immer in den Ohren. Dann gab es da einen alten Mönch aus der Gegend von Dokham. Er hatte mit angesehen, wie die Militäroperationen in jenen ländlichen Gegenden durchgeführt wurden. Ganze Dörfer wurden ausradiert, und viele Menschen wurden niedergemetzelt. Ich sagte ihm, da wir ja so wenige seien und sie so viele, werde es ganz unweigerlich zu solchen Vorfällen kommen. Dann fragte ich ihn, was wohl geschähe, wenn jeweils ein einzelner Tibeter gegen einen einzelnen Chinesen kämpfen sollte. Er lachte und sagte, daß es dann leicht wäre: daß wir dann mit ihnen spielen könnten und sie völlig in der Hand hätten. Das war seine Art von Beherztheit. Es ist keine Frage des Stolzes, sondern es geht darum, Selbstvertrauen zu haben, zu denken: Das kann ich schaffen, Als es 1959 zu Problemen kam, befanden wir Tibeter uns in einer sehr schwierigen Lage. Die tibetische Gesamtbevölkerung zählt nur sechs Millionen, darum war die Lage ziemlich entmutigend. Aber seit 1959 haben wir nie aufgegeben, weil wir für eine legitime Sache, eine gerechte Sache kämpfen. Wir haben nie unsere Entschlossenheit verloren, unser Ziel zu erreichen. Zwar sind mehr als fünfzig Jahre vergangen, seit die kommunistischen Chinesen zum erstenmal nach Tibet kamen, doch trotzdem gewinnt die tibetische Sache an Boden, anstatt zu verschwinden. Wir bekommen mehr Unterstützung, und es besteht die Möglichkeit, daß wir bald etwas erreichen.

Wie können wir Selbstvertrauen bewahren und dafür sorgen, daß wir nicht mutlos werden? Der mitfühlende Buddha, der nur die Wahrheit sagt und nichts sonst, hat es so ausgedrückt: Selbst jene empfindenden Wesen, die ein Leben mit geringeren Möglichkeiten leben, wie Bienen, Fliegen und andere Insekten mit ihrer schwachen physischen Existenz, besitzen die Buddhanatur. Wenn sie die Anstrengung unternehmen, können sogar solche schwachen empfindenden Wesen sich über viele Lebensspannen hinweg fortentwickeln und schließlich den so schwer zu erlangenden, unübertrefflichen Zustand der Buddhaschaft erreichen. Dies hat der Buddha gelehrt. Alle empfindenden Wesen mit ihrem lichthaften Geist[92] haben das Potential, Buddhaschaft zu erlangen. Wie schwach sie auch immer sein mögen und wie überwältigend das Leid ist, das ihnen widerfährt, sie alle haben das Potential, Buddhaschaft zu erlangen. Wenn dies so ist, weshalb sollten dann wir Menschen, die bis zu einem gewissen Grad wissen, was förderlich und was schädlich ist, nicht Buddhaschaft erlangen, wenn wir die Bodhisattva-Übungen nicht aufgeben?

Die großen spirituellen Meister der Vergangenheit in Indien und Tibet waren auch Menschen wie wir. Sie waren zu solch hoher spiritueller Verwirklichung fähig, weil sie die Buddhanatur besaßen und weil sie mit einem menschlichen Leben ausgestattet waren. Auch wir haben die Buddhanatur, und auch wir sind mit einem kostbaren menschlichen Leben ausgestattet, darum gibt es nichts, was wir nicht erreichen können. Lesen Sie zum Beispiel die Biographie von Tsong-kha-pa. Lesen Sie, wie hart er gearbeitet hat, um die verschiedenen Stufen spiritueller Entwicklung zu erreichen. In einigen Schriften aus seiner frühen Lebensphase schreibt Tsong-kha-pa, er habe den Standpunkt des Mittleren Weges[93] nicht ganz verstanden: ein deutliches Zeichen, daß er damals nicht allwissend oder völlig verwirklicht war. Doch er hat sich intensiv der zweifachen Praxis gewidmet – Verdienst ansammeln und Weisheit entwickeln. Infolgedessen sind die Schriften aus seiner späteren Lebensphase tiefschürfend, scharfsinnig, maßgeblich und überzeugend. Die Lektüre solcher Geschichten ist sehr hilfreich. Aus ihnen schöpfen wir die Hoffnung, daß es möglich ist, höhere Verwirklichung zu erlangen.

Ich möchte Ihnen die Geschichte von einem der vergangenen Leben des Buddha erzählen. Sie sollten sich darüber im klaren sein, daß Buddhisten nicht an einen Schöpfer glauben. Das bedeutet, daß Buddhaschaft nicht von einem höheren Wesen verliehen wird, sondern daß man sie erlangt, indem man einem geeigneten Weg folgt. Shakyamuni, der historische Buddha, erreichte nicht im Verlauf von nur einer Lebensspanne Erleuchtung. Bereits in vielen früheren Leben widmete er sich immer wieder heilsamen Handlungen. Die Erzählungen von seinen früheren Geburten[94] legen dar, daß er auf seinem spirituellen Weg ein großer Praktizierender war. In dieser speziellen Geschichte kam er als Prinz zur Welt. Er hieß Vishvantara, »Befreier des Universums«, und sein Vater war König Samgaya.

Vishvantara war nicht einfach ein gewöhnliches Wesen, sondern eine Reinkarnation eines Bodhisattva, dessen einziges Ziel es war, die Leiden der empfindenden Wesen zu lindern. Da die Armut sehr viel Not und Leid verursachte, widmete er sich vor allem der Praxis des Gebens. Sein Vater, König Samgaya, war nicht nur gütig, er war zudem ein mutiger und weiser Mann. Er war auch ein versierter Kenner der vedischen[95] Philosophie. Vishvantara geriet in vielerlei Hinsicht nach dem Vater. Furcht kannte er nicht. Er war gütig zu jedermann und maß dem Mitgefühl große Bedeutung bei. Er hatte die Umgangsformen eines Prinzen, doch konnten die normalen Bürger ebenso zu ihm kommen wie die Leute bei Hofe.

Schon im Jugendalter interessierte er sich sehr für spirituelle Dinge. Er hatte großes Vertrauen zu den Buddhas und Bodhisattvas, ehrte sie voller Hingabe und brachte ihnen regelmäßig Opfer dar. Er machte spirituelle Meister ausfindig und hörte sich ihre Unterweisungen an. Wahrem buddhistischem Herkommen entsprechend, hörte er sich die spirituellen Unterweisungen erst an und unterzog sie einer genauen logischen Prüfung. Dann setzte er sie durch Kontemplation und Meditation in die Tat um. Spirituelle Unterweisungen waren für ihn nicht bloß trockene Philosophie. Er faßte sie als Weisungen für sein tagtägliches Leben auf. Aufgrund der heilsamen Prägungen in seinem Bewußtseinsstrom machte er rasch Fortschritte. Er entwickelte einen disziplinierten Geist und hatte seine störenden Emotionen völlig unter Kontrolle. Dadurch wurde er auf ganz natürliche Weise gelassen, voller Frieden und Freude.

Er vertiefte sich ins Studium der fünf großen Wissenschaften: der Grammatik, Medizin, Künste, Logik und der inneren Wissenschaft oder buddhistischen Philosophie. Gleichzeitig lernte er, ein Königreich zu führen. Er verstand es zu verwalten und nach außen diplomatisch zu vertreten. Mit der Zeit wurde er ein Gelehrter mit fundiertem Wissen und begann andere gescheite junge Schüler zu unterrichten. Von allen Seiten überhäufte man ihn mit Zuneigung. Er gab sich große Mühe, den Bedürfnissen seines Volkes gerecht zu werden. Seine Bemühungen, der Armut ein Ende zu bereiten, nahmen ihn stark in Anspruch; und trotzdem interessierte er sich noch für die Angelegenheiten der Kaufleute. In seinem Volk herrschten Frieden und Harmonie.

Vishvantara besaß großen Reichtum, und als Prinz verfügte er über Macht, Autorität und Ansehen. Aber aufgrund seiner spirituellen Neigungen und seines Vertrauens auf den Dharma gab er sich nie weltlichen Belangen hin, noch mißbrauchte er seine Macht und Stellung. Es ist allgemein bekannt, daß Reichtum und Autorität in den Händen der Unwissenden dem oder der Betreffenden selbst ebenso schaden wie den anderen. Wir können Tag für Tag sehen, wie viele engstirnige Menschen sich mit zuviel Geld selbst zugrunde richten. Sie sind anmaßend und kurzsichtig und haben keinen Respekt vor den Anliegen anderer Menschen. Doch der Prinz war nicht so. Er war Herr seiner Sinne und diszipliniert in seinem Verhalten. Er hatte die Würde eines Prinzen, doch er diente gütig, teilnahmsvoll und aufrichtig den Interessen seines Volkes.

Wenn Ihre Motivation makellos ist, können Reichtum und Gewalt durchaus einer guten Sache dienen. Sie können Ihnen zweifellos helfen, Ihre Ziele zu erreichen. Der entscheidende Faktor ist Ihre Einstellung. Vishvantara war ein Mensch von hoher innerer Reife, und da er die Nachteile des Lebens im Existenzkreislauf erkannt hatte, entwickelte er wirkliche Entschlossenheit, davon freizukommen. Zugleich hatte er für alle empfindenden Wesen ein ebenso starkes Gefühl liebevoller Güte und fürsorglicher Anteilnahme. Seine Ausübung der sechs Vollkommenheiten[96], insbesondere der Freigebigkeit, wurde durch starkes Mitgefühl motiviert. Das Mitgefühl eines Bodhisattva ist bedingungslos, und doch nimmt er oder sie in noch größerem Maß an jenen Anteil, die Schmerzen leiden und im Elend leben. Der Prinz war ein hochintelligenter und teilnahmsvoller Mensch, aber wir sollten nicht vergessen, daß auch wir das Potential und die erforderlichen Bedingungen mitbringen, uns selbst in gute Menschen zu verwandeln. Wir sollten uns die Gelegenheit nicht entgehen lassen.

Der Prinz war in Wirklichkeit ein Bodhisattva mit hohen

Idealen. Er war mit spirituellen wie mit weltlichen Aktivitäten beschäftigt, doch all sein Tun sollte direkt und indirekt so vielen empfindenden Wesen wie möglich nützen. Seine Motivation war nicht durch selbstsüchtige Anliegen beeinträchtigt. Aus Güte und Mitgefühl war Vishvantara gewohnt, mit den Armen und Notleidenden zu teilen. Er besaß großen Reichtum und auch die Macht und Autorität, über diesen ganz nach Wunsch zu verfügen. Er war nicht durch die Fesseln des Geizes behindert. Er war sich durchaus bewußt, was er geben sollte und wann er es geben sollte. Das ist entscheidend; ohne diese Bewußtheit können Sie – trotz guter Absichten – mit Ihren Gaben Fehler machen. Auch deshalb muß Güte mit Weisheit ausbalanciert werden.

Durch bloßes Geben übt man sich noch nicht in vollkommener Freigebigkeit. Man muß bestimmte Kriterien erfüllen. Sie sollten dem Menschen, der Ihre Hilfe und Freigebigkeit erbittet, niemals mit Verachtung begegnen. Im Gegenteil, Sie sollten sich freuen, daß Sie auf jemanden stoßen, der um Almosen bittet. Sie sollten den betreffenden Menschen als Lehrer ansehen, der Ihnen die Chance gibt, Ihre Freigebigkeit zu entwickeln. Sie sollten die Gabe und auch den Zeitpunkt auf seine Bedürfnisse abstimmen. Bestimmte Dinge, wie etwa Alkohol, Gift und Waffen, dürfen wir nicht geben. Die Übung des Gebens erfordert, daß Sie mit Umsicht jedem einzelnen geben, was er oder sie benötigt.

Vishvantara hatte eine makellose und heilsame Motivation; er gab gleichmütig und vorbehaltlos. Er machte zwischen den einzelnen Menschen keinen Unterschied, sondern gab jedem seinen Bedürfnissen entsprechend. Dies zog viele Menschen aus Gegenden außerhalb des Königreichs an, die kamen und um Almosen bettelten. Der Prinz war tief bewegt vom Kummer und der Armut der Menschen, wodurch wiederum nur seine Freigebigkeit zunahm. Er ließ an vielen

Stätten regelmäßig und nach einem bestimmten System Almosen ausgeben und beaufsichtigte persönlich deren Verteilung. Wer kam, um zu betteln, wurde zufriedengestellt, und es gab keine Klagen. Vishvantara hatte immer größere Freude daran, daß er in der Lage war zu geben; und während seine Entschlossenheit sich weiter festigte, wuchs auch die Lauterkeit seiner Motivation.

Inspiration für verdienstvolles Handeln – wie das Üben von Freigebigkeit – können Sie entwickeln, indem Sie über dessen Vorteile nachdenken. Wenn Sie geben, können Sie die Bedürfnisse der Armen und Notleidenden befriedigen und sie vom Leid der Armut befreien. Wenn Sie die Zufriedenheit dieser Menschen miterleben, kommt in Ihrem Herzen ganz von allein Freude auf. Diese Freude umgibt Sie mit einer Atmosphäre des Friedens; sie steigert Ihr Wohlbefinden und das der anderen. Eine freigebige Person findet Respekt und Anerkennung in der Gesellschaft, und ihr guter Ruf verbreitet sich weithin. Auf längere Sicht bewirkt Ihre Bereitschaft zu geben, daß Sie in Ihren künftigen Leben reich sein werden. Freigebigkeit macht den Geiste kreativ.

Von den Vorzügen der Freigebigkeit überzeugt, war Vishvantara hoch motiviert, sich darin weitergehend zu üben. Er hatte das Gefühl, seine Gliedmaßen oder sogar seinen ganzen Körper weggeben zu können, falls dies notwendig würde. Dieses Gefühl erwuchs aus einer tiefen Empfindung der Güte und des Mitgefühls für alle leidenden Wesen. Vishvantaras Motivation war so stark, daß sie ein Erdbeben auslöste, dessen Wucht sogar im Palast des Götterkönigs Indra[97] zu spüren war. Als Indra die Ursache des Zitterns und Bebens untersuchte, entdeckte er, daß es auf die immense Kraft von Vishvantaras Freigebigkeitsmotivation zurückzuführen war.

Indra wollte den Prinzen auf die Probe stellen, die Lauterkeit seiner Motivation prüfen. Daher machte er sich auf, um ihm in Gestalt eines blinden alten Brahmanen zu begegnen. Als sich die Gelegenheit bot, nährte er sich Vishvantara und sagte: »Ich bin ein blinder alter Mann, der von weit her kommt und unterwegs vielen Gefahren ausgesetzt war. Du bist ein freigebiger Prinz mit zwei Augen. Auch mit *einem* Auge kannst du alles sehen. Ich bitte dich: Gib mir dein zweites Auge.« Dieser sonderbare Wunsch stimmte Vishvantara nachdenklich. Sorgfältig wog er die Vorteile gegen die Nachteile ab. Vor allen Dingen war er in Sorge, ob solch eine Gabe wirklich würde helfen können. Aber der alte Mann blieb eisern und wiederholte, keine Not sei größer als Blindheit. Der Prinz beschloß, dem alten Mann zu helfen – wodurch er auch Gelegenheit erhielte, seiner Verpflichtung zur Freigebigkeit nachzukommen. Er sagte dem Mann, er werde ihm sein Auge geben.

Als die Höflinge im Palast von dieser Entscheidung erfuhren, waren sie sehr beunruhigt. Sie konnten keinen Sinn in dem erkennen, was er da tun wollte, und baten ihn inständig, es sich anders zu überlegen. Sie schlugen ihm vor, er könne dem alten Mann statt dessen jede beliebige Geldsumme aus dem königlichen Staatsschatz geben. Vishvantara lag mehr daran, Wort zu halten, und es gelang den Höflingen nicht, ihn zur Änderung seiner Entscheidung zu überreden. Er entwickelte eine von Entschlossenheit und Güte getragene Motivation und gab dem alten Mann seine beiden Augen. Sobald dies geschehen war, zeigte sich Indra in seiner wahren Gestalt und bedachte die selbstlose Tat des Prinzen mit Anerkennung. Dann verkündete er: Falls Vishvantara ihm dies Geschenk wirklich mit lauterer und selbstloser Motivation gemacht habe, solle er sein Augenlicht wiedererlangen. Im selben Moment stellte Vishvantara fest, daß er deutlicher sehen konnte als je zuvor. Indra verschwand und ließ den Prinzen zurück, der von Freude und Zufriedenheit erfüllt war. Sein in die Unterweisungen gesetztes Vertrauen war sogar noch unerschütterlicher und tiefer geworden. Die Höflinge konnten nicht glauben, was sich zugetragen hatte, waren aber überglücklich zu erfahren, daß dem Sehvermögen des Prinzen kein dauerhafter Schaden zugefügt worden war.

Vishvantara war weiterhin freigebig, und sein guter Ruf verbreitete sich weithin. Unter sehr schwierigen Umständen gab er einen wertvollen Elefanten weg. Dieser war eines der kostbarsten Besitztümer des Königreichs, symbolisierte er doch dessen Souveränität und Macht. Die Nachricht verbreitete sich rasch – innerhalb und außerhalb des Palasts. Die Minister wie auch die normalen Bürger fühlten sich gekränkt durch das, was der Prinz getan hatte. Sie wandten sich mit ihren Beschwerden direkt an den König und legten überzeugend dar, der Prinz sei viel zu sehr in spirituelle Beschäftigungen vertieft und als Thronfolger ungeeignet. Dies brachte den König in eine verzwickte Lage. Er liebte seinen Sohn und hatte große Hoffnungen in ihn gesetzt. Aber nach sorgfältiger Überlegung und Erwägung kam er zu dem Schluß, den Interessen des Königreichs und des Hofes Vorrang einräumen und den Prinzen verbannen zu müssen.

Demgemäß überbrachten die Minister dem Prinzen das königliche Urteil. Vishvantara nahm es ohne großes Bedauern zur Kenntnis – genaugenommen schien es ihn am allerwenigsten aufzuregen. Er erwiderte, er sei bereit, sich an die Entscheidung seines Vaters zu halten; er wolle aber allein fortgehen, also seine Frau und seine beiden Kinder zurücklassen. Die Prinzessin Madri bestand jedoch darauf, ihn zu begleiten. Daher brachen Vishvantara, seine Frau und seine Kinder auf und verließen den Palast; und sie nahmen nur das mit, was Vishvantaras Vater ihnen mitgab. Bevor sie fortzogen, legte der Prinz den Ministern ans Herz, die Gemeinschaft der Mönche und Nonnen zu achten und ihren Bedürfnissen Rechnung zu tragen. Er fügte hinzu, der Königshof solle weiterhin für die Armen und Notleidenden sorgen. Schließlich versicherte er ihnen, er werde das Königreich und seine Bevölkerung immer in seine Gebete einschließen.

Der Prinz dachte, ein abgelegener Ort im Wald werde für ihn der richtige Platz sein, an dem er seinen spirituellen Zielen nachgehen könne. Er und seine Familie begegneten auf der Reise Menschen, die um Almosen baten. Der Prinz war noch immer so freigebig, wie er es bei Hofe gewesen war, und gab die eigene Habe Stück für Stück weg. Als sie am Ziel ihrer Reise anlangten, hatte Vishvantara fast alles weggegeben, was sie besaßen, einschließlich des Wagens und der Pferde. Der Prinz und die Prinzessin erreichten die Lichtung im Wald; jeder trug eins der Kinder in den Armen. Die Kinder waren noch klein, was das Leben für die Prinzessin nur um so schwieriger machte. Vishvantara betrachtete sein neues Leben von einem anderen Standpunkt aus. Er dachte, es werde ihm die Gelegenheit bieten, zu meditieren und spirituelle Einsicht zu gewinnen, was nicht möglich gewesen war, solange er im Palast lebte.

Für eine Familie war dies ein hartes Leben. Sie waren mittellos, deshalb hatten die Kinder ständig Hunger, und ihre Mutter litt unendlich. Da der Prinz in Meditation vertieft war, mußte sie aus dem Haus gehen, um Nahrung zu sammeln. Selbst unter diesen Umständen wuchs Vishvantaras Ruf, freigebig zu sein, weiter. Bald hörte ein altes Ehepaar davon, das keine Kinder hatte. Die beiden dachten sich, wenn sie den Prinzen darum bäten, ihnen seine Kinder zu geben, könnten sie diese als Diener beschäftigen. Zu einem Zeitpunkt, als die Prinzessin auf Nahrungssuche außer Haus war, traten sie an den Prinzen heran, um ihre Bitte vorzutragen. Vishvantara saß nun in der Klemme. Er liebte seine Kinder von ganzem Herzen, aber er hatte sich auch voll und ganz verpflichtet, Freigebigkeit zu üben. Die Situation wurde sehr schwierig, da die beiden Alten ihre Forderung nachdrücklich geltend machten.

Vishvantara wollte niemanden enttäuschen, der ihn um etwas bat, doch war er sehr besorgt über die Zukunft seiner Kinder. Er bemühte sich um einen Kompromiß. Er sagte den beiden Leuten, wenn sie seine Kinder zum König brächten, werde dieser seine Enkel mit einem Lösegeld freikaufen – mehr als genug für das alte Ehepaar bis ans Ende ihrer Tage. Sie entgegneten darauf, der König könne sie ja statt dessen ins Gefängnis werfen lassen. Der Prinz war sprachlos, denn er mußte einräumen, daß diese Möglichkeit bestehe. Vishvantara nahm seinen ganzen Mut zusammen und bat die beiden Alten zu warten, bis die Mutter der Kinder zurückkomme; dann könnte sie diesen noch Lebewohl sagen. Selbst diese Bedingung war für die beiden nicht annehmbar. Sie wiesen darauf hin, die Mutter könne sich sehr wohl einmischen. Die Mutter könne den Prinzen von seiner Freigebigkeit abhalten und vereiteln, daß sie zwei nützliche Diener bekämen. Widerstrebend stimmte Vishvantara zu und gab seine entzückenden Kinder weg, um die Wünsche der beiden Alten zu erfüllen. Als die Prinzessin zurückkam und entdeckte, daß sie ihre Kinder verloren hatte, fiel sie ohnmächtig zu Boden. Auch Vishvantara sank in tiefe Niedergeschlagenheit.

Als beide ihre Fassung wiederfanden, trösteten sie einander, und Vishvantara erneuerte seinen Entschluß, für den Nutzen aller empfindenden Wesen zu wirken. Während sie weiterhin zurückgezogen im Wald lebten wie zuvor, erfuhr schließlich Indra davon, daß Vishvantara die eigenen Kinder hergegeben hatte. Der König der Götter war äußerst überrascht. Er beschloß, Vishvantaras Großherzigkeit abermals auf die Probe zu stellen, und wandte sich, als Prinz verkleidet, an ihn. Vishvantara empfing den Fremden sehr herzlich und fragte, wie er ihm helfen könne. Der Fremde sagte, er habe sehr viel von seiner allgemein geschätzten Großzügigkeit gehört, und fügte hinzu: »Wenn ich recht gehört habe, habt Ihr sogar Eure eigenen Kinder hergegeben.« Der Fremde fuhr fort, den Prinzen zu preisen, und berichtete ihm, in jedem Winkel der Welt sei wohlbekannt, daß er sich zu offenherziger Freigebigkeit verpflichtet habe. Es heiße, er habe noch nie irgend jemanden enttäuscht. Schließlich kam er auf seine spezielle Bitte zu sprechen. Vishvantara sagte ihm, er solle sagen, was er benötige; er werde versuchen, dem zu entsprechen. Der Fremde erwiderte: »Ich bin ein einsamer Mann und habe niemanden, für den es sich zu leben lohnt. Gebt mir bitte Eure Frau, damit ich Trost finde und mein Dasein einen Sinn erhält.«

Vishvantara war sehr verwirrt. Er konnte sich einfach nicht erklären, warum seine Herzensgüte auf eine so harte Probe gestellt werden sollte. Seine liebevolle Frau war seine einzige Quelle der Hoffnung und Unterstützung. Sein Überleben stand auf dem Spiel. Sie liebte ihn, und Trennung würde unerträglichen Schmerz bedeuten. Vishvantara war sprachlos. Doch sogar unter solch innerer Belastung vergaß er nicht, daß er sich das spirituelle Ziel gesetzt hatte, alle empfindenden Wesen von Not und Leid zu befreien. Madri, seine Frau, bat ihn inständig, er möge sie nicht zwingen, ihn zu verlassen. Vishvantara wußte nur zu gut, wie schwer erträglich solch eine Entzweiung sein würde. Aber der Mann machte seine Forderung nachdrücklich geltend, indem er argumentierte, wenn Vishvantara ihm nicht seine Frau gäbe, liefe dies auf einen Bruch seiner Verpflichtung hinaus. Er sagte, er selbst werde dann den Lebenswillen verlieren.

Vishvantara versuchte seine Frau zu trösten. Er erläuterte die langfristigen Vorteile einer im Interesse der empfindenden Wesen ausgeübten Freigebigkeit. Ferner erklärte er, sie sollten einen leidenden Menschen nicht von Angesicht zu Angesicht enttäuschen. Schließlich willigte Vishvantara ein, dem einsamen, hilflosen Mann seine liebe Frau zu geben.

Vishvantaras Mut und Herzensgüte waren nicht fruchtlos. Ihn, seine liebevolle Frau und die beiden Kinder erwarteten großes Glück und große Freude. Der Mann nahm Madri bei der Hand. Doch im Davongehen verschwand er plötzlich, und Indra selbst erschien statt seiner. Der König der Götter lobte Vishvantaras rechtschaffene Tat. Er nannte ihn einen Löwen unter den Menschen. Er sagte voraus, die Großherzigkeit des Prinzen werde allüberall Anerkennung finden. Und er gestand, er sei nur gekommen, um zu prüfen, ob der Prinz seiner Verpflichtung zur Freigebigkeit gerecht werde. Indra brachte nochmals seine Bewunderung für Vishvantara und seine Frau zum Ausdruck und sagte ihnen dann, es sei für sie an der Zeit, zum Königspalast zurückzukehren. Er richtete es auch so ein, daß ihnen dort das alte Ehepaar mit ihren beiden Kindern begegnete. Als der König den Prinzen, die Prinzessin und seine Enkel unvermutet vor seiner Türe wiederfand, war er überglücklich. Im ganzen Königreich feierte man Freudenfeste. Nicht lange danach folgte Vishvantara seinem Vater auf den Thron. Er übernahm die Rolle eines Dharmaraja, eines religiösen Königs, und stiftete umfassenden Frieden und große Eintracht in seinem Volk.

Geschichten wie diese sind nicht bloß Erzählungen zur beschaulichen Unterhaltung. Wir müssen aus ihnen lernen und Inspiration beziehen. Es gibt einen tibetischen Ausspruch: »Die Lebensgeschichten der erhabenen Meister der Vergangenheit sollten als spirituelle Weisungen für ihre Schüler angesehen werden.« Das Hauptthema im Leben des Bodhisattva Vishvantara ist die Ausübung von Freigebigkeit. Freigebigkeit ist besonders Anfängern auf dem spirituellen Weg zu empfehlen. Geben ist eine heilsame Aktivität, die dem Gebenden wie auch dem Empfangenden nützt. Wer gibt, macht sich verdient. Dieses Verdienst wird in Zukunft Glück und Wohlergehen hervorbringen. Wer die Gabe entgegennimmt, dem wird in seiner schmerzlichen Bedürftigkeit und Armut Erleichterung zuteil. Die Übung des Gebens beinhaltet zweierlei: den Buddhas Opfer darzubringen und die materiellen Bedürfnisse der Armen zu befriedigen. Es ist unbedingt erforderlich, daß wir zuallererst den Willen zu geben entwickeln und ihn mit gütigen und positiven Gedanken festigen. Wir sollten geben, was wir nur geben können. Ebenso wichtig ist aber, daß wir uns wie Vishvantara immer und immer wieder innerlich zur Ausübung von Freigebigkeit verpflichten. Auf diese Weise stärken wir unsere Willenskraft und Entschlossenheit zu geben.

Über zahllose Weltzeitalter hinweg sind Ihnen als Mensch oder als Tier gegen Ihren Willen eine Vielzahl solcher Leiden und Entbehrungen widerfahren. Es gibt kein Leid, das Ihnen aufgrund Ihrer störenden Emotionen nicht widerfahren ist. Ihr Körper könnte geschlachtet oder gekauft, verbrannt oder gehäutet worden sein. Zwar haben Sie dies einst erlebt. Dennoch sind derartige Probleme so etwas wie Selbstquälerei, weil sie die Auswirkungen Ihrer störenden Emotionen sind. Aber weit entfernt davon, Ihnen zu helfen, Buddhaschaft zu erlangen, trugen diese qualvollen Situationen nicht einmal etwas zu Ihrem Reichtum oder langen Leben bei. Obgleich Sie seit anfangsloser Zeit zahllose Leiden haben durchmachen müssen, setzten diese qualvollen Situationen dem Leid kein Ende, darum sind sie wirklich eine Tortur.

Wenn Sie hingegen Buddhaschaft anstreben, sich innerlich darauf ausrichten und einige Anstrengung unternehmen, werden Sie ein festumrissenes Ziel haben, ob Sie nun Entbehrungen erleben oder nicht. Beim Streben nach Buddhaschaft sind die Entbehrungen begrenzt, weil aus solchen Entbehrungen spiritueller Fortschritt erwächst. Und je mehr Sie üben, desto größer wird Ihre Verwirklichung sein. Aufgrund Ihrer Geisteshaltung, aufgrund Ihrer spirituellen Eigenschaften werden Sie dann auch die sogenannten Entbehrungen leicht bewältigen können. Während Sie die höheren spirituellen Entwicklungsstufen erreichen, wird daher ein Zeitpunkt kommen, zu dem Sie möglicherweise Ihren ganzen Körper opfern, ohne dies als qualvolle Notlage zu betrachten. Durch die Kraft Ihrer Praxis und die Kraft, die Ihnen daraus erwächst, daß Sie Ihre Geisteshaltung stärken, können Sie dem Leid ein Ende setzen.

Die Leiden, die Ihnen im Existenzkreislauf widerfahren, finden kein Ende. Stellen Sie sich vor, man habe Ihnen in den Bauch geschossen und Sie hätten große Schmerzen. Um die Kugel zu entfernen und die Schmerzen zu bekämpfen, müssen Sie sich einem operativen Eingriff unterziehen. Dieser mag bestimmte andere Probleme verursachen. Dennoch akzeptieren Sie gerne die Schmerzen des chirurgischen Eingriffs, um das eigentliche Problem, die Kugel in Ihrem Bauch, zu beheben. Heutzutage führt man Operationen durch, um einige Teile des Körpers vollständig zu entfernen und andere zu transplantieren. Manchmal muß man sich von Teilen seines Körpers trennen, um sein Leben zu retten. Um größere Schmerzen zu vermeiden, sind wir bereit, Schmerzen geringeren Ausmaßes zu akzeptieren. Ärzte, Medikamente und chirurgische Eingriffe – alles bereitet uns Unbehagen. Trotzdem sind wir bereit, uns damit abzufinden, um Krankheiten zu überwinden. Eindeutig sollten wir also, um zahllose Leiden zu überwinden, bei kleineren Entbehrungen Geduld aufbringen.

Buddha Shakyamuni ist wie ein überragender Arzt, der bewirken will, daß alle empfindenden Wesen Buddhaschaft erlangen. Er hat einen gut gangbaren Weg gewiesen, und wenn Sie sich daran halten, werden Sie sich von unermeßlichem Schmerz kurieren können. Der Buddha ist wie ein ausgezeichneter Führer. Müssen wir einen hohen und schwierigen Berg überqueren, dann können wir nicht geradewegs bergauf gehen oder eine Straße bauen. Wir können kein Fahrzeug dazu bringen, daß es geradewegs bergauf fährt. Um den Gipfel zu erreichen, müssen wir einem Zickzackweg folgen, der uns nach und nach dorthin bringen wird. Ähnlich hat der Buddha verschiedene, der jeweiligen Fähigkeit seiner Schüler entsprechende Stufen des Weges gelehrt. Diese Wege können nach und nach alle empfindenden Wesen zur Buddhaschaft führen.

Die Ausübung von Freigebigkeit ist ein Beispiel dafür. Der Buddha unterwies uns, zuerst Nahrungsmittel, Speisen und so weiter zum Geschenk zu machen. Sind wir erst einmal mit solchen Übungen des Gebens vertraut, werden Sie allmählich, da Ihr Mitgefühl und Ihre Weisheit erstarken, ohne weiteres Ihren Körper oder Ihr Fleisch darbringen können. Zu gegebener Zeit werden Sie Ihren Körper als von Nahrung nicht unterschieden betrachten können. Und sind Sie erst einmal fähig, Ihren Körper so zu sehen – welche Mühsal wird es Ihnen dann noch bereiten, ihn aufzugeben? Ist Ihr Geist hingegen nicht geschult, wird Ihnen das äußerst schwerfallen.

Ich habe manchmal im Fernsehen gesehen, wie man wissenschaftliche und allem Anschein nach grausame Versuche an Tieren durchführte. Man kann mit ansehen, wie Wissenschaftler das Gehirn der Tiere freilegen, während diese noch leben. Ich kann nicht zusehen; ich muß sofort die Augen schließen. Das ist ein deutliches Zeichen, daß ich an solche

Dinge nicht gewöhnt bin. Hingegen sehen jene, die daran gewöhnt sind, ohne Bedenken hin. Ähnliches trifft zu, wenn ich Hühner sehe, die man gleich außerhalb von Gaststätten in Käfigen hält: Mich macht das traurig, aber für die Menschen, die sie schlachten und zubereiten, sind die Hühner nicht mehr als Gemüse. Im Moment mag einem die Bereitschaft, um eines einzigen empfindenden Wesens willen in die Hölle zu gehen, grauenerregend vorkommen. Doch indem man sich nach und nach an den Gedanken gewöhnt, wird man schließlich ohne weiteres dazu bereit sein.

Bodhisattvas, die ihre negativen Handlungen bereinigt haben, verspüren kein physisches Leid. Und aufgrund ihrer Praxis von Methode und Weisheit[98] verspüren sie kein geistiges Unbehagen. Aufgrund der falschen Auffassung von einem Selbst begehen wir negative Handlungen, die unserem Körper und Geist Schaden zufügen. Aufgrund von Verdienst wird es unserem Körper wohl ergehen, und aufgrund von Weisheit werden wir Freude haben. Daher sind die Mitfühlenden nie entmutigt, auch wenn sie im Existenzkreislauf bleiben müssen. Aufgrund ihrer Beherztheit, der Beherztheit des Erleuchtungsgeistes, sind Bodhisattvas fähig, in der Vergangenheit angesammelte negative Handlungen zu bereinigen und ozeangleiches Verdienst zu erwerben. Darum betrachtet man sie als jenen überlegen, die in ihre persönliche Befreiung vertieft sind.[99] Aus diesem Grund sollten Sie, ohne sich im mindesten entmutigen zu lassen, das Pferd des Erleuchtungsgeistes besteigen und sich von Frieden zu Frieden begeben. Wenn Sie tatsächlich solch einen Geist besitzen, wie könnten Sie dann den Mut verlieren?

Um die Wünsche der empfindenden Wesen zu erfüllen, sollten Sie die Kräfte des Strebens, der inneren Festigkeit, der Freude und des Wissens, wann man aufhören muß, ansammeln. Streben ist der Wunsch zu üben, und innere Festigkeit besitzen bedeutet, das Üben nicht aufzugeben. Freude heißt, am Üben Vergnügen zu finden. Bescheid wissen, wann man aufhören muß, bedeutet, daß man ausruhen sollte, wenn man müde ist. Es ist an der Zeit aufzuhören, wenn man gerade erfolgreich ist, und nicht dann, wenn man nichts erreicht hat. Wenn Sie sich zum Üben zwingen, ohne es innerlich zu wollen, wird Ihnen schließlich schon der Anblick des Platzes zuwider sein, an dem Sie Ihre Meditation durchführen. Daher müssen Sie am Anfang geschickt vorgehen. Wenn Sie zu meditieren anfangen, zu Beginn jeder Sitzung, sollten Sie immer erholt und frisch sein und versuchen, Freude am Meditieren zu haben. Deshalb sollten Ruhepausen dazu dienen, Ihre nachfolgende Übung zu intensivieren. Sie sollten nicht krampfhaft bis zur totalen Erschöpfung durchhalten. Machen Sie eine Pause, bevor Sie völlig erschöpft sind.

Unsere eigenen Fehler und die anderer empfindender Wesen sind unermeßlich. Sie müssen zunichte gemacht werden. Mit »Fehlern« sind hier die störenden Emotionen und die Hindernisse für die Befreiung und Erleuchtung gemeint. Bloß einen einzigen dieser unzähligen Fehler zu beseitigen könnte zahllose Weltzeitalter dauern. Aber wir haben noch nicht einmal begonnen, einen Teil dieses einen Fehlers zu beseitigen. In diesem leiderfüllten Existenzkreislauf zu verweilen ist jedoch herzzerreißend. Wir und andere empfindende Wesen müssen uns zahllose Qualitäten zu eigen machen, um Buddhas zu werden. Aber auch nur eine einzige Qualität zu entwickeln könnte zahllose Weltzeitalter dauern. Doch wir haben noch nicht einmal begonnen, uns mit einem Bruchteil dieser Qualitäten vertraut zu machen. Merkwürdig, wie wir unser Leben vergeuden. Wir haben den Buddhas keine Opfergaben dargebracht. Wir haben nicht zum Gedeihen der Lehren des Buddha beigetragen. Wir haben nicht die Wünsche der Armen erfüllt und haben den Furchtsamen nicht das Geschenk der Furchtlosigkeit übereignet. Auch haben wir den Hilflosen nicht das Brot des Friedens und Glücks gegeben. Als wir uns im Mutterschoß befanden, haben wir unserer Mutter Schmerzen bereitet. Gleich von Anfang an sind wir eine Quelle von nichts anderem als Leid gewesen. Ohne jede Bestrebung zu spiritueller Praxis haben wir als Mensch unseren Daseinszweck verfehlt. Wenn Sie intelligent sind, wie könnten Sie sich dann solch einer Bestrebung versagen?

Sie müssen Selbstvertrauen entwickeln und meditieren. Bevor Sie sich auf die spirituelle Praxis einlassen, müssen Sie die jeweilige Übung prüfen und entscheiden, ob Sie sie in Angriff nehmen sollten oder nicht. Denken Sie, daß Sie sie nicht werden durchführen können, dann wäre es besser, gar nicht damit anzufangen. Haben Sie einmal zu praktizieren begonnen, dann sollten Sie nicht aufgeben. Andernfalls wird es Ihnen zur Gewohnheit werden, Ihre jeweilige spirituelle Übung nicht vollenden zu können. Nicht nur in diesem Leben, sondern auch in künftigen Leben werden sich aufgrund Ihrer Gewohnheit, Ihre spirituelle Praxis immer wieder aufzugeben, unheilvolle Handlungen und Leiden vervielfältigen. Sie werden sich außerstande sehen, Ihre sonstigen Aktivitäten zu Ende zu bringen, und es wird lange Zeit dauern, ehe Sie irgendein Ergebnis erzielen. Daher müssen Sie zuerst prüfen, ob Sie erreichen können, was Sie sich gerade zu tun vornehmen. Nachdem Sie sich dazu entschlossen haben, eine heilsame Übung zu beginnen, sollten Sie sie zu Ende bringen.

Aufgrund von störenden Emotionen haben gewöhnliche Wesen nicht einmal die Kraft, ihre eigenen Zielsetzungen zu verwirklichen. Sie unterziehen sich unfreiwillig einer Art Selbstquälerei. Um ein klein wenig Geld zu verdienen, müssen manche Menschen tage- und nächtelang pausenlos arbeiten; andere müssen aggressiv und betrügerisch sein. Ihre

Tätigkeit ist von minderem Wert, dennoch lassen sie sich gerne darauf ein. Wir haben uns verpflichtet, die Ziele aller empfindenden Wesen zu verwirklichen. Wie können wir also die Hände in den Schoß legen? Wir müssen positives Selbstvertrauen empfinden, aber wir sollten nicht aus Stolz oder Mut mit negativer Motivation handeln. Stolz im negativen Sinn von Selbstherrlichkeit ist eine störende Emotion, die man beseitigen muß. Wenn wir zulassen, daß wir mutlos werden und unser Selbstvertrauen verlieren, können uns störende Emotionen leicht überkommen.

Wir müssen unser Selbstvertrauen bewahren, indem wir uns vor Augen halten, daß wir Kinder oder Schüler des löwengleichen Buddha sind. Diese Art von positivem Selbstvertrauen wirkt unseren negativen Empfindungen von Stolz entgegen. Es ist nichts Negatives an unserer tiefempfundenden Gewißheit, daß wir alles tun können, was getan werden muß. Wenn unser Geist von Selbstvertrauen erfüllt ist und wir die störenden Emotionen als unseren Feind ansehen, werden wir bereit sein, Unannehmlichkeiten auf uns zu nehmen, um unseren Stolz zu überwinden. Für diese Art von Selbstvertrauen braucht man sich durchaus nicht zu schämen. Jene, die über den Stolz den Sieg davontragen, aber ein Gefühl des Selbstvertrauens behalten, nennt man die Tapferen und Siegreichen. Sie werden fähig sein, Buddhaschaft zu erlangen und die Wünsche der empfindenden Wesen zu erfüllen. Haben wir diese Art von Selbstvertrauen, so werden uns störende Emotionen nicht schaden, selbst wenn wir das Gefühl haben, daß sie uns in Scharen umzingeln – geradeso wie ein Rudel Füchse einem Löwen nicht schaden kann. Menschen schützen ihr Augenlicht, auch wenn sie gerade mit anderen Problemen zu kämpfen haben: Ebenso sollten Sie nie zulassen, daß Sie von störenden Emotionen übermannt werden, selbst wenn dies zu weiteren Unannehmlichkeiten führt. Es wäre besser, verbrannt, ermordet oder geköpft zu werden, als sich dem Feind, den störenden Emotionen, zu beugen.

Nutzen Sie die Kraft, die aus Freude erwächst. Menschen, die dem Bodhisattva-Weg folgen, wenden sich glücklich und freudig ihrer Praxis zu, geradeso wie ein Kind beglückt zu spielen beginnt. Wenn Sie sich die Lebensweise eines Bodhisattva zu eigen machen, dürfen Sie nicht selbstgefällig werden. Gewöhnliche Wesen gehen vielen Tätigkeiten nach, um ein bißchen verunreinigtes Glück zu erwirken, weil sie nicht sicher sind, ob sie die erhofften Resultate erzielen werden oder nicht. Möglicherweise stehen ihre Chancen, zu erreichen, was sie wollen, nur eins zu eins, aber trotzdem kämpfen und arbeiten gewöhnliche Menschen sehr schwer. Führen Sie hingegen das Leben eines Bodhisattva, dann ist es hundertprozentig sicher, daß Sie dauerhaften Frieden und dauerhaftes Glück finden werden. Die Lebensweise eines Bodhisattva ist für Sie und alle anderen empfindenden Wesen zufriedenstellend und nützlich.

Aus Sinnesfreuden oder begehrenswerten Objekten kann man keine dauerhafte Befriedigung schöpfen. Sie sind wie Honig auf einer scharfen Schwertklinge. Wenn Sie daran lecken, können Sie vielleicht die Süße des Honigs kosten, doch gleichzeitig verlieren Sie Ihre Zunge. Wenn Sie hingegen auf den dauerhaften Frieden der Befreiung hinarbeiten, werden Sie großes Verdienst und innere Ruhe erlangen. Arbeiten Sie mit vollem Einsatz, aber ohne Selbstgefälligkeit daran, das Verdienst anzusammeln, aus dem der Frieden der Befreiung erwächst. Wenn Sie dies tun, werden Sie Ihre Bemühungen zum Abschluß bringen können. Beginnen Sie daher beglückt, das Leben eines Bodhisattva zu führen, geradeso wie ein von der Sonne versengter Elefant freudig in einen kühlen Teich eintaucht.

7. KAPITEL

Die Meditationspraxis

Eine der besten Möglichkeiten, den Geist unter Kontrolle zu bringen, ist Konzentration. Auf der Basis einsgerichteter Konzentration können wir die gröberen Ebenen der störenden Emotionen beseitigen. Für sich genommen ist Konzentration nicht sehr wichtig, doch auf dem Weg spielt sie eine wesentliche Rolle. Was Sie in der Meditation erreichen – jeder Art von Meditation, sie mag weltliche oder transzendente Eigenschaften betreffen –, ist von einsgerichteter Konzentration abhängig. In einsgerichteter Konzentration können Sie Ihren Geist gesammelt auf jedes beliebige Objekt ausrichten. Indem Sie die besondere Einsicht in Leerheit mit der Übung des ruhig verweilenden Geistes[100] verbinden, werden Sie die störenden Emotionen zunichte machen können. Um solche besondere Einsicht zu entfalten, müssen Sie zuerst Konzentration entwickeln.

Um einsgerichtete Konzentration zu erlangen, sollten Sie dafür sorgen, daß zuerst die erforderlichen Ursachen und Bedingungen zusammenkommen. Physisch sollten Sie sich an einem abgeschiedenen Ort aufhalten. Es ist nicht gut, zu viele Leute zu treffen und sich in nicht endendem Gerede zu ergehen. Halten Sie sich an einem Ort auf, wo Sie nicht mit vielen Leuten Umfang pflegen müssen. Geräusch ist der Dorn, der die Konzentration stört. Daher sollten Sie sich an einem Ort aufhalten, der still und friedlich ist, frei von Lärm und hektischer Betriebsamkeit. Das wichtigste ist, daß Sie Ihren Geist von Störungen freimachen. Ist Ihr Geist frei von begrifflichem Denken und ist Ihr Körper frei von Unruhe, dann werden Sie keinen Ablenkungen ausgesetzt sein; doch ein Mensch, dessen Geist abgelenkt ist, ist wie jemand, der in den Fängen der störenden Emotionen lebt. Um zu verhindern, daß abschweifende Gedanken aufkommen, müssen Sie über die Mängel von Anhaftung und Begierde nachdenken.

Weshalb sollte ein vergängliches Wesen an einem anderen hängen? Würden denn beispielsweise zwei Menschen, wenn ihnen die eigene Hinrichtung unmittelbar bevorstünde, sich aneinander binden? Ähnlich ist es, wenn zwei Menschen an einer tödlichen Krankheit leiden. Es ist absurd für diese beiden Menschen, sich aneinander zu binden oder einander zu bekämpfen. Daher macht es keinen Sinn für einen vergänglichen Menschen, sich an einen anderen zu binden. Freunde und Verwandte sind nicht beständig. Sie verändern sich von Augenblick zu Augenblick. Und weil Sie an ihnen hängen, machen Sie die Möglichkeit zunichte, den unveränderlichen Zustand der Befreiung zu finden. Aufgrund der unsteten Natur des Geistes können empfindende Wesen im einen Moment zu Ihren Freunden und einen Moment später zu Ihren Feinden werden. Durch Ihr Anhaften tragen Sie auch dazu bei, daß sich bei anderen Anhaftung entwickelt.

Wenn Sie sehr anhaften, aber auf nichts Angenehmes stoßen, wird Ihr Geist keine Freude und keine Festigkeit haben. Selbst wenn Ihnen Erfreuliches begegnet, wird Sie dies nicht befriedigen. Sie werden weiter Verlangen und Anhaftung entwickeln, und diese werden Ihnen dann wieder zu schaffen machen. Solange Sie daher Anhaftung in sich haben, werden Sie nicht glücklich sein, ganz gleich, ob Ihnen etwas Erfreuliches begegnet oder nicht. Deshalb müssen Sie zu Beginn der Anhaftung, die Ihnen innewohnt, ein Ende machen.

Es gibt da ein Sprichwort: Liegt jemand auf einem Berg von Gold, wird das Gold auf ihn abfärben. Liegen Sie auf einem Berg aus Schmutz, werden Sie schmutzig werden. Und verkehren Sie mit törichten Menschen, werden Sie sich auf törichte, unheilvolle Handlungen einlassen. Indem Sie sich selbst loben, andere verleumden und sich eifrig an Gerede beteiligen, das die Wesen im Existenzkreislauf erfreut, werden Sie in ungünstige Existenzzustände hineingezogen werden. Sie werden sich nicht aus dem Existenzkreislauf lösen können. Wie Bienen aus Blüten Honig herausholen, ohne dabei an den Blüten und ihren Farben anzuhaften, sollten Sie bloß das nehmen, was für Ihre spirituelle Praxis erforderlich ist, und an weltlichen Belangen unbeteiligt bleiben.

Wesen, deren Geist verwirrt ist und die an materiellen Gütern und an Ruhm hängen, werden mit Leid zu kämpfen haben, das tausendmal schlimmer ist als das Mißvergnügen infolge von Anhaftung. Daher lassen die Weisen es nicht dazu kommen, daß sie an irgend etwas hängen, denn aus Anhaftung entsteht Angst. Und früher oder später muß man ohnehin alles aufgeben, woran man hängt. Es gibt ein Sprichwort, daß alles, was zusammengetragen wurde, verstreut wird und daß alles, was oben ist, eines Tages herabfallen wird. Auch wenn Sie Reichtum und vorzüglichen Besitz erwerben, auch wenn man viele angenehme Dinge über Sie sagt und Sie berühmt werden, können Sie nichts davon mitnehmen, wenn Sie sterben. Weshalb sollten Sie eine besondere Befriedigung verspüren, wenn jemand Sie lobt, wo es doch Menschen gibt, die an Ihnen Kritik üben und Sie verleumden? Und weshalb sollten Sie dermaßen außer Fassung geraten, wenn jemand Kritik übt, wo es doch Menschen gibt, die sich lobend über Sie äußern? Empfindende Wesen sind aufgrund ihrer karmischen Verfassung und ihrer geistigen Interessen und Veranlagungen derart wankelmütig, daß selbst die Buddhas sie nicht zufriedenstellen können.

Aufgrund seiner wundervollen, seinen Körper, seine Rede und seinen Geist betreffenden Qualitäten fühlten sich zahllose Menschen zu Buddha Shakyamuni hingezogen. Aber zugleich gab es immer noch einige Leute, die Schlechtes über ihn sagten. Was macht es da schon aus, wenn sich der eine oder andere über gewöhnliche Wesen wie uns, die völlig unter dem Einfluß störender Emotionen stehen, abfällig äußert? Geben Sie daher den Versuch auf, weltliche Wesen zufriedenzustellen. Wenn jemand keine Freunde hat, werden sich die Leute über ihn lustig machen und sagen, das komme daher, daß er nicht gut erzogen sei. Hat er viele Freunde und Besucher, dann werden sich die Leute abermals abfällig über ihn äußern und sagen: »Ach, der ist solch ein Schmeichler!« Die Menschen haben immer irgendwas zu reden. Was man auch tut – es ist sehr schwierig, mit törichten Wesen entspannt zusammenzuleben.

Unreife Wesen werden unglücklich sein, wenn sie nicht bekommen, was sie wollen. Selbst der Buddha hat gesagt, man tue sich schwer damit, ihnen zu trauen oder sich mit ihnen anzufreunden. Da wir uns so vielen Problemen gegenübersehen, wenn wir mit weltlichen Wesen verkehren, hat der Buddha die Vorzüge des Aufenthalts an einem abgeschiedenen Ort hervorgehoben. Es hat viele Vorteile, sich vom geschäftigen Treiben großer und kleinerer Städte fernzuhalten und an einem abgeschiedenen Ort zu verweilen. Im Wald oder hoch droben im Gebirge gibt es nur wilde Tiere, schöne Pflanzen und Blumen. Diese belebten und unbelebten Objekte werden nichts Abfälliges zu Ihnen sagen. Im Gegensatz zu Menschen geraten sie weder aus Argwohn noch aufgrund hoher Erwartungen in Aufruhr. Man braucht keine Befürchtungen zu haben, daß man in so einer Umgebung zu Schaden kommt. Mit solchen Gefährten läßt es sich gut auskommen.

Wie angenehm wäre es, an solch einem Ort zu wohnen, in einer Höhle etwa, einem leeren Tempel oder unter einem Baum. Könnten Sie an einer solchen Stätte wohnen bleiben, ohne jemals Ihr altes Leben wiederaufnehmen zu müssen, könnten Sie ohne die Gesellschaft anderer Menschen allein in einer leeren Höhle bleiben, dann hätten Sie keine störenden Emotionen wie zum Beispiel Anhaftung. Wenn der Ort, an dem Sie sich aufhalten, niemandem gehört und von Natur aus weit und offen ist, wird er Ihnen Freude bereiten. Wie gut wäre es, wenn sich Ihnen solch eine erfreuliche Gelegenheit böte.

An solch einem Ort braucht man nicht viel Besitz. Wer ordiniert ist, braucht nur eine irdene Bettelschale und abgelegte Lumpen, um sich zu kleiden. Weil man beim Aufenthalt an solch einem Ort nicht viel Besitz hat, braucht man ihn nicht zu verstecken. Reiche Menschen sind normalerweise sehr auf der Hut, weil sie sich Sorgen machen, andere Leute könnten womöglich ihren Besitz zu Gesicht bekommen. Sie machen sich Sorgen, ihre Habe könnte während der Monsunregenzeit womöglich einen üblen Geruch annehmen und verrotten oder sie könnte womöglich von Ratten zernagt werden. Ständig müssen sie ihre Güter verbergen und sich um ihren Bestand Sorgen machen.

Als wir Tibeter zum erstenmal ins Exil kamen, hatten die meisten von uns nur ein oder zwei Kisten voll Habseligkeiten und sonst nichts. Das war sehr praktisch. Früher, als ich in Lhasa war, hatten wir viele Dinge, die den vorausgehenden Dalai Lamas gehörten. Für ihren Erhalt wurde viel getan: Ihre Kleidung wurde nach draußen in die Sonne gebracht und so weiter. Die Disziplinmönche der einzelnen Klöster baten die Mönche gewöhnlich, nicht viele Habseligkeiten zu behalten: So würden sie wie ein einfaches Räucherstäbchen bleiben können. Es heißt: Du solltest so leben, daß du nicht mehr als das besitzt, worin du aufstehst. Das bedeutet, daß man nichts mit sich tragen und nichts verbergen muß.

Die Kadampa-Meister pflegten zu sagen, Ordinierte seien zwar fähig, sich aus dem Dasein eines Familienvorstands zu befreien, neigten jedoch dazu, sich in einer Art zweitem Zuhause neuerlich einzusperren. Das bedeutet: Häuft man nach der Ordination zum Mönch oder zur Nonne weiterhin Habseligkeiten an, wird man sich abermals damit auseinandersetzen müssen, wie man sie schützen kann. Wer nichts besitzt und einfach in einer leeren Höhle wohnen kann, hat nichts zu verbergen. Hat man nichts zu verbergen, dann hat man nichts zu befürchten. Es gibt da eine Geschichte über die Dorfbewohner, die erfuhren, daß Banditen unterwegs waren, um ihre Ortschaft zu überfallen. Sie rannten alle davon, vollbepackt mit aller Habe, die sie tragen konnten. Und was sie von allem übrigen verstecken konnten, versteckten sie. Nur ein einziger tat nichts. Er stand bloß da und sah den anderen zu. Als sie ihn fragten, warum er nicht davonlaufe wie sie, sagte er: »Ich besitze nichts, drum hab' ich nichts zu verbergen oder zu verstecken.«

Sinnen Sie, um die Anhaftung zu überwinden, darüber nach, daß wir uns zum Zeitpunkt des Todes von unseren Freunden und Verwandten, unseren Besitztümern und sogar unserem Körper trennen müssen. Wenn Sie geboren werden, werden Sie allein geboren. Wenn Sie sterben, sterben Sie gleichfalls allein. Niemand sonst kann an Ihrem Leid teilhaben. Geburt und Tod sind die beiden wichtigsten Ereignisse in unserem Leben. Beide Male kann uns niemand helfen und niemand an unserem Leid teilhaben. Reisende bleiben über Nacht in einer Pension und ziehen dann weiter. Ebenso ist auf unserer schon seit anfangsloser Zeit währenden Reise durch den Existenzkreislauf unsere jetzige Lebensspanne wie die Übernachtung des Reisenden. Unser Leben gleicht einem kurzem Aufenthalt, denn wir werden nicht für immer leben. Früher oder später werden Sie sterben, und Ihr Körper wird von vier Sargträgern fortgetragen werden, während ringsum Ihre Freunde und Verwandten wehklagen und leiden. Wenn Sie zu diesem Zeitpunkt bereuen, daß Sie nicht fähig gewesen sind, positive Dinge zu tun, und daß Sie zahlreiche negative Dinge getan haben, ist es dazu viel zu spät. Ziehen Sie sich deshalb, bevor es zu dieser Situation kommt, in den Wald zurück, und praktizieren Sie. Den Geschichten von den großen Meistern der Vergangenheit zufolge wohnten jene, die hohe Verwirklichung erlangten, stets an friedvollen abgeschiedenen Orten. Es gibt nicht viele Berichte über Menschen, die in einer großen oder kleineren Stadt eine hohe Verwirklichungsstufe erreicht haben.

Welchen Vorteil hat es, an solch einem abgeschiedenen Ort zu meditieren? Sie werden sogenannte Freunde und Verwandte nicht in Ihrer unmittelbaren Nähe haben. Wenn Sie sie um sich haben, mögen Sie zwar durchaus gewillt sein, zu praktizieren und friedvoll und still zu bleiben, aber Ihre Freunde werden es nicht zulassen. Wenn Sie unter gewöhnlichen Menschen leben, könnte es einige Leute geben – Ihre Feinde oder Leute, die Ihnen unsympathisch sind –, deren bloßer Anblick Sie aus dem Gleichgewicht bringt. Bleiben Sie im Wald oder an einem abgeschiedenen Ort, dann werden Sie weder mit Freunden noch mit Feinden Probleme bekommen. Leben Sie in Einsamkeit an einem abgeschiedenen Ort und hält man Sie bereits für tot, dann wird, wenn Sie sterben, niemand um Sie sein, der wehklagt. Die Tiere und Vögel, die Ihre Gefährten sind, werden nicht wehklagen, noch werden sie Ihnen irgendeinen Schaden zufügen. Unter solchen Umständen werden Sie in der Lage sein, heilsame Übungen durchzuführen, also sich etwa auf die Qualitäten des Buddha zu besinnen, über Leerheit zu meditieren oder sich tantrischer Praxis zu widmen. Es wird niemand geben, der Sie ablenkt.

Wenn Anhaftung und Wut bei uns zutage treten und wir unsere Wünschen realisieren können, werden wir eine Art vorübergehender Erleichterung und Befriedigung verspüren. Wären wir hingegen frei von Anhaftung und Wut, dann würden wir dauerhafte Befriedigung und Zufriedenheit genießen. Die von Glück Begünstigten wohnen unbehelligt von störenden Emotionen und Auseinandersetzungen in einem friedvollen Wald. Von der Umgebung geht etwas Beruhigendes aus. Sie hat eine ähnlich wohltuende Wirkung auf die Sinne wie Sandelholz oder das Mondlicht. In solch einem friedvollen Wald können Sie ungestört in einem schönen Steinhaus meditieren. Dort können Sie über das nachdenken, was anderen empfindenden Wesen nützen wird. Wenn Ihnen der Platz nicht mehr zusagt, können Sie sich unverzüglich an eine andere Stelle im Wald begeben.

Es ist sehr gut, an solch einem Platz bleiben zu können. Sie werden auf niemanden angewiesen sein. Sie werden völlig frei und unabhängig sein und keinerlei Anhaftung verspüren. Sie werden keine Gelegenheit haben, zwischen den Wesen einen Unterschied zu machen, zu sagen: diese Person ist mein Feind oder mein Freund. Sie werden ein zufriedenes Leben führen, froh über alles, was Ihnen zuteil wird. Nicht einmal der König der Götter führt solch ein Leben. Wenn Sie über die Vorzüge des Wohnens an solch einem abgeschiedenen Ort nachsinnen, müssen Sie störendes begriffliches Denken vertreiben und über den Erleuchtungsgeist meditieren.

Daher sollten Sie zurückgezogen und allein an solch einem einsamen Ort bleiben, an einem Platz im Wald, wo Sie nicht viele Unannehmlichkeiten auf sich nehmen müssen, wo Frieden und Glück herrschen, wo Sie frei von Ablenkung sein werden. Sie müssen jede Erwägung, Ihren Freunden zu helfen und Ihren Feinden zu schaden, fallenlassen und nur eines im Sinn haben: um aller empfindenden Wesen willen Buddhaschaft zu erlangen. Darauf sollten Sie sich einsgerichtet konzentrieren, um in ein meditatives Gleichgewicht einzutreten und Ihren Geist umzuwandeln, indem Sie Weisheit entwickeln.

In dieser Welt und noch jenseits von ihr bewirkt Begierde Verwirrung. Ob Sie nun einen Gegenstand oder einfach Ruhm und guten Ruf begehren, Ihre Begierde kann zur Ursache dafür werden, daß Sie Ihr Leben verlieren. Sie kann in diesem Leben zur Folge haben, daß Sie ins Gefängnis kommen, und in künftigen Leben, daß Sie in die Hölle kommen. Eine der stärksten Formen von Begierde ist die sexuelle Begierde. Wenn wir uns an der sexuellen Umarmung erfreuen, umklammern wir weiter nichts als ein mit Fleisch und Haut umhülltes Skelett. Um nichts anderes handelt es sich im Grunde. Was wir an unserem Partner schön finden, existiert nicht unabhängig von sich aus noch besitzt der oder die Betreffende diese Schönheit gleich von Anfang an. Ein Skelett jagt uns Angst ein, obwohl es sich nicht bewegt. Warum fürchten wir uns dann nicht davor, wenn es lebt und sich bewegt? Weshalb hängen wir an solch einem häßlichen Gebilde, statt unsere Aufmerksamkeit dem dauerhaften Frieden von Nirvana zuzuwenden?

Es ist nicht verwunderlich, daß wir nicht erkennen, wie scheußlich andere Körper sind. Aber es ist erstaunlich, daß wir unseren eigenen Körper nicht schmutzig finden. Woher kommt es, daß wir unseren Körper mit seinen verschiedenen widerwärtigen Absonderungen den wunderschönen taufrischen Lotosblüten vorziehen, die sich entfalten, wenn die Strahlen der Sonne aus den Wolken hervorbrechen? Wir schrecken davor zurück, Stellen zu berühren, die mit Kot besudelt sind. Warum berühren wir dann gern den Körper, der diesen Kot produziert? Wir mögen die Würmer und

Maden nicht, die sich natürlicherweise im Dunghaufen entwickeln. Warum hängen wir also an einem Körper, der seiner wahren Natur nach gleichfalls unrein ist?

Wir sind nicht nur unfähig, unseren eigenen Körper als unrein anzusehen – wir zeigen auch dem unreinen Körper anderer Menschen gegenüber Anhaftung. Selbst anziehende Dinge wie Obst und Gemüse oder Arzneistoffe von relativ hoher Reinheit werden schmutzig, sobald wir sie in den Mund stecken. Spucken wir sie aus, dann machen wir den Boden schmutzig. Dies sind einige Anhaltspunkte, die uns helfen können zu begreifen, inwiefern unser Körper unrein ist. Können Sie immer noch nicht einsehen, daß der Körper unrein ist, sollten Sie eine Leichenhalle aufsuchen und dort einen Leichnam näher betrachten. Wie kann Ihr Verlangen, andere Körper zu berühren, dasselbe bleiben, wenn Sie einmal Angst hatten, die Haut einer Leiche zu berühren?

Belassen Sie Ihren Körper in seinem natürlichen Zustand, dann wachsen, seiner wahren Natur entsprechend, die Haare und Nägel schrecklich lang. Ebendeshalb müssen wir uns besondere Mühe geben, uns zu pflegen, als ob wir eine Waffe polierten. Wir sind nicht von Natur aus schön – wir sind häßlich. Und weil wir häßlich sind, versuchen wir, unsere Gestalt zu verändern, und tragen verschiedene Farben auf unseren Körper auf. Wir schaffen eine äußere Erscheinung, die andere aus Unwissenheit anziehend finden. Von störenden Emotionen wie der Anhaftung getrieben, verhalten wir uns wie Narren.

Manche allzu ehrgeizigen Menschen arbeiten den ganzen Tag so schwer, daß sie völlig erschöpft nach Hause kommen und in ihr Bett fallen. Der Grund dafür ist Anhaftung am Wohlstand, dem Lohn der Arbeit. In anderen Fällen heiraten Menschen, müssen dann aber zur Arbeit ins Ausland gehen oder, wie im Fall von uns Tibetern, ihre Heimat als

Flüchtlinge verlassen. Aus der Trennung von ihrem Partner erwächst ihnen großes Leid. Sie können nur dadurch in Verbindung bleiben, daß sie telefonieren oder Briefe schreiben. Diese Menschen wollten sich zunächst etwas Gutes tun: doch daß sie über lange Zeit von ihrem Partner getrennt leben müssen, gibt ihnen das Gefühl, als hätten sie sich in die Sklaverei verkauft. Und mögen Sie auch mit Ihrem Los zufrieden sein, dann machen die Bedürfnisse Ihres Partners oder Ihrer Kinder Ihre Zufriedenheit zunichte. Auf sich selbst gestellt, würden Sie vielleicht lieber in Harmonie leben. Sie sind vielleicht ein warmherziger Mensch, aber wegen Ihres Partners oder Ihrer Kinder können Sie vielleicht kein gutes Einvernehmen mit Ihren Nachbarn wahren. Dies sind einige der Probleme, die aus dem sexuellen Verlangen erwachsen, das zwischen Männern und Frauen besteht. Kurzum, ob man nun reich ist oder arm – das Leben eines Familienvorstands zu führen ist wie eine Krankheit.

Heutzutage gibt es Menschen, die leiden, weil sie keine Kinder haben. Sie suchen Spezialisten und Lamas auf in der Hoffnung, dadurch ein Kind zu bekommen. Sie sprechen spezielle Gebete und nehmen bestimmte Medikamente, bloß um Kinder zu bekommen. Bei anderen verhält es sich umgekehrt. Sie leiden, weil sie im Begriff stehen, ein Kind zu bekommen. Dann denken sie an Abtreibung. Aus der Sicht von Menschen, die sich danach sehnen, Kinder zu haben, ist das Kommen eines Kindes so, als fänden sie einen Schatz. Aber wenn das Kind einmal da ist und sich zu einer ungebärdigen, ungehorsamen Person entwickelt, wird es zu einer Quelle der Besorgnis. Wenn die Kinder heranwachsen, müssen Sie sich ernsthafte Gedanken über ihre Ausbildung machen. Zunächst einmal können Sie sie nicht auf die Schule Ihrer Wahl schicken, oder Sie können nicht entscheiden, welche Schule die richtige ist. Nachdem Sie schließlich mit

Mühe und Not erreicht haben, daß das Kind aufgenommen wird, stellen Sie fest, daß es schulisch nicht vorankommt. Oder es besteht möglicherweise problemlos die Prüfungen, kann aber keinen guten Job finden. Und selbst wenn Ihr Sohn oder Ihre Tochter einen guten Job findet, müssen Sie allmählich daran denken, Vorkehrungen für seine oder ihre Hochzeit zu treffen. So verbringen wir unser Leben. Wir kümmern uns mit so viel Fürsorglichkeit um unsere Kinder. Werden wir dann, nachdem wir sie gefüttert und sie erzogen haben, alt und müssen am Stock gehen, die Augen wäßrig und schwach, wenden wir uns hilfesuchend an sie. Wird uns die Hilfe verweigert, können wir lediglich jammern und sagen, es wäre besser gewesen, wir hätten kein solches Kind gehabt. Daher hat Buddha Shakyamuni gesagt, ein häusliches Leben zu führen sei, ob man nun reich sei oder arm, als litte man an einer Krankheit.

Angesichts solcher Überlegungen lassen jene, die zu Mönchen und Nonnen ordiniert werden, das häusliche Leben hinter sich. Dies tut man nicht, um Geschäfte zu machen oder ein neues Projekt zu starten oder den Menschen etwas vorzugaukeln. Es hat nur den einen Zweck: lautere spirituelle Praxis. Handelt man dementsprechend und sorgt sich nicht sonderlich um Verpflegung, Kleidung und Besitz, sondern wendet sich vor allem der Meditationspraxis zu, dann ist es einfach wundervoll, als ordinierter Mensch zu leben. Sie können früh am Morgen aufstehen, weil Sie auf niemanden angewiesen sind oder Rücksicht nehmen müssen. Wenn Sie schlafen wollen, können Sie schlafen. Oberflächlich betrachtet, müssen Sie sich nicht mit gewöhnlichen, bedeutungslosen Angelegenheiten abgeben. Von einer weitreichenderen Perspektive aus können Sie Ihr ganzes Leben darauf verwenden, Buddhaschaft zu erlangen. Auf kurze Sicht können Sie ein außerordentlich zufriedenstellendes Leben führen, sofern Sie in Ihrer Praxis aufrichtig sind. Ein Verstext lautet: »Praktizierst du aufrichtig, wird dir Nirvana zuteil werden, auch wenn du dableibst und das Leben eines Familienvorstands führst. Praktizierst du hingegen nicht, wirst du nichts erreichen, auch wenn du jahrelang im Gebirge verweilst und dort wie ein Murmeltier überwinterst.«

Anhaftung an Vermögen und Besitz zieht große Unannehmlichkeiten nach sich. Wenn wir kein Geld haben, können wir nichts ausrichten. Wir müssen Arbeit finden, die möglichst gut bezahlt wird. Aber gutes Geld kann man nur verdienen, wenn man eine gute Ausbildung hat. Folglich bemühen sich manche Menschen um eine gute Ausbildung, während andere gefälschte Zeugnisse vorlegen. Auch für ein einfaches Gewerbe braucht man am Anfang Kapital. Viele tibetische Flüchtlinge verkaufen Pullover und andere Wollwaren auf den indischen Straßen; das kann sehr hart und beschwerlich sein. Doch nicht viele von ihnen unterziehen sich um ihrer spirituellen Praxis willen solch einer Mühe. Ebenso führen Menschen Rituale aus und sprechen Gebete, aber nicht viele gehen zu einem Lama und sagen: »Bitte führen Sie dieses Ritual durch, damit ich bald Nirvana und Erleuchtung erlangen kann.« Andererseits gehen viele Menschen zu einem Lama und sagen: »Bitte verrichten Sie dieses Gebet, damit ich in meinem Geschäft Erfolg habe.« Sobald man schließlich etwas Geld verdient hat, stellt sich das Problem, wie man es schützen, in welcher Bank man es deponieren soll. Heutzutage gibt es so viele verschiedene Banken, daß man sich erst genau informieren muß, bei welcher man den höchsten Zins erhält. In der Zwischenzeit gehen einem die Einnahmen möglicherweise verloren, oder sie werden einem gestohlen.

Man kann Geld auch sinnvoll verwenden. Ich erinnere mich da insbesondere an einen Tibeter, der mich einmal bat, eine Kalachakra-Initiation[101] zu geben, und sagte, er wolle gern die finanziellen Mittel dafür bereitstellen. Später hörte er, wie ich von dringend erforderlichen Spenden für die Ausbildung von Kindern sprach. Da besann er sich anders und sagte mir, er werde das Geld, das er vorher für die Initiation hinterlegt hatte, lieber für die Ausbildung tibetischer Kinder ausgeben. Das ist beispielhaft und vortrefflich. Nachdem sie sich die Mühe gemacht haben, ihr Geld zu mehren, geben es solche Menschen auf nützliche und sinnvolle Weise aus. Andernorts hat man mir von Menschen berichtet, die sich nicht nur jede Woche zum Gebet treffen, wenn jemand gestorben ist, sondern dann auch zur Feier ein Festessen veranstalten. Das ist sehr töricht. Wie kann man feiern, daß jemand gestorben ist? Wenn wir Geld anhäufen und wirtschaftlich vorankommen, sollten wir dafür sorgen, daß dies Geld für positive Dinge, für Ausbildung, Gesundheit und so weiter, ausgegeben und nicht einfach vergeudet wird. Unser menschliches Leben hat derart große Möglichkeiten, die so schwer zu erlangen sind. Wenn wir es da vergeuden, indem wir trivialen Dingen nachjagen, die selbst für Tiere erreichbar sind, ist das wirklich schade. Aufgrund unseres menschlichen Daseins läßt sich Wunderbares erreichen. Es nur dazu zu nutzen, das Überleben dieses Körpers sicherzustellen, wäre äußerst bedauerlich.

Hat man einen Hautausschlag und kratzt sich, verspürt man eine Art Erleichterung. Aber es wäre besser, überhaupt keinen Ausschlag zu haben, statt sich dieser Erleichterung zu erfreuen. Niemand möchte einen Hautausschlag haben, um so zu dem Vergnügen zu kommen, sich zu kratzen. Hat man Verlangen nach etwas, so kann man sich dadurch, daß man es erhält, einen vorübergehenden Lustgewinn verschaffen. Besser wäre es jedoch, überhaupt keine Begierde oder Anhaftung zu haben.

Wenn man versucht, seinen Geist auf ein Objekt zu konzentrieren, neigt er zu Zerstreuung. Aus zwei Gründen ist der Geist nicht fähig, auf dem Objekt zu verweilen: Erregung und Erschlaffung. Anfangs ist Erregung eins der stärksten Hindernisse für die Konzentration auf das Objekt. Erregung ist ebenso Zerstreutheit wie auch eine Art von Anhaftung. Der Geist kann entweder durch ein äußeres Objekt oder durch subtiles begriffliches Denken abgelenkt werden. Man muß ihn davon abhalten. Ein Hauptfaktor, der den Geist zu Zerstreutheit veranlaßt, besteht darin, daß er zu sehr in Hochstimmung gerät. Wenn der Geist zu ausgelassen ist, wird er äußerst einfallsreich. Geradeso wie wir Probleme bekommen, wenn wir zu einfallsreich sein wollen, wird auch der Geist zu aufgeregt. In diesem Fall ist es zweckmäßig, daß man versucht, den Geist ins Innere zurückzuziehen. Denken Sie, um die Hochstimmung des Geistes zu verringern, über die Mängel der störenden Emotionen, die Natur der Vergänglichkeit oder die Leidhaftigkeit des Existenzkreislaufs nach. Über solche Themen nachzusinnen ist ein bißchen entmutigend. Das wirkt ernüchternd auf den Geist und entzieht ihm ein wenig seinen Elan.

Wenn der Geist hingegen zu mutlos wird und seinen Schwung verliert, wird er schwach werden und seine Kraft verlieren, zu analysieren und zu prüfen. Dann verliert der Geist seine Klarheit und Unterscheidungsfähigkeit. Das ist geistige Erschlaffung. Sie hindert den Geist nicht daran, auf seinem Objekt zu verweilen; sie hindert ihn daran, dies mit Klarheit zu tun. Entgeht Ihnen die Klarheit des Objekts, werden Sie es nicht klar erfassen können, wenngleich der Geist auf dem Objekt verweilt. Unter solchen Umständen sollten Sie versuchen, den Geist zu beleben, indem Sie über die Qualitäten des Erleuchtungsgeistes, die Ihnen innewohnende Buddhanatur und die Tatsache nachsinnen, daß Sie mit einem Leben als freier und von Glück begünstigter Mensch ausgestattet sind. Folgen Sie diesen Gedanken, dann wird der Geist frisch und klar werden.

Was das Meditationsobjekt angeht, so eignet sich im allgemeinen jedes beliebige Objekt, etwa ein Stück Stein oder eine Blume. Wählen Sie eine Blume, dann sollten Sie sie zunächst genau und eingehend betrachten. Sehen Sie sich ihre Farbe und Gestalt an. Dies wird in Ihrem Geist eine Vorstellung von ihr hervorrufen. Ob sich die Blume nun in Ihrem Gesichtsfeld befindet oder nicht – Sie sollten über das geistige Bild zu meditieren versuchen. Es ist sehr zweckmäßig, unter all den Dingen, die Sie als Meditationsobjekt aussuchen könnten, ein Bildnis des Buddha zu wählen. Tun Sie dies, so werden Sie großes Verdienst ansammeln können. Sie sollten das Bild vor sich auf Höhe Ihrer Augenbrauen in einer Entfernung visualisieren, die der Länge einer vollen Niederwerfung entspricht. Sie sollten sich vorstellen, daß das Bild leuchtend, aber ein bißchen schwer ist, um so etwaiger Erregung entgegenzuwirken. Sich das Bild als klar und strahlend zu vergegenwärtigen wirkt geistiger Erschlaffung entgegen. Auf diese Weise meditiert man so, wie es in den Sutras beschrieben wird.

Wenn Sie eine tantrische Ermächtigung erhalten haben und Sie so meditieren, wie es in den Tantras erläutert wird, dann visualisieren Sie Ihren Körper als den Körper einer Gottheit und meditieren darüber. Wenn Sie in die Praxis des Höchsten Yoga-Tantra[102] eintreten, konzentrieren Sie sich nicht einfach auf den ganzen Körper, sondern auf besondere Punkte innerhalb des Körpers. Es gibt im Körper ein visualisiertes Netz von Kanälen, und wenn Sie meditieren, konzentrieren Sie sich auf die durch sie fließenden Energien. Sie können aber auch Ihre Aufmerksamkeit auf einen einzelnen Tropfen innerhalb der Kanäle konzentrieren. Eine andere

Vorgehensweise besteht darin, einfach über die Natur des Geistes, die Klarheit und reine Lichthaftigkeit des Geistes, zu meditieren. Zuerst einmal sollten Sie aufhören, über irgendeine frühere Erfahrung nachzudenken, was auch immer Sie getan haben oder Ihnen passiert ist. Sie müssen Ihren Geist auch davon abhalten, zu Zukunftsplänen und -projekten abzuschweifen. Sobald Sie der Entstehung begrifflichen Denkens ein Ende bereiten, wird der Geist ungehindert die reine lichthafte Natur des Geistes erkennen können. Wenn Ihnen das gelungen ist, sollten Sie Ihren Geist darauf verweilen lassen. Der Geist wird sich auf den Geist konzentrieren. Es gibt einen Geist, der Erfahrungen macht, und einen Geist, der erfahren wird. So nutzen Sie den Geist als das Objekt Ihrer Meditation.

Ebenso kann man den Erleuchtungsgeist in der Meditation entwickeln, indem man das eigene Wohl gegen das Leid der anderen empfindenden Wesen austauscht. Man erkennt, daß man selbst und die anderen empfindenden Wesen von gleicher Natur sind. Dieses Verfahren ist sehr wirkungsvoll. Es beruht auf Vernunft und Logik. Doch es läßt sich auch im Licht unserer Alltagserfahrung nachvollziehen.

Am Anfang sollten Sie darüber meditieren, daß Sie und andere empfindende Wesen gleich sind: Alle empfindenden Wesen gleichen Ihnen darin, daß sie Glück und kein Leid wollen. Alle empfindenden Wesen haben nicht nur solch einen Wunsch, sondern haben auch ein Recht, daß ihnen Glück zuteil wird und sie das Leid beseitigen. Daher sollten Sie unvoreingenommen, ohne Anhaftung und ohne Wut die Gesinnung entwickeln, allen empfindenden Wesen nützen zu wollen. Alle empfindenden Wesen verfügen über das gleiche Potential wie Sie, Glück zu erlangen und Leid zu beseitigen. In dieser Hinsicht sind sie genau wie Sie. Dies läßt sich durch einfache Beobachtung leicht einsehen. Selbst die winzigsten Insekten gleichen Ihnen darin, daß sie nach Glück trachten und Leid zu vermeiden suchen. Wenn ein winziges Insekt sich auf Sie zubewegt und Sie Ihren Finger ausstrekken, um es zu berühren, wird es, in dem Versuch, sich zu schützen, zurückweichen und sich nicht mehr bewegen. Obwohl ein solches Insekt so zart und schwach ist, versucht es sein möglichstes, damit sein Leid behoben wird und das Glück zur Entfaltung kommt. Wenn ich solch hilflose Insekten beobachte, überkommt mich unwillkürlich ein Gefühl der Traurigkeit.

Sogar die Götter sind darin, daß sie nach Glück trachten und Leid zu vermeiden suchen, genau wie wir, und das gilt auch für jene Wesen, die im Geisterbereich leben. Häufig schreiben wir Unglück dem von bösen Geistern verursachten Schaden zu. Aber statt ihnen auf diese Weise die Schuld zu geben, sollten wir darüber nachsinnen, daß auch Geister genau wie wir nach Glück trachten und Leid zu vermeiden suchen. Wenn Sie erkennen, daß alle empfindenden Wesen von gleicher Natur sind, werden Sie nicht Lamas darum ersuchen müssen, Rituale zur Bändigung böser Geister durchzuführen. Sie werden nicht Ihr Geld und Ihre Mittel vergeuden müssen.

Einst hat man mir von einem mächtigen bösen Geist in der Nähe meines Wohnsitzes in Dharamsala berichtet und mich gebeten zu kommen, um mit ihm fertig zu werden. Ich willigte ein, so als wisse ich, wie man böse Geister vertreibt, da nichts anderes zu machen war. Ich ging dorthin, meditierte über Liebe und Mitgefühl und sann intensiv darüber nach, daß alle Wesen in ihrem Bestreben, Glück zu erlangen und Leid zu vermeiden, von gleicher Natur sind. Ich besann mich insbesondere darauf, inwiefern der sogenannte böse Geist, der dort vorhanden war, ebenfalls die gleiche Natur besaß. Später berichtete man mir, der böse Geist sei verschwunden oder bereite zumindest keine Schwierigkeiten mehr. Vielleicht war es bloß ein zufälliges Zusammentreffen zweier Ereignisse, oder vielleicht hatte ich einen gewissen Erfolg. In beinahe jedem Fall hilft aufrichtiges Meditieren über Mitgefühl solchen Wesen wirklich. Vergleicht man die Umstände, in denen sich der angebliche schädliche Geist befindet, mit denen des Opfers, dann wird einem klar, daß dieses Geistwesen schlechter dran ist. Wir haben zumindest die Möglichkeit, spirituell zu praktizieren, und dies gibt uns noch mehr Anlaß, Mitgefühl zu empfinden.

Weil alle empfindenden Wesen so sind wie wir, die gleiche Natur haben, sollten wir sie zu beschützen versuchen. Ihr Körper hat viele Teile: Arme und Beine und so fort. Obwohl jeder Teil anders ist, versuchen Sie sie alle zu schützen, weil sie zu Ihrem Körper gehören. Es gibt zahlreiche empfindende Wesen in den Existenzbereichen. Da sie uns alle darin gleichen, daß sie Glück und kein Leid wollen, sollten wir sie vor Leid schützen. Sie könnten dies anzweifeln, indem Sie sagen: »Meine Hände und Beine mögen verschiedenartig sein, aber zumindest gehören sie zu mir. Wenn mein Bein oder meine Hand verletzt wird, dann bereitet mir das Schmerzen. Aber wenn andere empfindende Wesen verletzt werden, verspüre ich keinen Schmerz. Ihre Leiden verletzen mich nicht, warum sollte ich sie also vor Leid schützen?«

Naturlich verletzen die Leiden anderer Wesen Sie nicht direkt, aber indem Sie sich die Auffassung zu eigen machen, daß diese so sind wie Sie, werden Sie versuchen, sich fürsorglich um sic zu kümmern. Zahllose empfindende Wesen sind gütig zu Ihnen; daher sind ihre Leiden wie die Ihren. Wenn Sie sie als angenehm, anziehend und gütig betrachten, haben Sie das Gefühl, Sie müßten versuchen, sie von ihrem Leid zu befreien. Da hier empfindende Wesen leiden, sollte ihr Schmerz oder Kummer beseitigt werden, ganz so, als handele es sich um Ihr Leid. Im Streben nach Glück sind Sie und andere empfindende Wesen gleich. Warum machen Sie also einen Unterschied zwischen sich und ihnen? Warum sind Sie nur um Ihr eigenes Glück besorgt? Sie und andere empfindende Wesen sind darin gleich, daß Sie nicht leiden wollen. Warum machen Sie dann einen Unterschied zwischen sich und ihnen und beschützen bloß sich und nicht andere?

Wenn Sie nun vergleichen, welcher Seite die größere Bedeutung zukommt, müssen Sie eingestehen, daß Sie nur ein einzelnes Individuum sind, während die anderen unendlich viele sind. Und bedenken Sie außerdem, wenn Sie über sich und andere empfindende Wesen reden oder reflektieren, daß die beiden Seiten nicht ohne Verbindung sind. Die Handlungen anderer Menschen beeinflussen Sie, und Ihre Handlungen wirken auf den Geist anderer ein. Das Glück und Leid, das Sie erleben, erleben auch die anderen empfindenden Wesen. Beide Seiten sind miteinander verbunden, aber zahlenmäßig kommt dem Wohl, Frieden und Glück der anderen empfindenden Wesen größere Bedeutung zu. Es ist daher nur natürlich, das kleinere Anliegen, das eigene Wohl, im Interesse des bedeutenderen Anliegens, des Wohles der anderen, hintanzustellen. Es wäre klug und geschickt, *einen* Finger zu opfern, wenn man dadurch die restlichen neun schützen könnte. Neun Finger zu opfern, um *einen* zu schützen, wäre dumm und töricht. Könnte man von zehn zum Tode verurteilten Menschen neun vor der Hinrichtung retten, indem man das Leben von *einem* opfert, dann wäre es ebenfalls klug, dies zu tun.

Sie erwidern vielleicht, wenn Ihnen die Leiden anderer Menschen nicht direkt schaden, sei es nicht notwendig, diese zu beschützen. Obwohl jedoch ihre Leiden Sie möglicherweise auf kurze Sicht nicht beeinflussen, werden sie Ihnen indirekt schaden. Allgemein gilt: Sind andere glücklich, dann werden Sie glücklich sein. Befassen Sie sich mit dem Frieden und Glück der anderen empfindenden Wesen, werden auch Sie automatisch friedvoll und glücklich sein. Wenn Sie den Frieden und das Glück der anderen empfindenden Wesen mißachten und nur an sich denken, andere Menschen umbringen, ihnen ihren Besitz rauben oder ihnen ihren Partner abspenstig machen, dann werden Sie sehr viel Leid verursachen. Schon unter rechtlichen Gesichtspunkten wird man Sie festnehmen und bestrafen, wenn Sie jemanden umbringen. Erretten Sie jemanden vor dem Ertrinken, wird man Sie loben und belohnen. Das ist nicht bloß eine spirituelle Angelegenheit. Es betrifft Ihren Lebensalltag.

Sie könnten glauben, daß Sie über das Leid der anderen nicht beunruhigt zu sein brauchen, weil es ja andere Menschen sind und Sie deren Leid nicht erleben oder empfinden können. Glauben Sie an Wiedergeburt, so müssen Sie jedoch zugleich Schritte unternehmen, um in künftigen Leben Leid abzuwenden. Denn Sie wissen, daß Sie früher oder später jenen Leiden werden ins Auge sehen müssen. In dieser Denkweise steckt ein Fehler, denn sie neigt dazu, die Person, die Sie jetzt sind, und die Person, die Sie in der Zukunft sein werden, als *eine* anzusehen. Natürlich ist das Kontinuum[103] dasselbe, aber es handelt sich um zwei gesonderte Personen. Die Person, die die Ursache ansammelt, ist nicht dieselbe Person, die das Ergebnis, die Auswirkung, erlebt. Sie halten diese zwei verschiedenen Kontinuen, das zusammenhängende Ganze Ihres vergangenen Lebens und den kontinuierlichen Zusammenhang Ihres nächsten Lebens, für *Ihr* vorausgehendes und zukünftiges personales Kontinuum. Als solches wird es jeweils auf der Basis der Ansammlung Ihrer physischen und mentalen Komponenten[104] bezeichnet. Diese gedanklich-begrifflichen Festlegungen erfolgen auf der Basis unterschiedlicher Ansammlungen und unterschiedlicher Kontinuen. Daher haben sie keine inhärente Existenz.

Eine Gebetskette oder eine Armee wird in ähnlicher Weise irrtümlich als identifizierbare, reale Gegebenheit aufgefaßt und hat keine inhärente Existenz. Wenn viele Teile wie etwa Arme und Beine zusammengefügt sind, bestimmen beziehungsweise benennen wir sie als Körper. Wenn viele Perlen aneinandergereiht sind, sprechen wir von einer Gebetskette. Wenn viele Soldaten an einem Ort versammelt sind, sprechen wir von einer Armee. Die Person, die Leid erlebt, ist auch eine gedanklich-begriffliche Festlegung und hat keine inhärente Existenz. Es gibt keinen substantiell existierenden Inhaber, der Leid erfährt. Wir können keinen Unterschied machen. Sind wir über das Leid der anderen Person besorgt, die wir in der Zukunft sein werden, dann sollten wir hier und heute über das Leid anderer Menschen besorgt sein. Letztendlich ist alles leer von inhärenter Existenz. Es gibt keinen wirklichen Inhaber von Leid. Leid ist Leid, und es muß beseitigt werden.

Eine andere Frage, die hier vorgebracht werden könnte, lautet, daß wir zwar alle kein Leid wollen, uns jedoch beim Entwickeln von Mitgefühl mit den Leiden anderer empfindender Wesen befassen. Dies laufe doch darauf hinaus, daß wir zusätzliches Leid über uns bringen. Sie könnten fragen, warum wir ständig solches Mitgefühl entwickeln sollten. Die Antwort ist: Wenn Sie über die Leiden anderer empfindender Wesen nachdenken, sinnen Sie auch darüber nach, welche Gründe es gibt, ihnen zu helfen. Sie entwickeln das Mitgefühl freiwillig, aufgrund rationaler Überlegung, darum trägt es nicht zu noch größerem Leid bei. Jenes natürliche Leid, das wir erfahren, kommt nicht darum zustande, weil wir es freiwillig auf uns genommen haben. Daher packt uns Verzweiflung, wenn solche Leiden auftreten, und unser Geist wird überwältigt. Nehmen Sie hingegen freiwillig Entbehrungen auf sich, um praktizieren zu können, werden diese aufgrund Ihrer Entschlossenheit keine Entbehrungen mehr sein. Anstatt angesichts solcher Entbehrungen niedergeschlagen zu sein, werden Sie sich mutiger fühlen. Weil Sie den Grund kennen, weshalb Sie solchen Entbehrungen ausgesetzt sind, werden diese Sie weder überwältigen noch entmutigen. Tatsächlich werden Sie glücklich über sie sein.

Wenn Sie Mitgefühl entwickeln, denken Sie darüber nach, wie die empfindenden Wesen leiden; Sie denken darüber nach, auf welche Weise sie Ihnen ihre Güte erweisen; und Sie denken darüber nach, aus welchen Gründen Sie ihre Leiden beseitigen sollten. Folglich sind Sie nicht entmutigt. Konfrontiert mit den Leiden der anderen empfindenden Wesen, könnten Sie sich etwas unbehaglich fühlen. Aber das wird Ihren Geist nicht entmutigen. Daher gibt es einen deutlichen Unterschied zwischen dem überwältigenden Leid, das ein natürlicher Vorgang infolge unserer Geburt im Existenzkreislauf ist, und jenen Entbehrungen, denen Sie sich aufgrund rationaler Erwägung und im Hinblick auf den sich daraus ergebenden Nutzen freiwillig aussetzen. Können Sie dadurch, daß Sie sich Entbehrung oder Leid aussetzen, oder dadurch, daß Sie freiwillig eine bestimmte Entbehrung oder ein bestimmtes Leid auf sich nehmen, viele Leiden beseitigen, dann ist es richtig, dies zu tun. Daher finden jene, die Mitgefühl besitzen, solche Entbehrungen der Mühe wert. Wenn Sie Ihren Geist so daran gewöhnen, werden Sie sehr glücklich sein, daß es Ihnen möglich ist, die Leiden anderer empfindender Wesen zu beseitigen. Sie werden sich auf solch ein Verhalten einlassen, geradeso wie ein Schwan sich freiwillig in einem Teich voller Lotosblumen niederläßt. Selbst wenn Sie in der Hölle geboren werden müssen, um so die Leiden der empfindenden Wesen zu beseitigen, werden Sie dies mit einer derartigen Einstellung gerne tun. Wenn sämtliche Wesen frei sind, wird sich dann nicht Glückseligkeit ausbreiten, so weit wie der Ozean?

Erfüllen Sie die Wünsche der anderen empfindenden Wesen, so haben Sie jedoch keinerlei Veranlassung, darauf besonders stolz zu sein. Sie brauchen nicht damit zu prahlen. Da Ihr einziges Ziel darin besteht, die Ziele der anderen empfindenden Wesen verwirklichen zu helfen, gibt es keinen Grund, sich einen Lohn zu erhoffen. Geradeso wie Sie sich schon vor kleineren Unannehmlichkeiten wie etwa unfreundlichen Worten schützen, sollten Sie die Gesinnung entwickeln, empfindende Wesen zu schützen. Diese Art von Mitgefühl sollten Sie anstreben. Ist Ihr Geist damit vertraut, werden Sie lernen, andere so zu betrachten wie sich selbst.

Diese Methode zur Entfaltung des Erleuchtungsgeistes, die größeren Nachdruck auf die Bedürfnisse anderer als auf Ihre eigenen legt, sollten Sie entwickeln, falls Sie sie noch nicht entwickelt haben. Haben Sie den Erleuchtungsgeist bereits entwickelt, sollten Sie ihn stärken. Sie sollten sich als ein von Fehlern übersätes und andere als mit ozeangleichen Qualitäten ausgestattete Wesen ansehen. Das bedeutet, daß man Ichbezogenheit als Fehler betrachten sollte, während das Besorgtsein um andere empfindende Wesen die Quelle ozeangleicher Qualitäten ist. Daher sollten Sie sich der Übung widmen, in der man sich mit anderen vertauscht. Geben Sie die Ichbezogenheit auf, und meditieren Sie darüber, daß Sie die anderen empfindenden Wesen akzeptieren.

Es gibt kein Ich, das seit anfangsloser Zeit inhärent, aus sich selbst, existiert. Und doch sind Sie zu der Auffassung gelangt, dieses materielle Gebilde, das von Ihren Eltern erzeugt wurde, sei Ihr Körper. Wenn Sie Ihrem Geist die Möglichkeit böten, sich an den Gedanken zu gewöhnen, warum könnten Sie dann nicht im Hinblick auf andere empfindende Wesen zu derselben Auffassung gelangen? Für andere empfindende Wesen zu wirken und ihnen zuliebe Unannehmlichkeiten auf sich zu nehmen wird dann nichts sein, womit man prahlen kann. Wenn Sie sich mit Nahrung versorgen, erwarten Sie keine Gegenleistung dafür. Daher sollten Sie ebenso, wie Sie sich schon vor kleineren Belästigungen, etwa dem Hören unfreundlicher Worte, schützen, die Gesinnung entwickeln, die empfindenden Wesen zu schützen. Sie sollten sich eine mitfühlende Gesinnung angewöhnen.

Obwohl solche Übungen schwierig sind, sollten Sie sich dadurch nicht von ihrer Durchführung abhalten lassen. Denken Sie nicht, daß Sie nicht dazu imstande sind, weil es schwierig ist. Werden Sie nicht mutlos, und kehren Sie nicht um. Großes Mitgefühl ist sehr förderlich und nützlich. Eben jetzt mag es außerhalb der Reichweite Ihres Geistes liegen, aber wenn Sie sich einmal daran gewöhnt haben, werden Sie es entwickeln können. Es mag beispielsweise jemanden geben, der, wie Sie glauben, Ihnen gegenüber sehr feindselig ist. Folglich verspüren Sie jedesmal Angst, wenn Sie den Namen der betreffenden Person hören. Aber sobald Sie sie tatsächlich kennenlernen, werden Sie nach und nach eng vertraut mit ihr. Wollen Sie sich und andere empfindende Wesen schützen, dann müssen Sie sich der geheimen Übung widmen, in der man sich mit anderen vertauscht. Das Vertauschen der eigenen Person mit den anderen bezeichnet man als die höchste geheime Übung, und es sollte mit dem Wunsch durchgeführt werden, Buddhaschaft zu erlangen. In der Tat: Um Buddhaschaft zu erlangen, müssen Sie sich mit anderen vertauschen. Das Vertauschen der eigenen Person mit anderen empfindenden Wesen fällt Menschen schwer, die engstirnig sind oder zu wenig Intelligenz besitzen, um es zu verstehen oder würdigen zu können. Daher wird es im Hinblick auf solche Menschen als höchst geheime Übung bezeichnet.

Sie könnten denken, daß Sie sich an nichts mehr werden erfreuen können, wenn Sie Ihren Körper und Ihren Besitz aufgeben. Machen Sie sich solche Sorgen, so sind Sie noch immer mit Ihren eigenen Interessen beschäftigt. »Wenn ich dies gebe, was bleibt dann zu meinem Gebrauch?« ist die Stimme der Ichbezogenheit. »Wenn ich hiervon Gebrauch mache, was habe ich dann zu geben?« ist die Stimme des Besorgtseins um andere empfindende Wesen. Das ist die heilsame Praxis, die spirituelle Praxis. Anderen empfindenden Wesen aus Eigeninteresse zu schaden, Tiere wegen ihres Fleisches oder ihres Fells zu töten, anderen ihr Vermögen zu rauben, jemanden aus Lüsternheit zu vergewaltigen, Menschen zu täuschen und grobe, verletzende Worte an sie zu richten – jeglicher Schaden, den man anderen Wesen körperlich, geistig oder verbal zufügt, wird dementsprechend zu einem unerträglich qualvollen Leben in der Hölle führen. Wenn Sie hingegen aus altruistischer Sorge und Anteilnahme empfindende Wesen befreien, ihnen helfen und ihr Leben retten, wenn Sie ihnen zuliebe freiwillig Entbehrungen und Leid auf sich nehmen, werden Sie alle vorzüglichen Eigenschaften erlangen. Auf kurze Sicht werden Sie als freier und von Glück begünstigter Mensch geboren werden, und letztendlich werden Sie Befreiung und Erleuchtung erreichen.

Wenn Sie viel von sich halten und sich danach sehnen, eine höhere Position einzunehmen, werden Sie in diesem Leben viele Feinde haben. Man wird abfällig über Sie reden, und Sie werden von Feindseligkeit umgeben sein. In Zukunft werden Ihre Sinne stumpf sein, und Sie werden dumm sein. Nehmen Sie statt dessen bescheiden eine niedrigere Position ein, werden andere Sie in diesem Leben achten. Es hat möglicherweise manchmal den Anschein, daß es die skrupellosen Kerle sind, die Erfolg haben. Das trifft vielleicht auf Politiker zu, die während ihrer Wahlkampagnen so viele Versprechen und vollmundige Erklärungen abgeben, daß sie dieses oder jenes tun werden. Aber gerade solche leichtfertigen Lügen vergiften die ganze politische Atmosphäre. Wenn Sie Bescheidenheit wahren und andere als Ihnen überlegen betrachten, werden Sie in diesem Leben glücklich sein und in künftigen Leben Frieden und Glück erlangen.

Aus Selbstsucht zwingen Sie möglicherweise andere Wesen, für Sie zu arbeiten. Beispielsweise gebrauchen Menschen Pferde und andere Tiere zum Tragen von Gütern, ohne sich um deren Wohl zu sorgen. Sie sind aus ihrer Sicht lediglich etwas, das man benutzen kann. Solche Tiere haben in der Regel wunde Stellen auf dem Rücken. Versklavt man andere Geschöpfe, so hat dies zur Folge, daß man selbst als versklavtes Geschöpf wiedergeboren wird. Widmen Sie hingegen Ihren Körper, Ihre Rede und Ihren Geist all den unzähligen empfindenden Wesen, damit diese sich daran erfreuen können, dann werden Sie in der Zukunft in eine angesehene Familie hineingeboren werden und allseits innig geliebt sein.

Kurzum, jede Art von Frieden und Glück in dieser Welt resultiert daraus, daß man gewillt ist, anderen empfindenden Wesen zu nutzen, oder anderen empfindenden Wesen tatsächlich nützt. Mit welchen Belästigungen wir auch zu tun bekommen, in welche unbefriedigende Existenzzustände wir auch hineingeraten – sie alle resultieren daraus, daß wir Frieden und Glück für uns allein begehren. Sie sind auf Ichbezogenheit zurückzuführen. All die vorzüglichen Qualitäten, deren wir uns im Existenzkreislauf bis zur Erlangung von Buddhaschaft erfreuen, resultieren aus dem Besorgtsein um das Wohl anderer. Mehr braucht man nicht zu sagen.

Bedenken Sie den Unterschied zwischen uns gewöhnlichen kindlichen Wesen und dem Buddha Shakyamuni. Zahllose Leben lang haben wir nur an unsere eigenen Interessen gedacht, sind wir immer nur um uns selbst besorgt gewesen. Sehen Sie sich unsere mißliche Lage an. Die Buddhas hingegen haben zahllose Leben lang ihr eigenes Wohl und Glück nicht beachtet und sich ausschließlich mit dem Wohl anderer empfindender Wesen befaßt. Der Unterschied zwischen uns und den Buddhas ist augenfällig.

Normalerweise sind wir mit unserem eigenen Frieden oder Leid beschäftigt und vergessen den Frieden und das Leid der anderen empfindenden Wesen. Jetzt können wir dies ändern, indem wir Besorgnis um den Frieden und das Leid der anderen empfindenden Wesen entwickeln und unsere eigenen Interessen außer acht lassen. Vertauschen wir unseren Frieden und unser Glück nicht mit den Leiden anderer empfindender Wesen, dann werden wir nicht nur keine Buddhaschaft erlangen, sondern selbst hier im Existenzkreislauf kein Glück erfahren. Alle Angst, alles Leid und aller Schaden entstehen aus unserer irrigen Auffassung von einem Selbst – welchen Nutzen hat also dieser große Teufel überhaupt für uns? Geben wir die Ichbezogenheit und unsere falsche Auffassung von einem inhärent existierenden Ich nicht auf, werden wir das Leid nicht beseitigen können. Lassen wir das Feuer nicht los, dann können wir dem Verbrennen nicht entgehen.

Um daher Schaden von sich abzuwenden und die Leiden der anderen empfindenden Wesen zu beseitigen, sollten Sie sich den anderen empfindenden Wesen darbringen und die anderen empfindenden Wesen so liebevoll umsorgen, wie Sie bislang sich umsorgt haben. Fortan sollten Sie von sich denken, daß Sie anderen empfindenden Wesen gehören. Sie müssen sich vergewissern, daß Ihr Geist die neue Sachlage begreift. Da Sie sich anderen empfindenden Wesen dargebracht haben, besteht Ihre einzige Aufgabe darin, deren Wünsche zu erfüllen. Da Sie Ihre Augen, Ihren Körper und Ihre Rede anderen dargebracht haben, können Sie sie nicht mehr zur Verwirklichung Ihrer eigenen Interessen verwenden. Sie sollten stets anderen Wesen die größere Bedeutung beimessen. Welche vortrefflichen Dinge Sie auch besitzen, Sie sollten sie nehmen und zum Nutzen anderer empfindender Wesen verwenden.

Gewöhnlich sind jene, die schlechter gestellt sind als Sie, eifersüchtig, jene, die Ihnen ebenbürtig sind, auf Konkurrenz bedacht, und von jenen, die besser gestellt sind als Sie, werden Sie schikaniert. Sie wiederum schikanieren jene, die schlechter gestellt sind als Sie, konkurrieren mit Ihresgleichen und sind auf jene eifersüchtig, die besser gestellt sind als Sie. Visualisieren wir diese drei Menschengruppen: jene, die schlechter gestellt sind, jene, die uns ebenbürtig sind, und jene, die besser gestellt sind als wir. Stellen Sie sich nun, nachdem Sie ein Streben nach dem Erleuchtungsgeist entwickelt haben, vor, daß Sie die Partei jeweils einer dieser drei Menschengruppen ergreifen, und empfinden Sie Ihrem alten Ich gegenüber Neid, Konkurrenzdenken und den Wunsch, es zu schikanieren. Mit anderen Worten: Fassen Sie den ganz neuen Vorsatz, für die empfindenden Wesen Partei zu ergreifen und Ihr altes Ich zu verunglimpfen. Seien Sie eifersüchtig auf Ihr altes Ich, richten Sie Konkurrenzgedanken gegen Ihr altes Ich. Es könnte Ihnen womöglich leichter fallen, die Rolle eines Vermittlers, eines Augenzeugen zu übernehmen. Stellen Sie sich auf der einen Seite die Gruppe hilfloser empfindender Wesen vor, und stellen Sie sich auf der anderen Seite Ihr altes Ich vor. Ihr altes Ich ist das Ich, das bisher immer egozentrisch, in seine eigenen Interessen vertieft war. Es ist die Einzelperson, die bisher gewohnt war, jene, die schlechter gestellt sind, zu schikanieren, mit ihresgleichen zu konkurrieren und gegen jene, die besser gestellt sind, Eifersuchtsgefühle zu hegen.

Wenn Sie zu den negativen Handlungen Ihres Ichs eine unvoreingenommene Haltung einnehmen, dann müssen Sie einfach für den Kreis der empfindenden Wesen Partei ergreifen. Sie können die Fehler Ihres alten Ichs erkennen. Ergreifen Sie Partei für die empfindenden Wesen, die schlechter gestellt sind als Sie, und verspüren Sie Eifersucht auf Ihr altes Ich. Ergreifen Sie Partei für die empfindenden Wesen, die Ihnen ebenbürtig sind, und verspüren Sie Konkurrenzgedanken gegenüber Ihrem alten Ich; und ergreifen Sie Partei für die empfindenden Wesen, die besser gestellt sind als Sie, und blicken Sie abschätzig auf Ihr altes Ich herunter. Mit anderen Worten: Stellen Sie sich vor, daß Sie für diese verschiedenen Gruppen empfindender Wesen Partei ergreifen und Ihr altes egozentrisches Ich als eine andere Person betrachten. Dann sollten Sie gezielt über Eifersucht, Konkurrenzdenken und Stolz meditieren.

Als erstes kommt die Meditation über Eifersucht, in der Sie für die hilflosen empfindenden Wesen, die schlechter gestellt sind als Sie, Partei ergreifen. Sie denken darüber nach, daß Ihr altes egozentrisches Ich geachtet wird, während man uns, das heißt, allen übrigen empfindenden Wesen, keinerlei Achtung erweist. Ihr altes Ich hat viel Besitz und erhält hohes Lob, während man uns verspottet und verleumdet. Das alte egozentrische Ich erfährt Frieden und Glück, während wir nur Mühsal, Leid und Not erdulden. Das alte Ich genießt weit und breit beträchtliches Ansehen, während man von uns denkt, daß wir mittelmäßig sind und keine besonderen Qualitäten haben.

Die Probleme der empfindenden Wesen, etwa die Unfähigkeit, die Gebote der Sittlichkeit einzuhalten, sind keine angeborenen oder natürlichen Eigenschaften. Sie entstehen aufgrund der Kraft der störenden Emotionen. Es trifft nicht zu, daß die empfindenden Wesen von Natur aus schlecht sind. Hatte das alte Ich irgendwelche guten Eigenschaften, dann sollte es diese dazu nutzen, den empfindenden Wesen Hilfe und Fürsorge zukommen zu lassen. Es sollte die damit verbundenen Schwierigkeiten ertragen können. Aufgrund der Mißachtung durch das egozentrische Ich werden wir empfindenden Wesen jetzt in den Schlund einer ungünstigen Existenz geworfen. Das alte Ich hat nicht nur kein Mitgefühl für die empfindenden Wesen, sondern prahlt auch mit seinen eigenen Qualitäten und ist stolz auf sie. Auf diese Weise ruft man Konkurrenzdenken hervor.

Ebenso gibt es eine Meditation, in der man sich darauf konzentriert, mit seinem alten Ich zu konkurrieren. Dazu ist es erforderlich, die anderen empfindenden Wesen, auf deren Seite Sie jetzt stehen, als dem alten Ich überlegen anzusehen. Stellen Sie sich also vor, daß wir über Besitz verfügen und Respekt genießen. Wir machen unsere Qualitäten allen Leuten bekannt und verheimlichen die Qualitäten des alten Ichs. Verbergen wir unsere Fehler, dann wird man uns achten und beschenken, das alte Ich jedoch geht leer aus. Tut das alte egozentrische Ich irgend etwas Unpassendes oder Unschickliches, dann werden wir lange Zeit zuschauen und uns an seiner Erniedrigung erfreuen.

Als nächstes folgt eine Meditation, in der man die anderen empfindenden Wesen in der Position des Überlegenen sieht. Das verblendete alte Ich kann nicht mit uns konkurrieren. Obwohl es dies möchte, kommt es zu keinem Wettbewerb, weil uns das alte egozentrische Ich in bezug auf Gelehrsamkeit, Weisheit, Schönheit und Besitztümer nicht gewachsen ist. Wenn unsere Qualitäten allgemein bekannt werden, werden wir empfindenden Wesen geistiges und körperliches

Vergnügen verspüren. Wir werden Frieden und Glück genießen können. Das alte Ich verfügt zwar über einigen Besitz, da es ja für uns arbeitet; aber wir werden ihm nur das Nötigste zum Leben geben und den Rest an uns reißen. Sein Glück soll dahinschwinden! Es hat uns so lange Schaden zugefügt: Nun werden wir ihm genauso schaden.

Zahllose Weltzeitalter lang hat uns unsere ichbezogene Einstellung im Existenzkreislauf nur Schaden bereitet. Ausnahmslos alle empfindenden Wesen sehnen sich danach, ihre Ziele zu verwirklichen. Dennoch wissen sie nicht, wie man das macht. Zahllose Weltzeitalter lang haben sie unglaubliche Entbehrungen auf sich genommen, und trotzdem haben sie nichts als Leid erreicht. Seit anfangsloser Zeit bis zu diesem Augenblick haben Sie sich mit liebevoller Sorge umhegt. Obwohl Sie Ihr möglichstes versucht haben, Ihre gegenwärtige mißliche Lage zu verbessern, sind Sie in Ihrer Jagd nach Glück gescheitert. Die gegenwärtige Situation läßt sich keinesfalls dadurch ändern, daß sie sich weiterhin liebevoll umsorgen. Deshalb sollten Sie endgültig beginnen, die Wünsche der anderen empfindenden Wesen zu erfüllen und deren Leiden zu beseitigen.

Sie sollten Ihren Geist darin schulen, in erster Linie um das Wohl der anderen empfindenden Wesen besorgt zu sein. Sich so zu verhalten heißt, in Übereinstimmung mit den Lehren des Buddha zu handeln, die solide und verläßlich sind. Nach und nach werden sich die Vorteile des Besorgtseins um die anderen empfindenden Wesen zeigen. Hätten Sie sich vor langer Zeit der Übung gewidmet, in der man das eigene Wohl gegen die Leiden der anderen empfindenden Wesen austauscht, dann könnten Sie inzwischen die vorzüglichen Qualitäten eines Buddha erlangt haben.

Ganz so, wie Sie durch die Macht der Gewohnheit dazu gelangt sind, das Ergebnis der Vereinigung der Samenzelle

Ihres Vaters und der Eizelle Ihrer Mutter als »Ich« aufzufassen, sollten Sie deshalb auch gegenüber anderen empfindenden Wesen eine ähnliche Einstellung entwickeln können, indem Sie sich mit ihr vertraut machen. Wenn Sie die Fehler der Ichbezogenheit voll und ganz erkennen, müssen Sie versuchen, diese zunichte zu machen und aus freiem Entschluß das Glück der anderen empfindenden Wesen zu Ihrem Anliegen zu machen. Nachdem Sie den Entschluß gefaßt haben, um der anderen empfindenden Wesen willen zu praktizieren, sollten Sie bei Ihrem Wirken zum Wohl der anderen empfindenden Wesen sich aller guten körperlichen Eigenschaften oder Habseligkeiten, die Sie vielleicht besitzen, berauben und sie zum Nutzen der anderen empfindenden Wesen verwenden.

Betrachten Sie zu diesem Zeitpunkt das alte egozentrische Ich noch einmal aus der Sicht, daß Sie es selbst sind. »Du bist glücklich, und andere sind unglücklich. Du bist gut gestellt, und andere sind schlecht gestellt. Du kümmerst dich um dich, aber nicht um andere. Warum bin ich nicht eifersüchtig auf dich?« Trennen Sie sich vom Glück, und nehmen Sie die Leiden der anderen empfindenden Wesen auf sich. Von diesem Zeitpunkt an sollten Sie in Ihrem normalen Leben – ob es nun Tag oder Nacht ist, ob Sie kommen oder gehen, sitzen oder schlafen – ein wachsames Auge darauf haben, wie Sie denken. Untersuchen Sie Ihre Fehler voller Achtsamkeit und Wachsamkeit. Wenn Sie sehen, daß andere empfindende Wesen sich schlecht betragen, dann nehmen Sie deren Fehler als die Ihren auf sich. Und begehen Sie auch nur einen kleinen Fehler, dann gestehen Sie ihn anderen offen ein. Wenn Sie den guten Ruf einer anderen Person rühmen, dann tun Sie es so, daß dadurch der Ihre überstrahlt wird. Stellen Sie sich anderen zur Verfügung. Loben Sie nicht Ihr fehlerbehaftetes Ich, nur um einen flüchtigen Vorteil zu ergattern. Bis jetzt haben Sie den anderen empfindenden Wesen stets Schaden bereitet, da Sie sich nur um sich selbst gekümmert haben. Beten Sie jetzt, daß solcher Schaden und solches Leid voll und ganz zu Ihren Lasten gehen, um damit den anderen empfindenden Wesen etwas Gutes zu tun. Lassen Sie Ihren Geist nicht aufgeregt oder grob werden. Lassen Sie ihn ruhig und friedvoll sein.

So sollten Sie denken und sich tatsächlich verhalten. Fügt sich die ichbezogene Einstellung nicht, dann bringen Sie sie schleunigst und mit aller Macht unter Kontrolle. Unter dem Einfluß der Ichbezogenheit haben Sie sich seit undenklichen Zeiten nur Schaden und Leid bereitet. Werden Sie jetzt dieser mißlichen Einstellung Herr, und machen Sie sie zunichte. Fügt Ihr Geist sich nicht, nicht einmal nach so vielen Ratschlägen, dann können Sie nur noch Ihre ichbezogene Einstellung zunichte machen. Sie beruht auf einem Irrtum. Außerdem ist die Ichbezogenheit in der Vergangenheit zu wiederholten Malen Ihr Untergang gewesen. Wenn Sie unwissend und verwirrt waren, wenn Sie nicht wußten, wie man die Glücksursachen entwickelt oder wie man die Leidensursachen beseitigt, machte sich die Ichbezogenheit dies zunutze und richtete Sie zugrunde.

Jene Tage sind vorbei und gehören der Vergangenheit an. Jetzt können Sie erkennen, inwiefern Ichbezogenheit Schaden und Zerstörung anrichtet. Verspüren Sie noch immer die Neigung, Ihre eigenen Interessen zu verfolgen, dann schütteln Sie solche irregeleiteten Regungen ab. Werden Sie jetzt, nachdem Sie Ihren Eigennutz an andere veräußert haben, nicht mutlos. Bieten Sie Ihre Dienste, Ihre Fähigkeiten und Ihr Potential zur Unterstützung der empfindenden Wesen an. Wenn Sie es leichtsinnigerweise versäumen, Ihren Eigennutz in den Dienst anderer empfindender Wesen zu stellen, wird Ihnen die daraus resultierende Negativität Zerstörung und Schaden bringen. Wenn Sie zulassen, daß er Sie übermannt, wird er Sie zugrunde richten und in die Hölle versetzen. Erkennen Sie voll und ganz die verheerenden Folgen, die er nach sich zieht, und hören Sie somit auf, nur an sich selbst zu denken. Wollen Sie sich schützen, dann entwickeln Sie eine Gesinnung, in der Sie um das Wohl der anderen empfindenden Wesen besorgt sind. Schützen und behüten Sie jene, und nicht sich. Je mehr Sie Ihren Körper schützen und behüten, desto untüchtiger wird er werden. Er wird nicht einmal kleinere Leiden und Probleme ertragen können. Sie werden einem noch größeren Unvermögen anheimfallen. Nach diesem hilflosen Niedergang werden Sie weiterhin Anhaftung entwickeln. Und sollten Sie auch jeden Schatz bekommen, den die Erde zu bieten hat, wird Ihnen aufgrund Ihres Anhaftens doch nichts davon Befriedigung oder Erfüllung bringen.

Schließlich wird dieser Körper, von dem Sie so viel halten und um den Sie sich so fürsorglich gekümmert haben, sterben. Er wird zusammenbrechen. Der Geist verläßt den Körper, und dieser verwandelt sich in eine Leiche. Dann wird der Körper sich nicht bewegen können, denn es ist das Bewußtsein, das ihn belebt. Sobald das Bewußtsein entweicht, beginnt der Körper zu verwesen und zu verfaulen. Dieser Körper ist nur eine Quelle der Angst. Warum umhegen Sie ihn dann so sehr? Von einem objektiven Standpunkt aus ist der Körper wie ein Stück Holz. Obwohl Sie ihn mit Speise und Trank versorgen, erinnert sich der Körper nicht an Ihre Güte. Selbst wenn er gerade von Geiern verschlungen wird, zeigt der Körper kein Mißfallen. Er erkennt weder die ihm erwiesene Güte noch den ihm zugefügten Schaden. Warum hängen Sie also so sehr an diesem Körper? Ebenso bemerkt der Körper nicht, ob er gelobt oder getadelt wird. Warum verausgaben Sie sich also seinetwegen?

Hängen Sie in der Weise an Ihrem Körper, wie Sie einem alten Freund zugetan sind, dann sollten Sie freilich auch Zuneigung zu den Körpern aller empfindenden Wesen haben, denn alle empfindenden Wesen hegen ja für den eigenen Körper dasselbe Gefühl. Geben Sie deshalb um aller empfindenden Wesen willen die innere Bindung an diesen Körper auf. Nun hat der Körper zwar viele Mängel und besteht naturgemäß aus widerwärtigen, ekligen Substanzen – benutzen Sie ihn aber, sofern Sie in der Lage sind, ihn zweckmäßig einzusetzen, als Werkzeug zur Verwirklichung Ihrer verschiedenen Ziele! Bis jetzt war Ihr Verhalten belanglos wie das eines Kindes. Jetzt ist es Zeit, sich zu ändern und dem Pfad der Weisen zu folgen. Wie die mitfühlenden Buddhas und Bodhisattvas sollten Sie auf sich nehmen, was getan werden muß. Wie wollen Sie sonst dem Leid ein Ende setzen?

8. KAPITEL
Weisheit

Sämtliche Übungen, die zuvor erläutert wurden, das Üben von Freigebigkeit, Geduld und so fort, hat der Buddha gelehrt, damit wir uns in Weisheit üben. Weisheit bedeutet vielerlei. Beispielsweise gibt es die Weisheit der fünf traditionellen Wissenschaften. Hier befassen wir uns mit der Weisheit der wirklichen Einsicht in Leerheit, der Weisheit, die die Wirklichkeit begreift. Der große indische Meister Nagarjuna hat gesagt:

> Ich erweise dem Buddha Ehrerbietung,
> der die unvergleichliche Lehre lehrte,
> daß abhängiges Entstehen und Leerheit
> gleichbedeutend sind mit dem Mittleren Weg.

Ein Buddha hat viele Qualitäten in Körper, Rede und Geist. Hier aber wird die Weisheit des Buddha gepriesen, seine klare Einsicht, daß Leerheit, abhängiges Entstehen und der Mittlere Weg bedeutungsgleich sind. Dafür gibt es wichtige Gründe. Die Lehre vom abhängigen Entstehen hat weitreichende logische Konsequenzen. Grundsätzlich tritt alles in Abhängigkeit von anderen Faktoren und Bedingungen ins Dasein. Beispielsweise entstehen unsere Erfahrungen von Glück und Leid nur in Abhängigkeit von besonderen Ursachen. Da wir Glück wollen, sollten wir seine Ursachen herausfinden und sie in die Praxis umsetzen. Da wir kein Leid wollen, sollten wir seine Ursachen herausfinden und sie beseitigen. Das ist die Bedeutung der Lehre von den Vier Edlen Wahrheiten.

Der Buddha hat beim ersten Drehen des Rades der Lehre[105], als er die Vier Edlen Wahrheiten erläuterte, folgendes gelehrt: daß es Leid gibt, daß das Leid einen Ursache hat, daß die Beendigung des Leids möglich ist und daß es einen Weg gibt, der zu dieser Beendigung führt. Was wir wirklich wollen, ist Glück. Das Glück, das wir erfahren, während wir noch im Existenzkreislauf umherirren, ist zweifellos eine Art Glück, aber es ist nicht beständig. Was wir eigentlich ersehnen, ist dauerhaftes Glück. Von Leid völlig getrennt zu sein ist eine beständige und verläßliche Form von Glück. Dieses Ziel möchten wir erreichen, und der Weg wird uns helfen, es zu erreichen.

Da die Dinge gemäß ihren Ursachen entstehen und ins Dasein treten, enthalten die buddhistischen Schriften keine Darstellung von einem Ich, das unabhängig von Ursachen Glück und Leid erfährt. Ebensowenig behaupten sie die Existenz eines unabhängigen Schöpfers des Universums. Behauptungen, es existiere ein unabhängiges Ich oder es gebe einen unabhängigen Schöpfer, widersprechen der Darstellung, daß die Dinge nur in Abhängigkeit von ihren Ursachen entstehen. Wenn wir akzeptieren, daß alles bedingt ist, können wir logischerweise kein Ich akzeptieren, das dauerhaft, nicht aus Teilen bestehend und unabhängig ist. Ebenso wäre es dann widersprüchlich und logisch inkonsistent, einen unabhängigen Schöpfer des Universums zu akzeptieren.

Um zu beweisen, daß Phänomene keine inhärente Existenz haben, gebraucht man das Argument, daß sie in Abhängigkeit von anderen Ursachen ins Dasein treten. Sie hängen auch von ihren Teilen ab, und sie hängen von dem Denken ab, das sie mit Bezeichnungen versieht. Die Tatsache, daß die Dinge frei von inhärenter Existenz sind, besagt jedoch nicht, daß sie überhaupt nicht existieren. Die Dinge existieren aufgrund des Zusammenkommens vieler Faktoren, und weil sie in Abhängigkeit von diesen Faktoren ins Dasein treten, haben die Dinge keine Unabhängigkeit, haben die Dinge keine inhärente Existenz. Hier kommt es darauf an, darzutun, daß Leerheit abhängiges Entstehen bedeutet. Verstehen wir Leerheit als abhängiges Entstehen, werden wir nicht ins Extrem des Nihilismus verfallen. Ebenso begreifen wir, wenn wir über das Entstehen der Dinge in Abhängigkeit von Ursachen reden, daß sie keine unabhängige Existenz haben, und dies wirkt der extremen Auffassung entgegen, es gebe etwas Dauerhaftes, Absolutes. Daher wird gelehrt, daß Leerheit, abhängiges Entstehen und der Mittlere Weg alle dasselbe bezeichnen.

Weil alle Phänomene leer von inhärenter Existenz sind, sind die störenden Emotionen, die unseren Geist plagen, keine angeborenen oder inhärenten Eigenschaften des Geistes. Sie sind nicht von Anfang an im Geist vorhanden. Sie entstehen als Auswirkung negativer Gedanken und können folglich entfernt werden. Von Anfang an hat der Geist die Qualitäten von Klarheit und Gewahrsein. Dies sind primordiale Qualitäten des Geistes.[106] Anhaftung und Haß entstehen zeitweilig aus zufälligen Sachverhalten und können somit beseitigt werden. Die Möglichkeit, jene Elemente zu entfernen, die den Geist vergiften, und Qualitäten eines Buddha zu entwickeln, ist eine dem Geist innewohnende Qualität.

Schon unter den unmittelbaren Schülern des Buddha gab es Menschen mit ganz unterschiedlichen geistigen Veranlagungen und Interessen. Er berücksichtigte dies und legte seine Lehren auf verschiedenen Ebenen dar. Deshalb finden wir dem äußeren Anschein nach unterschiedliche Bedeutungen in den vielfältigen Niederschriften von Buddhas Lehre. Folglich kann man seine Lehren teils als eindeutig, teils als auslegungsbedürftig einstufen. Indem wir uns an seine maßgeblichen Ausführungen halten, die Unterweisungen, die man wörtlich nehmen darf, können wir den tatsächlichen Gedankengang des Buddha bezüglich der letztendlichen Seinsweise der Dinge verfolgen.

Ein Beispiel kann man in einem Text mit dem Titel »Schatzhaus des Wissens«[107] finden, wo die Größe von Sonne und Mond mit der halben Höhe des Berges Meru gleichgesetzt wird, des Berges, von dem man sagt, er bilde die Achse des Universums. Die Größe wird in altertümlichen Maßeinheiten angegeben und entspricht etwas 650 Kilometern. Diese Schriften beziehen sich auf dieselbe Sonne und denselben Mond, die heute von Wissenschaftlern vermessen werden können. Was in den Schriften behauptet wird, steht im Widerspruch zu direkter Wahrnehmung unter Verwendung wissenschaftlicher Instrumente. Wir können die betreffenden Ausführungen in dem Text nicht verteidigen, wenn sie mit wissenschaftlichen Erkenntnissen unvereinbar sind. Auch wenn also in den Schriften bestimmte Passagen möglicherweise die Lehre des Buddha wiedergeben, den wir als authentischen Lehrer betrachten – hält das, was im Text gelehrt wird, rationaler Überlegung und Begründung nicht stand, so dürfen wir es nicht wörtlich nehmen. Wir müssen es von der Zielsetzung und Absicht her interpretieren, die der Buddha hatte, als er die betreffenden Unterweisungen gab.

Beispielsweise heißt es im »Schatzhaus des Wissens« bei der Erläuterung der Natur des Geistes zum Zeitpunkt des Todes, daß der Geist zum Zeitpunkt des Todes vorzügliche Eigenschaften aufweisen oder mit Mängeln behaftet sein kann. Ein anderer Text hingegen, das »Kompendium des Wissens«[108], legt dar, daß der sterbende Geist nur von neutraler Beschaffenheit sein kann. Und in den Schriften des Höchsten Yoga-Tantra wird erklärt, daß wir zum Zeitpunkt des Todes sogar heilsame Übungen durchführen können. Diese Erläuterungen passen nicht zusammen, und es ist vielleicht schwierig, sie mit den Mitteln der Vernunft in Einklang zu bringen. Wenn wir in der Art, wie Dinge in den verschiedenen Texten der Sutras und Tantras[109] dargelegt werden, leichte Unterschiede feststellen, sollten wir uns daran erinnern, daß die Texte des Höchsten Yoga-Tantra sich besonders auf die Darstellung des Geistes konzentrieren. Die Schriften des Höchsten Yoga-Tantra teilen den Geist in zahlreiche subtile und grobe Bewußtseinsebenen ein, und sie erläutern, wie man sich auf die jeweilige Ebene besonders konzentrieren kann. Viele der für die Yogapraxis charakteristischen Prozesse kann man durch rationale Begründung nachweisen; und wir können sie auch bis zu einem gewissen Grad aus eigener Erfahrung beurteilen. Wenn wir daher diese tantrischen Texte zu unserem Hauptbezugspunkt wählen, dürfen wir das, was in den anderen Texten erläutert wird, nicht wörtlich nehmen, sondern müssen es interpretieren.

Heutzutage gibt es auf dem Gebiet der Wissenschaft viele Disziplinen wie die Kosmologie, Neurobiologie, Psychologie und Elementarteilchenphysik – Disziplinen, die das Ergebnis einer sich über Generationen erstreckenden wissenschaftlichen Forschung sind. Die Erkenntnisse dieser Wissenschaftszweige stehen in engem Zusammenhang mit buddhistischen Lehren. Es ist daher meiner Meinung nach sehr wichtig, daß buddhistische Gelehrte und Denker sich mit diesen Themen eingehender befassen. Gleichzeitig gibt es viele Dinge, die von Wissenschaftlern nicht akzeptiert werden. Dafür gibt es zwei mögliche Gründe. Es kann sein, daß etwas nicht akzeptiert wird, weil es nachweislich nicht existiert. Aber es ist auch möglich, daß etwas nicht akzeptiert wird, weil seine Existenz bisher noch nicht nachgewiesen wurde. Beispielsweise deckt die wissenschaftliche Erforschung eines speziellen Gegenstandes womöglich eine Vielzahl logischer Irrtümer auf. Beharrten wir dann dabei, seine Existenz zu akzeptieren, so wäre das mit vernunftgemäßem Denken unvereinbar. Läßt sich klar nachweisen, daß etwas, das auffindbar sein sollte, falls es existiert, bei wissenschaftlicher Überprüfung nicht gefunden werden kann, dann sollten wir aus buddhistischer Sicht akzeptieren, daß es nicht existiert. Ist dies in irgendeiner Hinsicht mit einem Aspekt der buddhistischen, in den Schriften überlieferten Lehre unvereinbar, dann bleibt uns keine andere Wahl, als zu akzeptieren, daß die betreffende Unterweisung der Interpretation bedarf. Wir dürfen folglich eine Unterweisung nicht einfach deshalb wörtlich nehmen, weil der Buddha sie gegeben hat. Wir müssen prüfen, ob sie zu vernunftgemäßem Denken in Widerspruch steht oder nicht. Hält sie rationaler Überprüfung nicht stand, dürfen wir sie nicht wörtlich nehmen. Solche Lehren müssen wir analysieren, um herauszufinden, worin ihre Intention und Zielsetzung besteht, und sie als auslegungsbedürftig betrachten. Im Buddhismus wird also auf Überprüfung großer Wert gelegt.

Mehrere Arten der Überprüfung sind möglich. Weil der menschliche Geist sie durchführt, sollte dieser Geist sich über das Objekt, auf das er gerichtet ist, nicht im mindesten irren. Was solch ein Geist feststellt, ist verläßlich. Hingegen können wir uns nicht auf das verlassen, was ein sich irrender oder zweifelnder Geist feststellt. Daher ist es notwendig, eine sehr genaue Darstellung des Geistes zu geben. Anders als bei unserer Erforschung der äußeren Welt besteht bei der Erforschung der Geistesnatur unser vordringlichstes Ziel darin, eine gewisse positive Veränderung zu bewirken. Wir trachten danach, eine Umwandlung in unserem Geist zu bewirken, unseren undisziplinierten und ungezähmten Geisteszustand in einen Zustand der Ruhe und Gelassenheit zu transformieren. Deshalb finden wir im buddhistischen Schrifttum eingehende Erörterungen über die Natur des Geistes und die mentalen Faktoren. Auch werden darin ausführlich die Veränderungen dargelegt, die im Geisteszustand eines Menschen beim Übergang von den irrigen Auffassungen des Anfangszustands zu einem Zustand des Wissens und Gewahrseins vonstatten gehen.

Kommt man zu den tiefgründigeren Aspekten der Natur des Gegenstands, bewegt man sich in einem allmählichen Prozeß von irrigen Vorstellungen zum Wissen. Zum Beispiel könnten wir uns zunächst in einem Zustand völlig falscher Vorstellungen befinden und unbeirrbar an Auffassungen festhalten, die im Widerspruch zur Wirklichkeit stehen. Indem wir im Laufe unserer Untersuchung die Gründe verstehen lernen, die unseren Standpunkt in Frage stellen, geht unser Geist von einem Zustand, in dem er an völlig falschen Vorstellungen festhält, in einen Zustand unschlüssigen Zweifelns über. Wir beginnen zu denken, daß es so oder auch so sein könnte. Indem wir der Sache weiter nachgehen, kommen wir von diesem unschlüssigen Geisteszustand zu der Einsicht, daß unsere vorherige Überzeugung falsch war. Dies ist der Zustand, in dem wir von einer richtigen Annahme ausgehen. Doch möglicherweise haben wir an diesem Punkt den Gegenstand noch nicht so genau erfaßt, wie ihn ein zuverlässiger Geist wahrnimmt. Schritt für Schritt werden wir so einen zuverlässigen Geist erhalten, der die richtigen Schlüsse zu ziehen vermag. Wenn wir dann über das meditieren, was wir begriffen haben, werden wir damit vertraut werden. Wenn wir uns dann schließlich über den Meditationsgegenstand klarwerden, wird der Geist zu unmittelbarem und zuverlässigem Bewußtsein. So schult man den Geist.

Wenn sich der Geist nun an solch eine Untersuchung heranbegibt, steht am Anfang dieses Prozesses die Auffassung, die Dinge hätten ein natürliches und ihnen innewohnendes Dasein. Deshalb forscht der Geist zu Beginn der Untersuchung nach der Wahrheit oder Wirklichkeit. Die Wirklichkeit ist nichts vom Geist neu Geschaffenes. Daher suchen wir, wenn wir nach der Bedeutung von Wahrheit suchen, nach der Wirklichkeit, danach, wie die Dinge tatsächlich existieren. Ob wir uns nun mit äußeren oder mit inneren Phänomenen befassen, entscheidend ist, auf welche Weise die Dinge existieren und wie sie funktionieren. Dies nennt man die Logik der Soheit[110]; das bedeutet, daß wir die Dinge auf der Basis ihrer Soheit oder Natur untersuchen. Im Falle des Geistes beispielsweise müssen wir als erstes seine natürlichen Abläufe erkennen. Wir müssen unterscheiden können zwischen der bloßen Klarheit des Geistes und jenen Aspekten, die in Erscheinung treten, wenn äußere Faktoren wie etwa Anhaftung zum Tragen kommen.

Weiterhin könnten wir beispielsweise unser Erleben im Verlauf eines Tages untersuchen. Fühlen wir uns morgens unglücklich, kann dies den ganzen Tag über auf die anderen Empfindungen abfärben, auch wenn es möglicherweise keine direkte Kausalbeziehung zwischen der vorausgegangenen Empfindung des Unglücklichseins und unseren späteren Empfindungen gibt. Es geschieht aufgrund des Einflusses, den ein einzelner Gedanke auf unseren Geisteszustand hat. Auch in der physischen Welt kann die Verbindung von zwei verschiedenen Substanzen zusammenkommen und eine Substanz hervorbringen, die völlig andere Qualitäten besitzt als jede der beiden. Wir können dies bei chemischen Reaktionen beobachten. Wenn uns, im Falle unseres Geistes, morgens ein wichtiger Gedanke in den Sinn kommt, fühlen wir uns aufgrund der Spuren, die er hinterläßt, den Tag über möglicherweise etwas glücklicher oder unglücklicher. Fühlen wir uns unglücklich, so lassen wir uns möglicherweise leichter provozieren. Kleinigkeiten machen uns wütend. An einem anderen Tag hingegen können wir vielleicht selbst dann, wenn jemand einen Fehler macht, aufgrund eines intensiven Glücksgefühls gelassen damit umgehen und ihn ruhig hinnehmen. Zweifellos sind die Veränderungen in unserem Geist vom Zusammenkommen vieler unterschiedlicher Situationen und Umstände abhängig. Unter glücklichen Umständen sind wir geneigt, Belästigungen oder Mißgeschicke gelassen zu ertragen. Lassen wir uns hingegen durch die Umstände aus der Fassung bringen, führt dies dazu, daß wir unduldsam werden und uns leicht provozieren lassen.

Es trifft zu, daß der Geist alle Phänomene mit Bezeichnungen versieht. Das bedeutet jedoch nicht, daß alles, was der Geist benennen kann, auch notwendigerweise existieren muß. Wir könnten uns beispielsweise das Horn eines Hasen vorstellen, aber in Wirklichkeit hat kein Hase ein Horn. Müßte alles, was der Geist benennen kann, notwendigerweise existieren, dann würde auch das Horn des Hasen existieren. Daher trifft zwar zu, daß es kein Phänomen gibt, das nicht vom Denken mit einer Bezeichnung versehen wird. Dies bedeutet jedoch nicht, daß alles, was das Denken benennen kann, auch notwendigerweise existiert. Wir müssen wissen, wie die Dinge existieren. Da das Denken die Naturgesetze nicht nach Belieben ändern kann, müssen wir sie so akzeptieren, wie sie sind, und den Geist auf eine Weise umwandeln, die nicht in Widerspruch zu ihnen steht. So werden wir eine Zunahme des Glücks und eine Verringerung des Leids bewirken können.

Weil wir uns unglücklich fühlen, wenn wir wütend sind, sagen wir, es wäre gut, wenn wir die Wut beseitigen könnten. Weil wir uns glücklich fühlen, wenn wir Mitgefühl und

Herzensgüte empfinden, sagen wir, es sei gut, diese Qualitäten zu entwickeln. Nun stehen Wut und Herzensgüte in einem gewissen Gegensatz zueinander, falls sie nicht sogar einander ausschließen. Daraus, daß diese beiden Geistesverfassungen gegensätzliche Wesenszüge aufweisen, können wir folgern: Wenn wir uns bemühen, Herzensgüte zu entwickeln und zu stärken, wird unsere Wut geschwächt werden. So können wir unser spirituelles Bestreben in die Tat umsetzen: Wir geben uns Mühe, Herzensgüte zu entwickeln und Wut zu verjagen – denn Wut ist eine Ursache für Unglück, und Herzensgüte ist eine Ursache für Glück.

Auf diese Weise sollte man die Dinge untersuchen. Wir suchen die Bedeutung von Wahrheit zu ergründen, und durch Analyse und Überprüfung können wir uns ihrer vergewissern. Der große indische Kommentator Haribhadra[111] hat zwei Arten von Menschen beschrieben, die den Lehren des Buddha folgen. Da gibt es jene mit scharfer Intelligenz, die den Lehren aus rationaler Erwägung folgen, und jene mit geringerer Intelligenz, die den Lehren aufgrund von Vertrauen folgen. Jene mit scharfer Intelligenz prüfen die Bedeutung der Lehren. Sie gebrauchen ihren Verstand, um zu überprüfen, ob die Lehren logische Irrtümer enthalten. Haben sie sich davon überzeugt, daß die Lehren frei von logischen Widersprüchen sind und ein solides Fundament besitzen, gewinnen sie Vertrauen und fühlen sich inspiriert, sie zu befolgen, obwohl sie womöglich ihre Bedeutung noch nicht völlig verstanden haben. Die in diesen Unterweisungen dargelegte allgemeingültige Methode zur Beseitigung der Geistesmängel stützt sich auf den Verstandesgebrauch. Auch jemand, der bei einem speziellen Punkt Zweifel hat, ist ein guter Kandidat für das rationale Vorgehen. Deshalb sage ich den Menschen oft, wenn sie Dharma-Schüler werden wollen, sollen sie erst einmal skeptisch sein.

Im Laufe unseres Lebens widmen wir uns zahllosen Tätigkeiten und nehmen eine Unmenge von Sinneseindrücken aus der uns umgebenden Welt auf. Wir neigen dazu, all diese Tätigkeiten und die uns erscheinenden Phänomene als absolut wirklich anzusehen. Mit anderen Worten: Wir werden zu der Annahme verleitet, daß die Dinge in der Weise existieren, wie sie uns erscheinen. Dieses Mißverhältnis zwischen der Art, wie die Dinge erscheinen, und der Art, wie sie wirklich existieren, ist die Quelle eines Großteils unserer Schwierigkeiten. Infolgedessen bildet die Untersuchung dieses Mißverhältnisses und die Erforschung der Wirklichkeit, der letztendlichen Beschaffenheit des Daseins, den gemeinsamen Nenner allen philosophischen Nachdenkens im Buddhismus. Die letztendliche Beschaffenheit des Daseins wird mittels Analyse, Überprüfung und Experiment nachgewiesen.

Alle Schulen des buddhistischen Denkens akzeptieren die sogenannten vier Siegel: Alle zusammengesetzten Dinge sind vergänglich, alle befleckten Dinge sind leidvoll, alle Phänomene sind leer und ohne Selbst, und Nirvana ist Frieden. Alle bedingten Phänomene sind, sobald sie ins Dasein treten, ihrer Natur nach vergänglich und bleiben nicht einmal einen Moment lang beständig. Diese Flüchtigkeit resultiert allein daraus, daß sie verursacht sind. Kein anderer Faktor ist daran beteiligt. Alles, was aus Teilen zusammengesetzt oder durch Ursachen und Voraussetzungen bedingt ist, ist vergänglich und flüchtig. Diese Dinge bleiben nicht für immer bestehen; sie zerfallen fortwährend. Diese Art von subtiler Vergänglichkeit wird durch wissenschaftliche Erkenntnisse bestätigt.

Vergängliche, zusammengesetzte Phänomene sind generell die Folge von Ursachen. Wir befassen uns hier speziell mit der Natur der Ansammlung physischer und geistiger Komponenten, die die Person bilden.[112] Diese sind die Folgen störender Emotionen und irregeleiteter oder verunreinigter Handlungen und werden deshalb als verunreinigte oder befleckte Objekte bezeichnet. Die störenden Emotionen werden von Unwissenheit beherrscht, der falschen Auffassung von einer inhärenten Existenz. Der Unwissenheit und den anderen störenden Emotionen unterworfen zu sein ist Leid; und das Befreitsein davon ist Frieden. Das besagt der Satz, alle befleckten Dinge seien leidvoll.

Wir müssen die Frage stellen, ob wir ewig Leid erdulden müssen. Die dritte Aussage – alle Phänomene sind leer und ohne Selbst – macht klar, daß wir das nicht müssen. In Wirklichkeit sind alle Phänomene leer und ohne Selbst. Das ist ihr eigentlicher Zustand. Obwohl dies ihr tatsächlicher Zustand ist, haben die Dinge dem Anschein nach inhärente Existenz. Diese Vorstellung oder Beurteilung, daß die Dinge in und aus sich selbst existieren, ist falsches Bewußtsein, eine irrige Denkweise. Sie hat kein tragfähiges Fundament. Für eine so gravierende Fehleinschätzung haben wir weder verläßliche Vernunftgründe noch sonst eine solide Basis. Vielmehr unterliegen wir ihr, weil wir schon seit langem gewohnt sind, uns zu irren. Wenn wir uns jetzt bemühen, die Bedeutung von Leerheit und das Wesen der Selbst-losigkeit zu begreifen, werden wir unsere falschen Auffassungen beseitigen können und einen Einblick in die wahre Natur der Dinge gewinnen. Die Ursache unserer falschen Auffassungen – störende Emotionen – kann beseitigt werden. Unsere Unwissenheit – die falsche Auffassung von einer inhärenten Existenz – kann beseitigt werden. Sobald wir diese verunreinigten Ursachen ausgeräumt haben, werden wir einen Zustand des Friedens erlangen. Daher ist Nirvana Frieden. Nirvana wird Frieden genannt, weil es untrüglich und verläßlich ist.

Grundlage aller Lehren und jeglicher Praxis im Buddhismus ist das Prinzip des abhängigen Entstehens. Weshalb ist das so? Zunächst einmal ist jede Praxis, bei der es darum geht, die letztgültige Wahrheit zu erweisen, ein Verständnis herbeizuführen, daß alle Phänomene leer sind von wahrer Existenz, nur aufgrund des abhängigen Entstehens möglich. Da die Dinge in Abhängigkeit von anderen Ursachen und Voraussetzungen entstehen, sind sie naturgemäß frei von nicht-bedingter und eigenständiger Existenz. Indem wir von derartigen Begründungen Gebrauch machen, widerlegen wir unsere irrigen Auffassungen von inhärenter Existenz. Indem wir die Bedeutung des abhängigen Entstehens begreifen, können wir also eine neue Anschauung von Leerheit gewinnen und unser Verständnis vertiefen. Zweitens können wir, da die Dinge in Abhängigkeit von anderen Faktoren entstehen, begreifen, daß unser Glück und Leid Auswirkungen unserer eigenen Handlungen sind. Ebenso hat die Mehrzahl unserer positiven und negativen Erfahrungen mit anderen empfindenden Wesen zu tun. Mißachten wir diese, erwachsen uns Nachteile daraus. Kümmern wir uns hingegen fürsorglich um sie, werden auch wir davon profitieren. Diese Weisungen basieren auf dem Prinzip des abhängigen Entstehens. Somit geht die ganze buddhistische Lebensführung auf die Vorstellung vom abhängigen Entstehen zurück. Die buddhistische Haltung der Gewaltlosigkeit – der Versuch, anderen nicht zu schaden –, die Anschauung von Selbst-losigkeit und die damit verbundenen Meditationsübungen haben ihre gemeinsame Grundlage in der Lehre vom abhängigen Entstehen.

Das abhängige Entstehen durch Leerheit zu erläutern ist eine weitere Möglichkeit. Und indem Sie sich die Argumentation vom abhängigen Entstehen zunutze machen, werden Sie begreifen können, daß die Dinge keine inhärente Existenz haben, daß sie leer sind von inhärenter Existenz. Unter dem Gesichtspunkt, daß konventionelle[113] Phänomene bedingt sind und als gedanklich-begriffliche Festlegungen existieren, wird der unauflösliche Zusammenhang von Ursache und Wirkung dargelegt. Und in diesem Zusammenhang widmen wir uns der Praxis von Mitgefühl, Liebe und Güte, der Praxis des Gebens, sittlichen Verhaltens, der Geduld, Bemühung und Meditation.

Verschiedene Geisteszustände wie Anhaftung und Haß basieren auf der irrigen Auffassung des Geistes, die Dinge hätten eine objektive Existenz. Wenn wir eine auf Selbst-losigkeit ausgerichtete Haltung entwickeln, wirkt das der irrigen Auffassung von einer wahren Existenz entgegen und schwächt so automatisch die Kraft unseres Anhaftens und Hasses. Positive Geisteshaltungen wie Liebe und Mitgefühl brauchen nicht den Rückhalt der Unwissenheit, der irrigen Auffassung von einer wahren Existenz, um zu wachsen. Wenn wir die Praxis zur Einsicht in Leerheit mit den kunstvollen Mitteln des Erleuchtungsgeistes verbinden, unterstützen sie sich gegenseitig, indem sie unser geistiges Potential steigern und stärken. Nach und nach wird der Geisteszustand, der Leerheit durch ein geistiges Bild begreift, nicht-dualistisch und wandelt sich in die nicht-begriffliche und unmittelbare Schau von Leerheit um. Indem wir mit dieser Art von Praxis immer vertrauter werden, werden all unsere zeitweiligen Schwächen in der Sphäre natürlicher Reinheit aufgehoben, und alle unerleuchtete Geistesaktivität findet ein Ende. Dieser endgültige Zustand vollkommener Befriedung, der durch das vollständige Aufhören aller unerleuchteten Geistesaktivität gekennzeichnet ist, wird der Wahrheitskörper[114] des Buddha genannt.

Um die störenden Emotionen zu überwinden, müssen Sie Einsicht in die Leerheit gewinnen. Solange Sie der falschen

Auffassung unterliegen, Ihre geistigen und körperlichen Bestandteile hätten eine inhärente Existenz, werden Sie ebenso das »Ich« fälschlich für ein inhärent existierendes personales Selbst halten. Und wenn Sie der irrigen Auffassung von einem Selbst erliegen, werden Sie negatives Karma ansammeln, das zur Wiedergeburt führt. Um daher Nirvana und die Befreiung aus dem Existenzkreislauf zu erreichen, ist es erforderlich, Einsicht in die Leerheit zu gewinnen. Die Weisheit wirklicher Einsicht in die Leerheit ist schon für jene erforderlich, die persönliche Befreiung anstreben. Daher sollten wir auf der Grundlage eines ruhig verweilenden Geistes die Weisheit entwickeln, die uns die Leerheit verstehen läßt. Unter all den Arten von Weisheit sollten Sie speziell jene entwickeln, die als Gegenmittel gegen die Hindernisse der Erleuchtung dient. Solche Weisheit sollte durch die Praxis der ersten fünf Vollkommenheiten[115] geprägt sein. Daher heißt es, daß diese Übungen gelehrt wurden, damit wir durch sie die Buddhaschaft herbeiführen können. Sämtliche Unterweisungen des Buddha basieren auf der Lehre vom abhängigen Entstehen, und sie wurden erteilt, damit wir den Zustand des Leidens hinter uns lassen können.

Es reicht nicht aus, die Leerheit bloß zu erkennen. Sie müssen völlig vertraut mit ihr werden. Sie müssen über die Bedeutung von Leerheit nachdenken, und Sie müssen die Phänomene mit einer Geisteshaltung studieren, die von der Einsicht in Leerheit geprägt ist. Wenn wir zum Beispiel eine Menschengruppe betrachten, so trifft wohl zu, daß wir alle Glück wollen und nicht leiden möchten. Doch der Gesichtsausdruck der Menschen in all seinen Spielarten ist von Ursachen und Bedingungen abhängig. Alles ist von Ursachen und Bedingungen abhängig. Nichts hat eine inhärente Existenz. Aber obwohl die Dinge keine inhärente Existenz haben, erscheinen sie so, als hätten sie diese. Daher besteht ein

Mißverhältnis zwischen der Art, wie die Dinge erscheinen, und der Art, wie sie tatsächlich existieren.

Wenn Sie solch ein Verständnis erreichen, werden Sie alles als Traum oder Trugbild ansehen können. Sobald Sie die Dinge so sehen, werden Sie voll und ganz erkennen, daß alles ohne Eigennatur[116] ist, und dies wird es Ihnen ermöglichen, Ihre Anhaftung und Ihre Wut zu verringern. Da alle Phänomene von Natur aus leer, ohne inhärente Existenz sind, gibt es nichts zu gewinnen und nichts zu verlieren. Der Siebte Dalai Lama sagt bei seinen Erläuterungen zur Sicht der Wirklichkeit, daß die verschiedenartigen Phänomene – Formen, Geräusche und so fort – den sechs Sinnen[117] erscheinen. Er sagt, in diesen Erscheinungen sei zwar vieles zu erkennen, sie schienen zwar schön und vielfältig zu sein, aber ihre wirkliche Seinsweise decke sich nicht mit ihrer Erscheinungsweise. Alles, was dem Geist erscheint, hat den Anschein inhärenter Existenz. Das ist so, weil unser Geist durch Unwissenheit getrübt ist. Wir sollten dies verstehen können und infolgedessen einsehen, daß alles, was unserem Geist erscheint, auf die Macht der Unwissenheit und die von ihr hinterlassenen Prägungen zurückzuführen ist. Sobald solche Erscheinungen im Geist auftauchen, werden wir wissen, daß sie nicht so existieren, wie sie erscheinen, und wir werden uns von ihnen nicht täuschen lassen.

Ob Sie sich nun Leid oder Frieden gegenübersehen, was ist letztendlich vorhanden, an dem man sich erfreuen kann, und was ist letztendlich vorhanden, durch das man entmutigt sein müßte? An wem sollten Sie hängen, und warum? Wir haben unsere Beschützer, die dreifache Zuflucht, Menschen, auf die wir herabsehen können, Freunde, an denen wir hängen können, Feinde, auf die wir wütend werden können. Wir sollten sie allesamt als einen Traum, als ein Trugbild ansehen und ihnen gegenüber eine in allen Fällen gleiche Geisteshaltung beibehalten. Das bedeutet nicht, daß es keinen Unterschied zwischen Gut und Böse gibt oder daß die Dinge überhaupt nicht existieren. Zwar wird Verlangen häufig als negativ bezeichnet. Nirvana herbeizusehnen ist jedoch eine Art Verlangen. Auf einer konventionellen[118] Ebene ist Nirvana etwas, das man erlangen kann, und der Existenzkreislauf etwas, aus dem man sich lösen soll. Deshalb meditieren wir über Leerheit. Es ist also nicht gut, den Existenzkreislauf oder Nirvana so aufzufassen, als hätten sie eine wahre oder inhärente Existenz. Wir haben Freunde und Feinde. Menschen, die einem wirklich Schaden zufügen, nennt man Feinde, und Menschen, die einem wirklich Beistand leisten, nennt man Freunde. Es ist ganz in Ordnung, einen Freund als Freund oder einen Feind als Feind zu bezeichnen. Aber es ist falsch, wenn Sie mit der Begründung, daß jemand Ihr Freund ist, Anhaftung rechtfertigen. Ebenso ist es ein Fehler, wenn Sie auf jemanden, den Sie als Ihren Feind betrachten, wütend werden, weil Sie Ihre Feinde für durch und durch böse halten. Eine derartige Einstellung ist falsch. Die Dinge existieren bloß im Sinne gedanklich-begrifflicher Festlegungen. Daher sollten Sie alles als ein Trugbild, als einen Traum ansehen können.

Wir wollen Glück für uns, doch wir sind der Ansicht, wir verfügten über eine inhärente Existenz. Solch eine irrige Auffassung verstärkt unsere ichbezogene Einstellung noch. Wenn wir über den Lama meditieren, versuchen wir ihn inmitten der achtblättrigen Lotosblüte[119] in der Herzgegend zu visualisieren. Das ist ziemlich schwierig. Die ichbezogene Einstellung und die irrige Auffassung von einem inhärent existierenden Ich hingegen nehmen dort mühelos Platz. Wir nehmen weiterhin Zuflucht zu unserer eigenen Ichbezogenheit und verneigen uns vor ihr, als wäre sie ein heiliger Lama, und wir lassen sie bereitwillig in unserem Herzen wohnen. Sehen Sie sich unsere Not an, unsere Verfassung, die Lage, in der wir uns dadurch befinden. Die Buddhas haben die ichbezogene Einstellung als den allerschlimmsten Widersacher erkannt. Sie kämpften mit ihm und wurden erleuchtet. Einige Kadampa-Meister pflegten zu sagen: »Auch wenn mein ganzes Sein unter der Gewalt störender Emotionen zermalmt wird, werde ich versuchen, sie mit den Zähnen zu fassen und in Stücke zu reißen.« Sie forderten die ichbezogene Einstellung heraus: »Jetzt, wo ich erkenne, daß du es bist, Ichbezogenheit, die mir so viel Unannehmlichkeiten bereitet hat, werde ich dich bekämpfen und dir das Genick brechen!«

Zusammen mit der irrigen Auffassung von einem inhärent existierenden Ich hat diese Ichbezogenheit uns stets Leid gebracht. Deshalb sehen wir uns, obgleich wir nach Glück streben, stets Unannehmlichkeiten, Unglück und Leid gegenüber. Dies war und ist unsere mißliche Lage seit anfangsloser Zeit. Bisweilen sind wir möglicherweise in einem himmlischen Bereich geboren worden. Wir könnten sogar als König der Götter geboren worden sein. Doch selbst auf dieser Existenzstufe haben sich Ichbezogenheit und die irrige Auffassung, wir existierten inhärent, als ein aus sich heraus bestehendes Selbst, noch immer ungehindert in unserem Geist breitgemacht. Daher hatten wir kein dauerhaftes Glück. Solange wir im Existenzkreislauf verbleiben, gibt es aufgrund von Ichbezogenheit und der irrigen Auffassung von einem Selbst keinen dauerhaften Frieden, kein dauerhaftes Glück.

Aufgrund von Ichbezogenheit durchlaufen wir immer wieder von neuem den Existenzkreislauf. Obwohl wir uns immer wieder an vorübergehendem Glück und Frieden erfreuen können, lassen wir uns irritieren, betreten falsche Wege, fallen in ungünstige Existenzzustände und werden mit zahllosen Leiden konfrontiert. Jene unter uns, die von sich sagen, ordinierte Schüler des Buddha zu sein, mögen sich für vortreffliche Dharma-Schüler halten. Stehen Sie aber in Wirklichkeit unter der Herrschaft der ichbezogenen Einstellung und der irrigen Auffassung von einem Selbst, dann halten Sie sich möglicherweise für jemand ganz Besonderen und tun so, als ob Sie andere Menschen beschützten und ihnen Zuflucht gewährten. Durch solchen Stolz werden Sie in einen ungünstigen Existenzzustand fallen.

Die Methode, Leid zu überwinden, besteht darin zu erkennen, daß die Phänomene keine inhärente Existenz haben, dies zu verstehen und darüber zu meditieren. Betrachten Sie diese Anschauung mit großem Respekt, dann werden Sie Verdienst ansammeln, Befreiung aus dem Existenzkreislauf und schließlich Erleuchtung erreichen. Zuerst müssen Sie sich die Weisungen eines Lehrers anhören. Sie müssen studieren und meditieren. Versuchen Sie, die Kernpunkte der Praxis zu verstehen. Sehen Sie all diese Lehren als gute Anweisungen und gute Ratschläge an. Bloßes Wissen führt zu nichts. Darum müssen Sie tatsächlich mit Beharrlichkeit praktizieren. Sie könnten sagen, daß Sie gerade ein Retreat machen, aber in Ihrem kleinen Zimmer könnten Sie sich womöglich bloß entspannen und es sich weiterhin gutgehen lassen. Das ist keine Beharrlichkeit, denn diese bedeutet aufrichtige und ernsthafte Praxis. Ebenso habe ich von Meditierenden gehört, die mustergültig ihre Körperhaltung beibehalten und lange Zeit meditieren können. Aber sie haben ihren Schülern gegenüber wenig Herzenswärme. Innerlich sind sie stets in einer Art Neutralzustand und weder um das Leid noch um das Glück anderer empfindender Wesen sonderlich besorgt. Vielleicht kommt das daher, daß sie immer in einem Zustand geistiger Erschlaffung meditieren. Beim Meditieren haben solche Menschen ihren Geist möglicherweise so sehr erschlaffen lassen, daß er keine Klarheit oder kein Empfinden mehr hat. Es wäre aber auch denkbar, daß sie über das Nichts, also nicht über die Leerheit von inhärenter Existenz, sondern über das gänzliche Nichtvorhandensein von allem meditieren. Vielleicht haben sie deswegen nicht viel Gefühl.

Hat unsere Praxis zur Folge, daß wir eine herzlose Person werden, die kein Interesse für den Frieden und das Leid anderer zeigt, dann ist sie keine gute Praxis. Daher sollten Sie nicht nur während der Meditation, sondern auch in den Zeiten nach der Meditation immer die Sinnespforten mit Achtsamkeit, Gewissenhaftigkeit und Wachsamkeit sichern. Kontrollieren Sie stets Ihren Geist. Insbesondere beim Meditieren über den Erleuchtungsgeist sollten Sie stets die Qualitäten anderer Menschen ausdrücklich hervorheben und loben, Ihre eigenen Qualitäten hingegen verbergen. Entwickeln Sie festes Vertrauen, und halten Sie sich an die zehn heilsamen Handlungen. Vermeiden Sie es, Ihren Lebensunterhalt auf unrechte Weise zu bestreiten, meiden Sie jegliche Art von heftiger Erregung, studieren Sie die Bedeutung der Schriften und meditieren Sie darüber. Wirken Sie für das Wohl aller Wesen im Universum. Lassen Sie mich mit einem sehr kraftvollen Gebet von Shantideva schließen, einem Gebet, das ich jeden Tag rezitiere:

> Solange der unermeßliche Raum Bestand hat
> und solange noch empfindende Wesen übrig sind,
> möge auch ich dableiben,
> um die Leiden der Lebewesen zu lindern.

ANHANG

Zur Transkription und Aussprache der Sanskrit-Ausdrücke

Der Text des Dalai Lama verwendet durchgehend die vereinfachte Umschrift des Sanskrit, wie sie in dem für nicht sanskritkundige Leser bestimmten buddhistischen Schrifttum großenteils üblich ist.

Die in bezug auf das Deutsche wichtigsten Ausspracheabweichungen sind: ch (dt.: tsch), j (dt.: dsch), sh (dt.: sch) und v (dt.: w). Auf das in der Fachliteratur übliche Dehnungszeichen (Querstrich) über langen Vokalen wurde bewußt verzichtet, um den Text möglichst lesbar und klar zu halten. Für die tibetischen Eigennamen verwendet der Text die vereinfachte phonetische Umschrift des Tibetischen; sie wird auch im Anmerkungsteil beibehalten.

Anmerkungen

Die amerikanische Originalausgabe enthält keinerlei Anmerkungen, Quellenangaben oder sonstige Erläuterungen. Dies steht im Zusammenhang mit der – auch für viele andere buddhistische Bücher charakteristischen – Entstehungsweise: In mündlicher Unterweisung vermittelt der Meister, der spirituelle Lehrer, einem mehr oder minder großen Kreis von Schülern das, was diese für ihr Vorankommen auf dem Weg zum Erwachen benötigen. Dies entspricht jener Situation, in der sich auch schon der historische Buddha vor 2500 Jahren befand.

Zahlreiche Leserinnen und Leser werden nicht mit allen im Text vorkommenden Namen und Begriffen vertraut sein. Diesem Umstand versucht die deutsche Ausgabe mit den nachfolgenden Anmerkungen des Übersetzers Rechnung zu tragen: Sie sollen zusätzliche Informationen bereitstellen, auf die man ganz nach Bedarf zurückgreifen kann.

1 *Geshe* ist der höchste akademische Grad, der von tibetischen Klosteruniversitäten verliehen wird.

2 Ein *Lama*, wörtlich »Oberer«, ist im tibetischen Buddhismus ein spiritueller Meister, also der indischen (Sanskrit-)Bezeichnung nach ein »Guru«. Der *Dalai Lama*, wörtlich »Ozean-Lama«, ist das Oberhaupt der Gelugpas (siehe Anm. 31) und auch das politische Oberhaupt der Tibeter; ihm kommt die spirituelle Qualität/Autorität eines Lama in höchstem Maß zu.

3 Shakyamuni, wörtlich »der Weise aus dem Haus/dem Geschlecht der Shakyas«, ist der Beiname von Siddharta Gautama, dem historischen Buddha und Begründer des Buddhismus.

4 Im englischen Text: »homeless life«. Gemeint ist das »Ziehen in die Hauslosigkeit« (Pravrajya), das Verlassen der Familie und Sichlösen aus allen sozialen Bindungen. Diese Handlung begründet den spirituellen Lebensweg des in Weltabkehr nach Erleuchtung und Befreiung strebenden Mönchs. Ursprünglich dem Hinayana (siehe Anm. 11) zugehörig, ist das »Ziehen in die Hauslosigkeit« für alle buddhistischen Schulen gleichbedeutend mit dem Eintritt in eine mönchische, ordinierte Lebenspraxis.

5 Botanisch die hochstämmige, in Indien wachsende *Ficus religiosa (Heiliger Feigenbaum/Pappelfeigenbaum)*; unter solch einem Baum wurde (im nordindischen Ort Bodh-Gaya) der historische Buddha erleuchtet.

6 Das Rad der Lehre/des Dharma, das Dharma-Chakra, ist im Buddhismus Sinnbild der vom Buddha verkündeten Lehre. Er (bzw. seine transzendenten Emanationen) »drehte« es nach Auffassung des Mahayana (siehe Anm. 11) dreimal. Es gibt demgemäß drei Dharma-Räder, drei unterschiedliche Lehr-Zyklen, die mit Blick auf ihren Offenbarungsort, auf ihren Inhalt oder auf ihre Schüler umschrieben werden. Das erste Dharma-Rad umfaßt insbesondere das *Sutra von den Vier Edlen Wahrheiten* bzw. die Lehren, denen die Anhänger des »Kleinen Fahrzeugs«/ Hinayana folgen; das zweite Dharma-Rad umfaßt insbesondere die *Prajna-paramita-Lehren*, also die höchsten Weisheitsbelehrungen über das Bodhisattva-Ideal und die Leerheitsphilosophie im Sinne Nagarjunas (vgl. Anm. 93), bzw. die Belehrungen, denen die Anhänger der »Schule des Mittleren Weges«, die Madhyamikas, folgen; und das dritte Dharma-Rad umfaßt insbesondere das *Sutra der Offenlegung der Intention (des Buddha)*, das Samdhinirmocana bzw. die Lehren, denen die Anhänger der »Nur-Geist«-Schule, die Chittamatrin, folgen. Es gibt – innerhalb der tibetischen Kagyü-Schule – auch eine Darstellung der Räder unter dem Gesichtspunkt der Existenz: Hier betont das erste Rad vor allem den Existenz- oder Daseins-Aspekt und damit die Gesetze von Karma und Samsara (siehe Anm. 13); das zweite den Aspekt des Leerseins (von inhärenter Existenz) und damit die Nicht-Existenz; und das dritte lehrt die letztgültige Bedeutung, das Freisein von diesen und allen Extremen und damit die nicht-begriffliche, alle Konzeptionen transzendierende Weisheit. Siehe zu den einzelnen Schulen Anm. 31.

7 Siehe Seite 32f.

8 Im englischen Text: »the misconception of self«. Die irrige Auffassung von einem Selbst verkennt bzw. betrifft nach der *Konsequenten Schule des Mittleren Weges* (siehe Anm. 93) einerseits die »grobe« Selbst-losigkeit (das Leersein/die Leerheit in bezug auf eigenständige und substantielle Existenz) von *Personen/Individuen* sowie andererseits die »subtile« Selbst-losigkeit (das Leersein/die Leerheit in bezug auf inhärente/wahre Existenz) von *sämtlichen Phänomenen einschließlich der Personen*. – Vgl. dazu auch die Ausführungen des Dalai Lama in *Den Geist erwecken, das Herz erleuchten*, Zentrale tibetisch-buddhistische Lehren, Knaur Taschenbuch, München 1996, Kapitel 8, S. 260ff.

9 Die sechs Existenzbereiche oder »Daseinsfährten«/»Existenzweisen«, Gati(s), gliedern sich in drei »gute« oder »höhere« – die Bereiche der Götter, Halbgötter/Titanen und Menschen – und drei »schlechte« oder »niedere« – die Bereiche der Tiere, Hungergeister und Höllenbewohner.

10 Die Methode besteht im Mahayana-Buddhismus aus dem strebenden und dem angewandten Erleuchtungsgeist, ferner dem Ausüben der sechs Vollkommenheiten (siehe Anm. 15). Weisheit (die Verwirklichung der Leerheit) und Methode bilden eine untrennbare Einheit.

11 »Fahrzeug« bezeichnet im Buddhismus generell einen Teilaspekt der buddhistischen Lehre, der wie ein Vehikel die Last spiritueller und existentieller Befreiung zu tragen vermag – der Befreiung des Einzelwesens aus dem Daseinskreislauf, also der »persönlichen Befreiung« (sie wird vom »Kleinen Fahrzeug«, dem Hinayana, getragen); oder von der Last der Verantwortung für das Wohl und die Erleuchtung aller empfindenden Wesen ohne Ausnahme (sie wird vom »Großen Fahrzeug«, dem Mahayana, getragen).

Gemäß dem tibetischen Buddhismus gliedert sich das Mahayana in das auf den Sutras basierende »Ursachefahrzeug«, Sutrayana, auch »Vollendungsfahrzeug«, Paramitayana, genannt, und das auf den Tantras basierende »Fruchtfahrzeug«, Tantrayana, auch »Diamantweg«/»Diamant-Fahrzeug«, Vajrayana, genannt. Zu Sutras und Tantras siehe Anm. 22.

12 Der englische Text gibt *Bodhichitta*, wörtlich »Erleuchtungsgeist«/»Erwachensgeist«, durchgehend mit »the awakening mind« wieder, was sich mit »Geist des Erwachens« oder »der erwachende Geist« übertragen ließe. Die Übersetzung bleibt bei dem Begriff *Erleuchtungsgeist*, weil dieser die allgemein gebräuchliche deutsche Entsprechung für »Bodhichitta« ist. Die Übergänge sind freilich fließend: Erleuchtung (Bodhi) im buddhistischen Sinne kommt nicht als ein (wie immer beschaffenes) Licht von außen; sie ist ein Erwachen des (eigenen) Geistes zu der ihm keimhaft (und essentiell) innewohnenden, eben herauszuarbeitenden Grundnatur, und der Erwachende wird am Ende seines »Weges« zu einem Buddha, einem Erwachten/Erleuchteten.

13 Gemeint sind die im Existenzkreislauf, in Samsara (wörtlich »beständiges Wandern«/»Daseinswanderung«) umherirrenden Wesen. Die sechs Existenzbereiche heißen im Tibetischen »sechs Arten von Wanderungen«.

14 Nach buddhistischer Kosmologie befinden sich über dem »Weltenberg« Meru die 28 Bereiche der hohen »Himmelswesen« (Devas) und der Götter mit begierdeloser Körperlichkeit oder »reiner Form« (Rupaloka) sowie der Bereich der Formlosigkeit und die Reinen Länder der transzendenten Buddhas, Zwischen-Paradiese oder Vorstufen zu Nirvana. All diese Bereiche symbolisieren in erster Linie Aspekte des erleuchteten Bewußtseins bzw. der »höheren« Entwicklungsstufen auf dem Wege zur vollständigen Befreiung. Als »Existenzbereich« gehört

der Bereich der Himmelswesen bzw. Götter zu den »guten« Existenzbereichen (vgl. Anm. 9).

15 Ein Bodhisattva, wörtlich »Erleuchtungswesen«, ist im Mahayana-Buddhismus (vgl. Anm. 11) ein Wesen, das in systematischer Ausübung der sechs »Vollkommenheiten«, Paramitas (von Sanskr.: Paramita) – Freigebigkeit, Sittlichkeit, Geduld, Anstrengung, Konzentration, Weisheit –, Erleuchtung anstrebt, und zwar allein aus dem uneigennützigen Motiv, allen anderen empfindenden Wesen zu helfen und ihr Wohl zu erwirken. Da ein Bodhisattva durch diese sechs Verhaltensweisen oder »Bodhisattva-Taten« schließlich die Vollkommenheit eines Buddha erlangt, werden sie auch schon auf dem Weg zur Erleuchtung »Vollkommenheiten« genannt.

Der vorliegende Text des Dalai Lama ist großenteils, vor allem ab Kapitel 3, eine Einführung in den Bodhisattva-Weg und nimmt – wie die beiden vorherigen Bände der *Bibliothek Tibets* und wie sehr viele Texte zeitgenössischer buddhistischer Meister/Lehrer – in Aufbau, Inhalt und Argumentation, streckenweise auch in der Wortwahl, (allerdings ohne ausdrückliche Erwähnung) Bezug auf eine ›klassische‹ buddhistische Schrift, in diesem Fall auf das im tibetischen Buddhismus bis heute als Lehr- und Meditationstext verwendete *Bodhi(sattva)-caryavatara (Eintritt in das Leben zur Erleuchtung)* von Shantideva (695 bis ca. 730), einem der wichtigsten Vertreter der Schule des Mittleren Weges (siehe Anm. 111). Deutsche Übersetzung v. Ernst Steinkellner, *Eintritt in das Leben zur Erleuchtung*, Diederichs Gelbe Reihe, Neuaufl. München 1997.

16 »Subtil« ist sie im Unterschied zur »groben Vergänglichkeit«: den unmittelbar beobachtbaren bzw. feststellbaren Erscheinungen der Zerstörung, des Todes, der Verwesung, des Verfalls, Welkens, Alterns etc.

17 »Ansammlung physischer und mentaler Komponenten« (Skandhas): Die vermeintliche »Person«/»Persönlichkeit« wird durch fünf »Gruppen« oder »Anhäufungen«, Skandhas, konstituiert – Leiblichkeit, Empfindungen, Wahrnehmung, mentale Formkräfte im passiven und aktiven Sinn und das sechsfach gegliederte Sinnes-Bewußtsein (siehe Anm. 74). Die Skandhas sind durch Geburt, Alter, Tod, Dauer und Wandel gekennzeichnet und ihrer Natur nach »nicht-wesenhaft«, vergänglich, leer und leidbehaftet.

18 Die Kadampa-Schule (tibet., wörtlich: »Mündliche Unterweisung«) ist eine auf den indischen Gelehrten Atisha (980/90–1055) zurückzuführende Schulrichtung des tibetischen Buddhismus, die sich nach dessen Niedergang im 10. Jahrhundert die Wahrung der angemessenen Auslegung des Schrifttums zum Ziel setzte. Ihre zentralen Lehren sind

unter dem Titel Lo-jong, »Geistes-Läuterung«, überliefert. Als eigene Schule überdauerten die Kadampa-Meister oder Kadampas nicht, aber ihre Lehren gingen in alle vier großen tibetischen Schulen ein.

19 Zur Bedeutung von »einsgerichtet« siehe Anm. 46.

20 D. h. sichtbar im Unterschied zu den Höllenbewohnern und Hungergeistern (vgl. Anm. 9).

21 Der Stupa, wörtlich »Haarknoten«, ist ein spezifisch buddhistischer Sakralbau, der sich strukturell aus runden Begräbnishügeln entwickelt hat. Er enthält meist Reliquien buddhistischer Heiliger oder sakrale Bildnisse, Schriften etc. Aus der Sicht des tibetischen Buddhismus spiegelt der Stupa (tibet.: Chörten) in seinem charakteristischen dreigliedrigen Aufbau Körper, Rede und Geist des Buddha wider.

22 Der Dalai Lama charakterisiert *das Sutra*, wörtlich »Leitfaden«, als »den Pfad des Studiums und der Ausübung, nach dem viele Leben erforderlich sind, um Erleuchtung zu erreichen«, und *das Tantra*, wörtlich »Gewebe«/»Kontinuum«, als »die geheimen Praktiken, nach denen Erleuchtung auch in nur einer Lebenszeit erreicht werden kann« (in *Der Weg zur Freiheit*, Zentrale tibetisch-buddhistische Lehren, Knaur Taschenbuch, München 1995, S. 15). Ein einzelnes Sutra bzw. Tantra ist eine Schrift mit den entsprechenden Unterweisungen und Übungen. Das überlieferte Sutra-Schrifttum umfaßt die Hinayana- und nicht-tantrischen Mahayana-Lehrreden (Paramitayana-Lehrreden) des Buddha; die Überlieferung des Tantra umfaßt die Unterweisungen für einen engeren Kreis von Schülern. Siehe auch Anm. 11.

23 Siehe Anm. 15.

24 Das klare Licht/der Geist des klaren Lichtes (tibet.: Ösel) bezeichnet die subtilste aller Geistesebenen, die reine Lichthaftigkeit des durch keinerlei Begrifflichkeit getrübten Bewußtseins. Der Geist des klaren Lichtes ist der »Geistgrund«/das »Grundbewußtsein« und somit die Wurzel aller anderen Bewußtseinsebenen: Diese Geistesebene existiert in jedem Individuum anfangslos als subtiles »Bewußtseinskontinuum« von Leben zu Leben bis in die Buddhaschaft hinein.
Jeder/jede Sterbende trifft auf das »klare Licht des Todes« und vermag diese Erfahrung im »Normalfall« nicht zu bewältigen. Die tantrische Praxis kann schon zu Lebzeiten die Erfahrung des klaren Lichtes zugänglich machen und so auf die Begegnung mit dem klaren Licht des Todes vorbereiten.

25 Im Retreat, wörtlich »Rückzug«, unterläßt man sämtliche weltlichen Aktivitäten, um in klausurähnlicher Zurückgezogenheit über einen kürzen oder längeren Zeitraum eine bestimmte spirituelle Praxis durchzuführen.

26 Der *strebende* Erleuchtungsgeist, das Streben nach Erleuchtung zum Wohle aller empfindenden Wesen, und der *angewandte* Erleuchtungsgeist, die Verknüpfung dieses Strebens mit dem Wirken eines Bodhisattva, sind die beiden Arten des *konventionellen* Erleuchtungsgeistes. Letzterer ist vom *endgültigen/höchsten* Erleuchtungsgeist zu unterscheiden. Dieser ist der Geist vollkommener Erleuchtung/vollkommenen Erwachens, von dem ein Bodhisattva durchdrungen ist, der die Leerheit unmittelbar verwirklicht hat.

27 Vgl. Anm. 24.

28 Siehe Anm. 22.

29 Die Bewußtseinsübertragung, tibet.: Phowa, wörtlich »Wechsel des Ortes«, ist eine der sechs Übungsmethoden, der »Sechs Yogas« (siehe Anm. 32), des Naropa (1016–1100), die über Marpa (1012–1097) nach Tibet gelangten. Im Phowa transferiert man im Moment des Todes das Bewußtsein in eines der »Reinen Länder« (siehe Anm. 14) bzw. in den Dharmakaya-Bereich (siehe Anm. 60). Durch spezifische Meditationsübungen und Visualisierungsprozesse übt sich der Yogi/die Yogini (siehe Anm. 32) schon zu Lebzeiten darin.

30 Milarepa, wörtlich »Mila im Baumwollgewand (des Asketen)« (1040–1123), ist der wohl berühmteste Heilige Tibets. Von seinem Guru, dem berühmten Yogi Marpa (1012–1097), empfing er die Mahamudra-Lehre, wörtlich »die höchste oder großartige Haltung/Stellung/Geste«, des Großen Siegels, einer der herausragenden Meditationspraktiken des »Diamant-Fahrzeuges«/Vajrayana (siehe Anm. 11), und die »Sechs Yogas« des Naropa (siehe Anm. 32 bzw. 29).

31 Je Tsong-kha-pa (1357–1419) begründete die jüngste der vier Schulen oder Überlieferungslinien des tibetischen Buddhismus, die Gelugpa-Schule, wörtlich »Schule der Tugendhaften«, die in der Nachfolge der Kadampa-Tradition (siehe Anm. 18) der monastischen Disziplin und dem intensiven Textstudium besondere Bedeutung beimißt. Oberhaupt der Gelugpa-Schule ist der Dalai Lama.

32 Dem »langfristigen Wohl« dienende spirituelle Übungen, also auch die Übungen des »Diamant-Fahrzeugs«/Vajrayana (siehe Anm. 11), bezeichnet man im tibetischen Buddhismus als »Yoga«, wörtlich »Ins Joch des Göttlichen spannen«. Wer sie ausführt, wird »Yogi« (bzw. »Yogini«) genannt.

33 Gemeint ist ein Reines (Buddha-)Land. Siehe Anm. 14.

34 An welchem Ort der Dalai Lama diese Unterweisungen gegeben hat, geht aus der amerikanischen Originalausgabe nicht eindeutig hervor. Höchstwahrscheinlich war es aber in Dharamsala, seinem Exilwohnsitz.

35 Der Mahayana-Buddhismus (siehe Anm. 11) kennt acht (transzendente) Medizinbuddhas, zu denen als zentraler Heilbuddha auch Siddharta Gautama/Buddha Shakyamuni, der historische Buddha, zählt. Sie sind freilich nicht als direkt eingreifende Heiler aufzufassen, sondern als Lehrer, Ratgeber, die Weisungen geben: Sie verkünden das ärztliche und die Heilsubstanzen betreffende Wissen. Sie werden (vom Kranken bzw. Arzt) angerufen/meditativ vergegenwärtigt, damit man durch ihre Inspiration und Anleitung das jeweils geeignete, »angezeigte« Heilverfahren/Heilmittel entdeckt.

36 *Lam Rim* oder *Stufen des Weges zur Erleuchtung*, von Tsong-kha-pa (siehe Anm. 31). – Auf diesem Text basiert der erste Band der *Bibliothek Tibets:* Dalai Lama, *Der Weg zur Freiheit*, Zentrale tibetisch-buddhistische Lehren, Knaur Taschenbuch, München 1995.

37 Siehe Anm. 25.

38 Gampopa, tibet., wörtlich »Mann aus Gampo« (1079–1153), auch bekannt als »der (Mönchs-)Arzt von Dhagpo«, wurde nach dem frühen Tod seiner Frau mit 26 Jahren Mönch innerhalb der Kadampa-Überlieferung (siehe Anm. 18). Er wurde dann Schüler von Milarepa und empfing von diesem die Mahamudra-Lehre (siehe Anm. 29). Nach Milarepas Tod begründete Gampopa die Schule der Kagyüpas (Kagyüpa, wörtlich »mündliche Übertragungslinie«), eine der vier Hauptlinien des tibetischen Buddhismus (hier ist die direkte Übertragung der meditativen Praxis – und gleichzeitig des Segens der gesamten Praxis-Linie – vom Meister auf den Schüler besonders wichtig).

39 Siehe Anm. 30.

40 Gemeint sind die (in diesem Falle positiven) Prägungen oder »Karma-Samen« (Vasana) im subtilen »Bewußtseinskontinuum«. Siehe Anm. 24.

41 Nach der tibetisch-buddhistischen Physiologie besteht der Körper aus den vier Elementen Erde, Wasser, Feuer und Wind (tibet.: Lung; hier im Sinne des Pneuma oder des »Odems«, des »Belebenden« schlechthin) sowie aus den drei Säften von Galle, Schleim und Wind (hier im Sinne der die Ausscheidung, Verbrennung, den Kreislauf, die Muskelbewegung und den Stoffwechsel regelnden Lung-Funktionen).
Ist von der »Person« als Gesamtheit, als komplexem grob- und feinstofflichem Formaggregat die Rede, tritt als fünftes Element noch der Raum hinzu (siehe Anm. 71). – Der Dalai Lama umschreibt die »Elemente« in vereinfachter Form mit den (grob- bzw. feinstofflichen) Materie-Zuständen des Flüssigen und Festen sowie den dynamischen Faktoren Wärme/Hitze und Energie.

42 Siehe Anm. 24.

43 Der Titel *Rinpoche,* wörtlich »überragend Kostbarer«, wird einem spirituell hochqualifizierten Lama (siehe Anm. 2) verliehen.

44 Im englischen Text: »continuity«, d. h. das subtile »Bewußtseinskontinuum« auf der Ebene des »Grundbewußtseins«/»Geistgrundes« (siehe Anm. 24).

45 D. h. das positive Karmapotential heilsamen Handelns reifen lassen.

46 Im Zustand des »ruhigen Verweilens«, Shamata, kommt der Geist zur Ruhe und verharrt in nicht-analytischer Sammlung, Samadhi (wörtlich »Fixieren/Festmachen«), »einsgerichtet«, ekagra (wörtlich »einspitzig«), auf einem Meditationsobjekt. Die Beruhigung der Geistestätigkeit ist die Grundvoraussetzung dafür, daß der Geist Stabilität, Klarheit und Einsicht in die eigene Natur entwickeln kann. Stabilität des Geistes wiederum ist das Fundament, auf dem dann viele Meditationsübungen im Mahayana und Vajrayana (vgl. Anm. 11) aufbauen.

47 Siehe Anm. 25.

48 Gemeint sind die *Erzeugungsstufe* und die *Vollendungsstufe* des Höchsten Yoga-Tantra. Siehe Anm. 22 u. 50.

49 Den tantrischen Lehren (siehe Anm. 22) zufolge ist der menschliche Körper auf feinstofflicher/psychoenergetischer Ebene von einem in »Räder«/Chakras und »Kanäle«/Nadis gegliederten System durchzogen. Jedes Chakra ist ein Brenn- oder »Vitalpunkt« feinstofflicher Energie, ein subtiles Energiezentrum. Sechs der sieben Chakras liegen auf dem Mittleren Kanal oder Hauptkanal, der Avadhuti: aufsteigend von unten zwischen After und Zeugungsorgan, an der Wurzel der Genitalien, in der Nabelgegend, in der Herzgegend, am unteren Ende des Halses und zwischen den Augenbrauen. Das siebte Chakra liegt über dem Scheitelpunkt des Kopfes, außerhalb des physischen Bereichs und entspricht dem kosmischen Bewußtsein und der höchsten Erkenntnis. Von jedem Chakra strahlen Energiekanäle, Nadis, aus, und jedes Chakra wird durch einen Lotos mit jeweils unterschiedlich vielen Blütenblättern dargestellt bzw. meditativ geschaut. Durch den Hauptkanal strömen die »Tropfen«/vitalen Essenzen, Bindus, und die Energieströme/»Winde«, Pranas, die durch die Nadis in ihrer Bewegungsfähigkeit gehemmt bzw. beeinflußt werden.

50 Die Funktion des Gottheiten-Yoga, Devayoga, wörtlich »Himmelswesen-Yoga«, besteht darin, daß der/die Übende aus Mitgefühl für die anderen empfindenden Wesen den eigenen Geist, der die Leerheit erkennt und in dieser aufgeht, veranlaßt, als eine Gottheit zu erscheinen. Im Gottheiten-Yoga visualisiert der/die Meditierende eine göttliche Wesenheit (transzendente Buddhas und/oder Bodhisattvas bzw. Dharmaschützer), bis er sie in allen Einzelheiten vergegenwärtigt hat, sich

mit ihr identifiziert, um sich dann in analytischer und stabilisierender/ruhig verweilender Meditation (vgl. Anm. 46) zu üben.

51 Siehe Anm. 29.

52 Der vollständige Weg umfaßt die Praxis des Mahayana und des Tantrayana/Vajrayana.

53 D. h. die transzendenten Buddhas und Bodhisattvas, die im Norden, Osten, Nordosten, Nordwesten, Südosten, Südwesten, oben im Zenit und unten im Nadir weilen.

54 Dies sind normalerweise die Drei Juwelen (Buddha, Dharma und spirituelle Gemeinschaft); hier sind es die angerufenen/vergegenwärtigten Buddhas und Bodhisattvas (und der durch sie repräsentierte Dharma).

55 D. h. alle in Abhängigkeit entstandenen/entstehenden Phänomene, also: sämtliche Phänomene.

56 Die übliche Bezeichnung ist »die vier Unermeßlichen«, Apramana.

57 Alle Wesen, die dem Dharma-Schüler Gelegenheit geben, heilsame Qualitäten zu entwickeln bzw. heilsame Handlungen auszuführen, also Verdienst und Einsicht/Weisheit anzusammeln, sind Verdienstfelder. Man unterscheidet zweierlei Verdienstfelder – das der Buddhas/Bodhisattvas (sowie des durch sie repräsentierten Dharma) und das der gewöhnlichen empfindenden Wesen; beide Felder bilden *zusammen* die Basis der gesamten spirituellen Verwirklichung des Praktizierenden.

58 Ein Mandala, wörtlich »Mitte-Kreisumfang«/»Kreis«, ist eine symbolische Darstellung kosmischer Kräfte in zwei- oder dreidimensionaler Form. Mandalas werden in erster Linie als Meditationshilfe, als Vorlage für bestimmte Visualisierungen oder für Initiationsrituale verwendet.

59 Siehe Anm. 21.

60 Gemäß dem Mahayana (siehe Anm. 11) hat ein Buddha »Drei Körper« (oder »Zustände«), Trikaya: den Dharmakaya, »Wahrheitskörper«, die unmittelbare Erkenntnis/Verwirklichung der universalen höchsten Wahrheit, des Wesens aller Phänomene und das absolute Befreitsein von allem, was an der Erleuchtung und Vollendung hindert; den Sambhogakaya, »Körper des Entzückens« oder »vollkommenen Genuß-Körper«, in dem sich die voll Erwachten am kontinuierlichen Strom des Mahayana erfreuen, also die in ihnen »verkörperte« Wahrheit genießen; und den Nirmanakaya, »Hervorbringungs-«/»Emanations-Körper«, den Körper der feinstofflichen oder grobstofflichen Manifestationen, in denen die Buddhas den Menschen in der Welt erscheinen, um sie zur Erleuchtung zu führen. Sambhogakaya und Nirmanakaya sollen als »Formkörper« die an sich transzendente Wahrheitsdimension des Dharmakaya auf unterschiedlichen Offenbarungsebenen ver-

mitteln. Die hierarchische Zuordnung der drei Kayas gleicht – von »unten« nach »oben« – der von Körper, Rede und Geist.

61 Siehe Anm. 60.

62 D. h. der primordial (wörtlich »uranfänglich«/»von erster Ordnung«), von anfangsloser Zeit bis zur Buddhaschaft existierende »Geistgrund« oder »Geist des klaren Lichtes«. Vgl. Anm. 24.

63 Siehe Anm. 30.

64 Das gesprochene Mantra, wörtlich »Schutz des Geistes«, ist eine spirituell »aufgeladene« Silbe oder Silbenfolge, eine Art komprimiertes Gebet, das sich, insbesondere als Namensmantra, in vielfach wiederholter Rezitation an göttlich geläuterte, transzendente Bodhisattvas bzw. Buddhas richtet und ihren Segen, ihre vervollkommnende Einflußnahme auf den Sprechenden erbittet. Der tibetische Buddhismus macht das Mantra zum integralen Bestandteil der meditativen Praxis: Es dient bei der tantrischen Umwandlung von Körper, Rede und Geist dazu, in der Rezitation die normale Rede/Sprache auf die Höchste Wirklichkeit hin zu transzendieren. – Das Hundertsilben-Mantra – *Om Vajrasattva samaya ... sattva A* – richtet sich an Vajrasattva, wörtlich »Diamantwesen«, den Inbegriff der Reinheit und der Läuterung. Vajrasattva vereinigt in sich alle fünf Buddha-Familien (der transzendenten Buddhas) und verkörpert, als eine Form des Sambhogakaya (siehe Anm. 60), die Fähigkeit, geistige Verunreinigungen aller Art zu beseitigen, insbesondere Nachlässigkeiten, Pflichtverletzungen und Verfehlungen gegenüber dem »Wurzel-Lama«.

65 Die drei Schulungen bestehen in der Schulung der Sittlichkeit, der meditativen Sammlung (vgl. Anm. 46) und der Weisheit.

66 D. h. die zehn Stufen, Bhumis (wörtlich »Länder«), die ein Bodhisattva bis zur Buddhaschaft durchläuft.

67 Siehe Anm. 6.

68 Vgl. Anm. 49.

69 Was der Bodhisattva sagt, entspricht im Wortlaut weitgehend Shantidevas *Bodhicaryavatara*, Kap. 3, 17ff. – Siehe auch Anm. 15.

70 D. h. eine Milchkuh, die im Überfluß (Milch) gibt/alle Bedürfnisse befriedigt. Vgl. Shantideva, *Bodhicaryavatara*, Kap. 3, 19.

71 Vgl. Anm. 41. – Der »Raum« ist das fünfte Element, der *unbegrenzte* Raum, Akasha, das »Alldurchdringende«, der als das Leere, sich mit nichts Vermischende für alles Stoffliche/Ausgedehnte die unabdingbare Basis bildet.

72 Bodhisattvas werden auch als »Söhne/Töchter der Buddhas« bezeichnet.

73 »Zwischenzustand«, tibet.: Bardo, die gesamte Phase zwischen Tod

und Wiedergeburt. Andererseits unterscheidet man im Vajrayana (siehe Anm. 11) sechs Bardos, die sämtliche Erfahrungen im Existenzkreislauf umfassen – den »Bardo zwischen Geburt und Tod«/»Bardo des Lebens«, den »Bardo meditativer Konzentration«/»Bardo der Versenkung«, den »Bardo des Träumens«, den »Bardo des Todesmoments«, den »Bardo der endgültigen Natur der Phänomene«/»Bardo der (höchsten) Wirklichkeit« und den »Bardo des Werdens«. Und drittens wird mit »Zwischenzustand« auch eine spezielle Phase innerhalb eines (der sechs) Bardos bezeichnet.

74 Gemäß dem Vajrayana (siehe Anm. 11) gliedert sich das Bewußtsein in die »grobe Ebene« der fünf Arten von Sinnes-Bewußtsein (d. h., den fünf Wahrnehmungsorganen oder »Grundlagen« – Auge, Ohr, Nase, Zunge, Tastsinn – sind jeweils konstitutiv entsprechende Wahrnehmungsobjekte zugeordnet) und die »subtile Ebene« des intellektuellen/geistigen Bewußtseins, der achtzig begrifflichen oder kognitiven Bewußtseinsstrukturen, die hinsichtlich ihres Subtilitätsgrades dreifach gestuft sind. Hinzu tritt als vierte und allersubtilste Stufe/Ebene der Geist des klaren Lichtes (siehe Anm. 24).

75 Siehe Anm. 17.

76 Die »Vollkommenheit des Gebens« ist die erste der sechs Vollkommenheiten (siehe Anm. 15).

77 Im englischen Text: »essence«. Wie das »Ich« haben auch alle anderen Phänomene keine Eigennatur/Wesenhaftigkeit (Svabhavata). Sie sind selbst-los.

78 Der Sangha, wörtlich »Menge«/»Schar«, ist die (buddhistische) spirituelle Gemeinschaft.

79 Die Vermeidung der beiden geschilderten Extreme entspricht der Lehre (des historischen Buddha) vom »Mittleren Weg«, Madhyama-Pratipad: Sie beinhaltet die Vermeidung aller Extreme, etwa die Vermeidung von leiblich-sinnlichen Genüssen einerseits und von Askese oder Selbstkasteiung andererseits; und auf philosophischer Ebene die Vermeidung eines ontologischen Realismus (der Konzeption der inhärenten Existenz/Seinsweise der Phänomene) einerseits und eines ontologischen Nihilismus (der Konzeption des gänzlich illusionären Charakters oder der Nicht-Existenz der Phänomene) andererseits. – Davon zu unterscheiden ist der »Mittlere Weg«, Madhyamaka, der Schule des Mittleren Weges. Siehe Anm. 93.

80 »Zwietracht stiften« – die fünfte der zehn unheilvollen Handlungen (siehe S. 36f.). – Im Sangha/der spirituellen Gemeinschaft Zwietracht zu stiften ist das fünfte der fünf »unaufhörlichen« Vergehen: Diese führen nach dem Tode zur unmittelbaren Wiedergeburt in der unter-

sten der acht heißen Höllen, der »Unaufhörlichen Hölle«, der Avici-Hölle. Die Sühnezeit dauert dort ein »Kleines Weltzeitalter«.

81 Die vier großen Schulen des tibetischen Buddhismus sind: (1) Die Nyingmapas (Nyingmapa: wörtlich »die Schule der Alten«); sie beziehen sich auf die ältesten buddhistischen Überlieferungen, die von Padmasambhava (8. Jh. n. Chr.) und den Mönchen Vimalamitra und Vairochana von Indien nach Tibet gebracht wurden. (2) Die Sakyapas (benannt nach dem 1073 gegründeten Kloster Sakya, wörtlich »graue Erde«); sie waren um eine systematische Erfassung und Ordnung der Tantras/tantrischen Schriften (siehe Anm. 22) bemüht und befaßten sich auch intensiv mit Fragen buddhistischer Logik; ihre spezielle Lehre ist das Hevajra-Tantra und, in Verbindung damit, eine Variante des Vajrayana (siehe Anm. 11) namens »Weg und Frucht« oder »Weg und Ziel«, tibet.: Lamdre. (3) Die Kagyüpas (siehe Anm. 38). (4) Die Gelugpas (siehe Anm. 31).

82 Freigebigkeit basiert auf der zweiten der zehn heilsamen Handlungen (siehe S. 27) und ist die erste der sechs Vollkommenheiten (siehe Anm. 15).

83 In manchen buddhistischen Texten werden »Haß« und »Wut« weitgehend synonym gebraucht.

84 Siehe Anm. 1.

85 Vgl. Anm. 57.

86 Ein Bodhisattva verzichtet so lange auf vollständiges Nirvana, die endgültige Befreiung aus Samsara (siehe Anm. 13), bis *alle* empfindenden Wesen befreit sind. Vgl. auch das »Gebet« (von Shantideva), S. 238.

87 Ein Synonym für den Buddha.

88 Die Buddhanatur oder »Buddha-Essenz«, Thatagata-Garba, wörtlich »Essenz/Keim des Tathagata« oder »den Tathagata (d. h. den Buddha) in sich enthaltend«. Ein Tathagata, wörtlich »ein so Dahingelangter/so Gekommener/Vollendeter«, ist auf dem Weg des Dharma zur höchsten Erleuchtung gelangt; und die Bezeichnung »Thatagata« ist einer der zehn Titel für einen Buddha. Der historische Buddha hat sich und andere Buddhas so bezeichnet.

89 Siehe Anm. 41.

90 Siehe Anm. 18.

91 Siehe Anm. 30.

92 D. h., jedem empfindenden Wesen wohnt das »klare Licht«, der »Geistgrund« (siehe Anm. 24) inne und mit ihm die keimhaft angelegte Buddhanatur oder »Buddha-Essenz« (siehe Anm. 88).

93 Die (philosophische) Anschauung der Vertreter des »Mittleren Weges«/Madhyamaka, der Madhyamikas. Die Madhyamaka-Schule glie-

dert sich in zwei Unterschulen, die Svatantrikas und die Prasangikas, wörtlich »diejenigen, die Folgerungen benutzen«. Das Pransangika oder die *Konsequente Schule des Mittleren Weges* gilt als das höchste Lehrsystem innerhalb des tibetischen Buddhismus. Die wichtigsten Lehrer des Prasangika sind neben Nagarjuna (2./3. Jh.), dem Begründer der Schule des Mittleren Weges, Aryadeva, Buddhapalita, Chandrakirti, Shantideva und Atisha.
Von der Schule des Mittleren Weges ist der »Mittlere Weg«, Madhyama-Pratipad, des historischen Buddha zu unterscheiden (siehe Anm. 79). Nagarjuna, der wichtigste und tiefgründigste der Madhyamikas, verstand sich in erster Linie als Interpret und Kommentator ebendieses überlieferten philosophischen Ansatzes.

94 Enthalten sind diese in den 547 Jatakas, wörtlich »Geburtsgeschichten«, einem Teil des *Sutra-Pitaka*. Dieses wiederum gehört zum »Dreikorb« (Tripitaka) der kanonischen buddhistischen Schriften, bestehend aus Vinaya-Pitaka (dem »Korb der Disziplin«, den ältesten Teilen des Kanons), Sutra-Pitaka (dem »Korb der Schriften« mit den eigentlichen Lehrreden Buddhas) und Abhidharma-Pitaka (dem »Korb der besonderen Lehre«, einem Kompendium buddhistischer Philosophie und Psychologie). Die Jatakas berichten von früheren Existenzen des historischen Buddha sowie seiner Anhänger und Feinde.

95 Veda, wörtlich »Wissen«, ist der (Sammel-)Name der ältesten heiligen Schriften der Inder; die frühesten Veden/Vedas sind etwa um 1250 v. Chr. entstanden. Zum Veda zählen auch die berühmten Upanischaden (*Upanishad* bedeutet wörtlich »Sitzung«/»vertrauliche Belehrung«), eine Gattung theologisch-philosophischer Texte von unterschiedlicher Relevanz und historischer Datierung.

96 Siehe Anm. 15.

97 Indra ist der altindische (mit Zeus/Jupiter oder dem germanischen Thor vergleichbare) Gewittergott, der König der vedischen Götter (siehe Anm. 95).

98 Siehe Anm. 10.

99 Diese Motivation ist charakteristisch für die Arhats, wörtlich die »Würdigen« oder (nach tibet. Etymologie) »Feindzerstörer«, die die Feinde im eigenen Geist, die störenden Gemütsbewegungen, überwunden haben, und andererseits die Pratyeka-Buddhas, wörtlich die »Einsamen Verwirklicher«/»Einsam-Erwachten«, die die Erleuchtung nur für sich und ganz allein aus sich selbst erreicht haben. – Im Mahayana-Buddhismus entspricht die Arhat-Stufe der vierten und höchsten Verwirklichungsstufe der Shravakas, wörtlich »Hörer«: Diese erlangen die persönliche Erleuchtung nur durch das Hören der Lehre.

100 Die Kombination von »besonderer Einsicht«, Vipashyana (d. h. der analytisch vorgehenden Einsicht in Leerheit, die wahre Natur aller Phänomene), und »ruhigem Verweilen«, Shamata, ist die Voraussetzung für die nicht-analytische Sammlung, Samadhi (siehe auch Anm. 46). Vipashyana und Shamata sind die beiden wesentlichen Faktoren für das Erlangen von Erleuchtung, Bodhi.

101 Das Kalachakra, wörtlich »Rad der Zeit«, ist das jüngste und vielschichtigste buddhistische Tantra (siehe Anm. 22) aus dem 10. Jh., dessen ursprünglicher Verfasser der (mythische) König Suchandra sein soll, Herrscher des mythischen Königreiches Shambala (aus dem, dem Mythos gemäß, dereinst die kosmischen Retter der Menschheit kommen werden). Kosmologie, Astronomie und Zeitrechnung spielen in der Kalachakra-Lehre eine zentrale Rolle; die Einführung des Kalachakra-Tantra (1027 n. Chr.) gilt als Basis des tibetischen Kalenders. Andererseits lehrt das Kalachakra-Tantra die (von dem/der Praktizierenden erfahrbaren) feinstofflichen (Energie-)Strukturen des Körpers (vgl. auch Anm. 49) und einen spezifischen Gottheiten-Yoga (siehe Anm. 50). Die gleichnamige viergesichtige und vierundzwanzigarmige Gottheit steht im Mittelpunkt der Kalachakra-Initiation und des Kalachakra-Mantra bzw. -Mandala (siehe Anm. 64 bzw. 58).

102 Der/die Praktizierende des Höchsten Yoga-Tantra stützt sich in seiner/ihrer Praxis auf keinerlei äußere Handlungen. Er/sie gelangt auf der *Vollendungsstufe* des Höchsten Yoga-Tantra zur vollen inneren Verwirklichung des »Formkörpers« und nicht-begrifflichen »Wahrheitskörpers« eines Buddha (siehe Anm. 60), d. h. zur »Vollendung« des Gottheiten-Yoga, der – in unauflöslicher Verbindung mit dem Leerheits-Yoga – in allen vier Tantraklassen geübt wird. Siehe auch Anm. 50.

103 Siehe Anm. 24.

104 Siehe Anm. 17.

105 Siehe Anm. 6.

106 Als primordiale (wörtlich »uranfängliche«/»von erster Ordnung seiende«) Qualitäten des »Geistgrundes«/»Grundbewußtseins« (siehe Anm. 24) existieren sie seit anfangsloser Zeit und bis zur Buddhaschaft.

107 Das *Abhidharmakosha*, »Schatzhaus des Höheren Wissens«, ist das Grundlagenwerk des Abhidharma (wörtlich »besondere Lehre«) von Vasubandhu (4. oder 5. Jh. n. Chr.), einem Mitbegründer der »Nur-Geist«-(Chittamatra-)Schule des Mahayana-Buddhismus.

108 Das *Abhidharmasamuccaya* ist das Hauptwerk des Mahayana-Abhidharma (wörtlich »besondere Lehre«) von Asanga (4. Jh. n. Chr.), dem Bruder Vasubandhus und Mitbegründer der »Nur-Geist«-(Chittamatra-)Schule des Mahayana-Buddhismus.

109 Siehe Anm. 22.

110 Die Soheit, Tathata, ist einer der zentralen Begriffe des Mahayana-Buddhismus. Er bezeichnet das wahre So-Sein der Dinge und damit das innerste Wesen der Wirklichkeit. Daher ist er letztlich gleichbedeutend mit der »Essenz des Thatagata« (siehe Anm. 88) sowie mit der Buddhanatur und dem »Wahrheitskörper«/Dharmakaya (siehe Anm. 60).

111 Der in seiner philosophischen Grundorientierung dem »Mittleren Weg« (siehe Anm. 93) verpflichtete Kommentator des *Ashta-sahariska-Prajnaparamita* (Sutra über die »Befreiende Weisheit in 8000 Versen«, des ältesten Mahayana-Texts überhaupt (aus dem 1. Jh. v. Chr.), sowie des *Abhisamayalankara* (»Schmuck der klaren Erkenntnis«) von Maitreyanatha (ca. 270–350), dem Begründer der »Nur-Geist«-(Chittamatra)-Schule.

112 Siehe Anm. 17.

113 D. h. »konventionell« im Sinne der doppelten oder zweistufigen Wahrheit (Satyadvaya), einer zentralen Vorstellung im Mahayana-Buddhismus: Die konventionelle oder »verhüllte« Wahrheit (Samvriti Satya) betrifft die alltäglich-empirische, »phänomenale« Existenz von Dingen/Personen/Gegebenheiten; sie erscheinen als wahrhaft/inhärent existierend, als unteilbare/ganzheitliche und aus sich heraus bestehende Größen. Daß sie in diesem Sinn lediglich aufgrund gedanklich-begrifflicher »Festlegung« und somit nur »konventionell« existieren, entspricht der letztgültigen oder höchsten Wahrheit (Paramartha Satya), die sich auf die eigentliche Bestehensweise alles empirisch Gegebenen bezieht – auf sein Leersein von inhärenter Existenz. Die konventionelle Wahrheit ist demnach als erkannte Wahrheit von der letztgültigen Wahrheit, d. h. von der Weisheit (des Mahayana), die die Leerheit realisiert, untrennbar.

114 Siehe Anm. 60.

115 Weisheit ist die sechste Vollkommenheit (siehe Anm. 15).

116 Siehe Anm. 77.

117 Vgl. Anm. 74.

118 Siehe Anm. 113.

119 Gemeint ist das Energie-Chakra in der Herzgegend. Vgl. Anm. 49.

Literaturhinweise

Zum tibetischen Buddhismus

von Brück, Regina und Michael: *Die Welt des tibetischen Buddhismus. Eine Begegnung.* München 1996.

Dalai Lama: *Logik der Liebe. Aus den Lehren des tibetischen Buddhismus für den Westen.* Übers. v. Michael v. Brück. Goldmann Taschenbuch. München 1984.

Dalai Lama: *Der Schlüssel zum Mittleren Weg. Weisheit und Methode im tibetischen Buddhismus.* Übers. v. Jürgen Manshardt. dharma edition. Hamburg 1991.

Dalai Lama: *Einführung in den Buddhismus. Die Harvard-Vorlesungen.* Übers. v. Christof Spitz. Herder Taschenbuch. Freiburg 1993.

Dalai Lama: *Der Weg zur Freiheit. Zentrale tibetisch-buddhistische Lehren.* Übers. v. Peter Kobbe. Knaur Taschenbuch. München 1996.

Dalai Lama: *Den Geist erwecken, das Herz erleuchten. Zentrale tibetisch-buddhistische Lehren.* Übers. v. Peter Kobbe. Knaur Taschenbuch. München 1996.

Dalai Lama: *Der Friede beginnt in dir. Wie innere Haltung nach außen wirkt.* Übers. v. Übersetzungsgruppe Padmakara (ins Französische), Corinna Chung u. Sabine von Minden (ins Deutsche). Herder Taschenbuch. Freiburg 1996.

Dalai Lama: *Die Lehre des Buddha vom Abhängigen Entstehen. Die Entstehung des Leidens und der Weg zur Befreiung.* Übers. v. Birgit Stratman, bearb. v. Christof Spitz, dharma edition. Hamburg 1996.

Faber, Stephanie: *Tibetisches Tagebuch.* München 1996.

Gäng, Peter: *Was ist Buddhismus?* Reihe Campus *Einführungen.* Frankfurt/Main und New York 1996. S. 125–207.

Gampopa, Dschetsün: *Der kostbare Schmuck der Befreiung.* Herausg. Übersetzungskomitee Karmapa (französische Übersetzg.), ins Deutsche übers. v. Lama Sönam Lhündrub. Berlin 1996.

Hopkins, Jeffrey: *Der tibetische Buddhismus. Sutra und Tantra.* Hrsg. v. Anne C. Klein. Übers. v. Rüdiger Majora. Diamant Weiße Reihe. Jägerndorf 1988.

Hopkins, Jeffrey u. Geshe Lhündub Söpa: *Der tibetische Buddhismus.* Mit einem Vorwort des Dalai Lama. Übers. v. Burkhard Quessel. Diederichs Gelbe Reihe. 8. Aufl. München 1995.

Hopkins, Jeffrey (Hrsg.): *Tantra in Tibet. Das Geheime Mantra des Tsong-ka-pa*, eingel. v. 14. Dalai Lama. Übers. v. Burkhard Quessel. Diederichs Gelbe Reihe. 5. Aufl. München 1994.

Kalu Rinpoche: *Geflüsterte Weisheit. Die Lehren des Eremiten vom Berge.* Übers. v. Thomas Geist. Frankfurt/Main 1997.

Schumann, Hans Wolfgang: *Mahayana-Buddhismus. Das Große Fahrzeug über den Ozean des Leidens.* Diederichs Gelbe Reihe. Überarb. Neuausg. München 1995.

Zotz, Volker: *Geschichte der buddhistischen Philosophie.* Rowohlt Taschenbuch. Hamburg 1996.

Nachschlagewerke

Erhard, Karl Franz u. Fischer-Schreiber, Ingrid: *Das Lexikon des Buddhismus.* 2. Aufl. Bern/München/Wien 1993.

Seegers, Manfred: *Buddhistische Grundbegriffe.* 2. Aufl. Sulzberg 1995.